O FILHO ANTIRROMÂNTICO

A marca FSC® é a garantia de que a madeira utilizada na fabricação do papel deste livro provém de florestas que foram gerenciadas de maneira ambientalmente correta, socialmente justa e economicamente viável, além de outras fontes de origem controlada.

PRISCILLA GILMAN

O filho antirromântico

Uma história de alegria inesperada

Tradução
Caroline Chang

Copyright © 2011 by Priscilla Gilman

Todos os direitos reservados, incluindo os direitos de reprodução parcial ou total em qualquer meio.

Grafia atualizada segundo o Acordo Ortográfico da Língua Portuguesa de 1990, que entrou em vigor no Brasil em 2009.

Título original
The Anti-Romantic Child: A Story of Unexpected Joy

Capa
Elisa von Randow

Ilustração de capa
Deborah Paiva

Preparação
Cacilda Guerra

Revisão
Luciane Helena Gomide
Valquíria Della Pozza

Dados Internacionais de Catalogação na Publicação (CIP)
(Câmara Brasileira do Livro, SP, Brasil)

Gilman, Priscilla
    O filho antirromântico : uma história de alegria inesperada / Priscilla Gilman ; tradução Caroline Chang — 1ª ed. — São Paulo : Companhia das Letras, 2015.

    Título original: The Anti-Romantic Child : A Story of Unexpected Joy
    ISBN 978-85-359-2571-5

    1. Mães - Estados Unidos - Biografia 2. Maternidade - Estados Unidos - Biografia 3. Pais e filhos I. Título.

15-01913   CDD-306.8743

Índice para catálogo sistemático:
1. Maternidade : Relacionamento familiar : Sociologia 306.8743

[2015]
Todos os direitos desta edição reservados à
EDITORA SCHWARCZ S.A.
Rua Bandeira Paulista, 702, cj. 32
04532-002 — São Paulo — SP
Telefone: (11) 3707-3500
Fax: (11) 3707-3501
www.companhiadasletras.com.br
www.blogdacompanhia.com.br

Para Benj

O dearest, dearest boy! my heart
For better lore would seldom yearn,
Could I but teach the hundredth part
Of what from thee I learn. *
William Wordsworth, *"Anecdote for Fathers"*

* Ó, querido, querido menino! Meu coração/ Por melhor lição poucas vezes ansiaria/ Se eu pudesse ensinar a centésima parte/ Do que contigo aprendo. (N. T.)

Para começar, tomemos a seguinte divisa [...]:
Literatura é amor. Agora podemos seguir em frente.

Vladimir Nabokov

"Um poema […] tem início", escreveu certa vez Robert Frost, "como um nó na garganta, uma sensação de erro, uma saudade de casa, uma saudade de alguém […]. Encontra o pensamento, e o pensamento encontra as palavras." Frost evoca as tensões entre sentir e pensar, viver e saber, amar e compreender, que tão centrais foram em minha vida de estudante e professora de poesia romântica, escritora e mãe. Este livro começou como um nó na garganta, uma saudade do mundo mágico de minha infância e da vida doméstica com meu filho como eu a imaginara. Começou como uma ânsia amorosa por um filho que eu adorava mas não compreendia, um amor marcante por sua intensidade, esmagador por sua ânsia e vulnerabilidade, um amor que eu temia que jamais fosse correspondido e, pior ainda, jamais tivesse qualquer influência. Começou como uma necessidade pungente por contato com o espírito ou a essência de meu filho, um temor atordoante de que talvez tudo o que eu fizesse e dissesse seria em vão porque ele era inacessível e indelével, como uma feroz devoção a um filho que eu faria tudo para salvar.

Esta é a história da relação entre a literatura e a vida, entre o ideal e o real, da poesia versus ciência, mágica versus medições, honrar um mistério versus desvendá-lo. E, em seu âmago, este livro é uma história de amor: a história de duas pessoas muito diferentes aprendendo a aceitar e influenciar e dar espaço uma à outra de maneiras misteriosas e poderosas.

Algumas semanas após o nascimento de meu primeiro filho, um menino chamado Benjamin, chegou pelo correio uma caixa enviada por uma ex-professora minha que eu adorava. A caixa continha dois minúsculos *bodies* azuis da marca Old Navy estampando as frases BENDITO VIDENTE! e PODEROSO PROFETA!, gravadas no peito com uma grossa camada de tinta branca. Essas frases eram citações de um de meus poemas preferidos, "Ode: Vislumbres da imortalidade vindos da primeira infância", do grande poeta romântico William Wordsworth:

Tu, cujo semblante desmente
  E oculta de tua Alma a imensidade;
Tu, Filósofo supremo que ainda tens pertinente
A tua herança, Olho entre os cegos encontrado,
Surdo e silente, lês o abismo contundente,
Para sempre pela mente eterna assombrado —
  Bendito Vidente! Poderoso Profeta!
  Sobre o qual toda a verdade se projeta

Verdade que pela vida tentamos ter achado,
[...]
Tu, pequena Criança, gloriosa no poder fenomenal
De ter o corpo imerso na liberdade celestial, *

O presente não poderia chegar em melhor hora. Vários meses antes do nascimento de Benjamin, eu aceitara um cargo de professora assistente no departamento de inglês de Yale, onde pela primeira vez tinha topado com Wordsworth na aula dessa mesma professora, nove anos antes. Nas semanas que antecederam a chegada de meu filho, eu havia trabalhado com afinco no capítulo de uma tese sobre o autor. Ligeiramente nervosa por voltar para lá como membro do corpo docente e um pouco inquieta sobre como faria para equilibrar a maternidade e uma carreira acadêmica, eu me senti grata pela mensagem tranquilizadora implícita no presente: que minha vida pessoal e minha vida profissional não precisariam estar completamente dissociadas, e que meus papéis como professora, acadêmica e mãe poderiam se enriquecer mutuamente em vez de se confrontar.

Esses versos familiares representavam também uma expressão comovente daquilo por que eu mais ansiava ao receber meu bebê recém-nascido. Eu sempre havia comprado, irrestritamente, a ideia romântica de que crianças pequenas detinham uma sabedoria especial — de que as crianças eram "profetas" e "videntes" que podiam nos dar acesso imediato a verdades que "pela vida tentamos ter achado", e que a infância era uma época de exploração espontânea, "liberdade celestial" e alegria. De fato, uma das primeiras razões que fizeram com que eu me apai-

---

* William Wordsworth, *O olho imóvel pela força da harmonia*, 2. ed. Trad. de Alberto Marsicano e John Milton. São Paulo: Ateliê Editorial, 2008, pp. 51-3. (N. T.)

xonasse tão profundamente por Wordsworth quando estudante universitária era que ele dava uma voz eloquente e poética às minhas mais acalentadas (e, sabidamente, um tanto quanto romantizadas) crenças.

Eu me deparei com Wordsworth pela primeira vez no segundo semestre de Grandes Poetas de Língua Inglesa, a disciplina obrigatória de um ano para o diploma de bacharel em língua inglesa de Yale. Eu nunca realmente lera ou estudara qualquer tipo de poesia romântica antes disso. Minha única lembrança anterior de Wordsworth consistia em alguns poemas de um livro de poesia para crianças. Na escola particular só para meninas que frequentei, altamente feminista, a poesia romântica era considerada poesia fraca, sem graça e optativa, pois tratava, como gostamos de dizer, de "flores e crianças". Mas como caloura universitária, ao ler "Abadia Tintern", "Ode: Vislumbres" e o longuíssimo poema autobiográfico O prelúdio, de Wordsworth, me senti transportada para outra dimensão.

Ao mesmo tempo que é o poeta da infância, Wordsworth é também o grande poeta da perda: a perda da inocência e da alegria infantil, a perda dos pais, a perda de filhos, a perda da espontaneidade emocional, da autenticidade e da alegria, à medida que envelhecemos. A primeira estrofe de "Ode: Vislumbres" resume essa atitude de ânsia apaixonada e irrevogável perda:

> Houve tempo em que o bosque, o rio e o matagal,
> A terra e qualquer cena irrisória,
>> Pareciam-me na memória
>> Envoltos em luz celestial,
> Qual sonho, frescor e glória.
> Nada é como outrora —
>> Tudo que minha visão percebia,

Seja de noite, seja de dia,
As coisas que via, já não as vejo agora. *

Eu sempre tivera uma atitude voluntariosamente romântica em relação a crianças e à infância, e idealizava aquilo que via
como minha própria infância romântica. Meu pai era crítico de
teatro, professor na Escola de Arte Dramática de Yale e drama-
turgo; minha mãe é agente literária; e os amigos deles eram pessoas altamente criativas — artistas, atores, escritores, diretores.
Cresci em um desajeitado apartamento alugado pré-Segunda
Guerra Mundial no Upper West Side de Manhattan, em uma
família que incentivava a mim e minha irmã a nos divertirmos
com nossa criatividade e com a liberdade de brincadeiras des-
regradas, a sermos fisicamente exuberantes e afetuosas, extrava-
gantes do ponto de vista emocional e imaginativo. Não nos era
permitido ver qualquer canal de televisão que não a PBS ou ouvir
música pop que não os Beatles, e passávamos incontáveis horas
lendo, desenhando, escrevendo histórias e músicas, dançando e
cantando, inventando jogos criativos e pequenas peças que en-
cenávamos para qualquer membro mais velho da família que
estivesse disposto a assistir. Subíamos e descíamos de trenó as
colinas atrás e vadeávamos o córrego que havia na frente de nossa casa de fim de semana e veraneio em Connecticut. Nós nos
entregávamos a brincadeiras de faz de conta com nossas bonecas
e bichos de pelúcia.

Meus sonhos de uma infância romântica foram primeira-
mente formados, inspirados e cultivados por meu pai. Com 47
anos quando nasci, tendo deixado para trás uma conversão mal-
sucedida do judaísmo para o catolicismo e um primeiro casamento fracassado, e com uma relação difícil com seu filho desse

---

* Tradução de Alberto Marsicano e John Milton, p. 43. (N. T.)

casamento, acho que ele viu no segundo matrimônio, e sobre-tudo em sua segunda chance com a paternidade, uma oportu-nidade de redenção, de encontrar aquele lugar de transcendên-cia e deleite, de felicidade pura e descomplicada, que havia se provado tão fugidia. E ele se dedicou à paternidade com fervor e alegria.

Minha primeiríssima memória é de uma cena um tanto wordsworthiana, mas uma cena na qual meu pai, o adulto ofi-cial, ajudava a mim, criança pequena, a ver as coisas como uma criança idealmente deveria ver. Era uma noite de verão na Espa-nha, eu tinha pouco mais de três anos, e um trovão especialmen-te impressionante me acordou, aterrorizada, no meio da noite. A lembrança começa com a voz de meu pai em meu ouvido e nós dois olhando para fora, na noite. Emoldurada pela grande janela, a cena diante de nós era como um pequeno teatro: o jardim familiar parecendo estranhamente pouco familiar, o céu de um azul índigo iluminado de tempos em tempos por flashes argênteos. Narrando a cena, meu pai soava como um locutor de esportes desenfreado. "Um grande raio! Um raio menor... oh, outro raio forte!", ele exclamava enquanto me carregava com firmeza com uma mão e gesticulava na direção do céu com a outra. Lembro de algo perturbador se tornando algo glorioso. Lembro de me sentir tão segura não porque ele estivesse me pro-tegendo do medo, mas porque me ajudava a confrontá-lo. Ele não voltou a me colocar na cama; me levou até a janela. Lembro de lhe perguntar: "Quando o trovão virá de novo, papai?", e dele me dizendo: "Não sei, Sidda (meu apelido na família), mas isso faz parte da surpresa, não é mesmo?". Meu pai me garantiu que não havia problema em não saber, em ficar em um estado de estupefação e mistério. Ao que podia ter sido um pesadelo, ele deu "a glória e o frescor de um sonho".

O mesmo entusiasmo, a mesma energia, a verve brincalhona e a capacidade de mergulhar na vida que ele demonstrou na noite da tempestade na Espanha embasavam sua abordagem geral quanto à criação de filhos. Meu pai se dedicava a dar a mim e à minha irmã mais nova, Claire, uma infância caracterizada por transformações do comum em extraordinário, frescor de percepção, intensidade espiritual e um ardente pendor para sonhar. Ele participava integralmente de nossa vida imaginativa e partilhava nossas paixões. Gostava de ver *Vila Sésamo* tanto quanto nós, se não mais, e poderia nos entreter lendo a série *O mágico de Oz* madrugada adentro se minha mãe permitisse. Não apenas respeitava como também parecia partilhar nossa crença de que nossos ursinhos eram não apenas adorados animais de pelúcia, mas membros vivinhos da silva da nossa família; ele lhes fazia perguntas (que Claire e eu respondíamos em vozinhas agudas), tirava nossas roupas de bebê do depósito e nos dava seus óculos e suas gravatas velhas para vesti-los, e lhes oferecia mordidas do seu pão ou goles do seu suco. Mergulhava no mundo dos nossos amigos imaginários Tommy e Harry Tealock — "O que Tommy Tealock fez na escola hoje?", ele perguntava, e uma vez na praia gritou: "Lá vai Harry Tealock!" enquanto acenava para o vazio, além das ondas. Quando comecei a devorar os livros das séries *Hardy Boys* e *Nancy Drew*, depois de ele os ter me apresentado, nós dois comparávamos anotações sobre quais enredos eram mais cheios de reviravoltas, quais títulos eram mais assustadores (*O que aconteceu à meia-noite* e *Quando o relógio fazia tique-taque*), e quais desenlaces eram mais satisfatórios. Ele nos levava de carro até a biblioteca todo fim de semana e nos ajudava a escolher livros, lia-os para nós vezes sem conta e se entregava a discussões animadas sobre eles. Planejava expedições até uma loja de casas de bonecas e partilhava nosso encantamento pelas minúsculas revistas *Life* e diminutas garrafas de coca-cola. Como reverendo Gilman, ele oficiou os muitos casamentos de nossos pinguins e ursos de pelúcia diante de nossas bonecas Mme. Alexander (o que é hilário, pois protestante é a única denominação religiosa que nunca foi dele). Como diretor Gilman, assistia aos testes que Claire e eu fazíamos para as produções de bichos de pelúcia/bonecas de *West Side Story* e *Oklahoma!*; avaliava o talento vocal de Kanga e concordava que Horsie era perfeita para o papel de Judd Fry. Como um maestro chamado Ricardo Gilman, ele concebeu, dirigiu e apresentou um circo que minha irmã, nosso querido amigo Sebastian e eu montamos em Sienna, Itália, no verão em que eu tinha sete anos. Nosso melhor "truque" era o "carro dos palhaços": um atrás do outro, todos nós passávamos de bicicleta por cima do banco traseiro do nosso minúsculo carro italiano, e na última volta meu pai, que até então ficara escondido abaixado no chão enquanto eu, Claire e Sebastian corríamos sobre ele, se erguia e emergia, sorrindo de um jeito triunfante, do espaço impossivelmente reduzido.

Minha irmã certa vez descreveu com precisão o que a paternidade significava para papai:

A paternidade falava ao âmago de quem papai era enquanto pessoa. Ressoava com sua fé primordial na criatividade. Seu amor pela vida da mente. Sua profunda imaginação. E sua busca pela iluminação e beleza espirituais. Meu pai ACREDITAVA na infância. E contaminou minha irmã e a mim com essa crença, fazendo com que desenvolvêssemos a vida rica e imaginativa que tivemos quando crianças [...]. Meu pai compreendia que criações da imaginação não eram menos importantes que a vida real, e sim fundamentais para uma existência rica e plena. Ao longo de toda a sua vida, meu pai buscou algo mais elevado, algo além do trivial de todos os dias [...]. Meu irmão, minha irmã e eu fornecíamos isso para ele. Éramos mais do que apenas seus filhos. Representávamos tudo o que havia de bom no mundo.

A combinação mágica que meu pai tinha de solidez e ebulição, um feroz senso de proteção e charme lúdico faziam dele tanto o pai mais legal quanto o mais encorajador que se podia imaginar. Ele era conhecido em nossa família como o Grande Descobridor, que podia elevar uma busca mundana por um passe de ônibus perdido ou um livro da biblioteca a uma caçada emocionante, com pistas, reconstituição de passos e suspeitos, com meu pai no papel do sábio, espirituoso e imbatível Hercule Poirot, Sherlock Holmes ou Perry Mason (todos eles grandes heróis seus). Em um passeio da pré-escola ao zoológico do Bronx, ele pegou um jovem vagabundo que estava me importunando, segurou a cabeça dele e disse, com um sorriso divertido: "Acho que está na hora da comida, e, se você não parar de aborrecer a minha filha, é para a toca do leão que você vai!". Mas, como todo mundo que conhecia meu pai podia muito bem atestar, ele próprio era uma pessoa que precisava de um bocado de incentivo; era um homem extraordinariamente sensível e vulnerável. Talvez fosse justamente por isso que sabia reconhecer tão bem e respeitar a vulnerabilidade nos outros, e que as crianças e os animais o adoravam, sempre.

Guardar essa intensidade infantil de sentir e ser capaz de se maravilhar, essa sensibilidade aguda misturada com vulnerabilidade, porém, implicava certos riscos — para meu pai e para suas filhas, que aprendiam a amar como ele amava: com a integralidade de nosso ser. Quando se ama de tal forma, você pode se machucar, até mesmo por um time de futebol americano. Meu pai costumava contar a história de como, no dia seguinte ao dia em que eu e ele assistimos, sentados o tempo todo, a uma devastadora derrota dos Giants, vi no *New York Times* uma foto do *linebacker* Harry Carson sentado no banco, abatido, e escrevi uma carta para consolá-lo. "Você não deve ficar triste. Você é um tremendo jogador e um homem maravilhoso", escre-

vi. "Todos ficaremos felizes de novo. Amo você. Priscilla Gilman, nove anos." Apenas um ano após ter mandado a carta a Harry Carson, eu me peguei pronunciando palavras muito parecidas para meu pai, enquanto ele enfrentava a devastadora perda de nossa família em função da decisão de minha mãe de pôr fim ao casamento deles.

Embora o fulgor outrora brilhante
Desvaneceu frente a meu semblante,
E não haja nada que me devolva
A glória da flor e o esplendor da relva;
Não vamos nos magoar
Mas no que restou encontrar;
Força [...]*

Wordsworth, "Ode: Vislumbres"

Meu alegre idílio infantil terminou de forma abrupta com a difícil separação de meus pais quando eu tinha dez anos e meio. Claro, o casamento deles não fora sempre um paraíso. A maior parte do tempo meu pai era engraçado, terno e atencioso, mas tendia a ter rompantes de fúria vulcânica, geralmente direcionados à um tanto encrenqueira Claire (ele não conseguia tolerar seu choro agudo e ininterrupto quando bebê ou seus ataques irritadiços, e gritava com ela por derramar o leite) ou à minha mãe. Esta raramente sorria; vivia tensa e sobrecarregada. Embora eu tenha sido uma bebezinha notoriamente feliz e uma menininha cheia de vida e destemida, ao ver fotos antigas de mim quando criança, muitas vezes fico impressionada ao constatar quão pensativa e ansiosa pareço, sempre estendendo os braços

---

* Tradução de Alberto Marsicano e John Milton, p. 57. (N. T.)

em torno dos meus pais para aproximá-los, amorosamente acolhendo a mão de meu pai na minha ou enfiando meu braço no dele, ou com um braço protetor em volta dos ombros de minha irmã.

Talvez o paraíso para mim tenha sido a própria infância — uma infância simbólica —, que existia nos livros infantis que eu devorava e da qual me aproximava por meio de brincadeiras sem fim com minha irmã. Tratava-se de um lugar de liberdade e imaginação, não desfigurado por segredos e ressentimentos venenosos, sem sombras de complexos desejos ou desilusões adultas. Acho que eu lia tão avidamente para de alguma forma fugir ou transcender a realidade de minha família dividida: a tensão e a falta de afeto entre meus pais, o conflito entre meu pai e minha irmã, a insegurança profissional dele, a sensação de alguma instabilidade fundamental e de infelicidade nos espreitando logo abaixo da superfície. A literatura sempre foi meu porto seguro.

Com a separação de meus pais, a casa de Connecticut foi vendida, e a presença mágica de nosso pai na nossa vida diminuiu muito. E nos meses imediatamente posteriores à separação, ficou claro para mim, por causa de cartas que encontrei, conversas que entreouvi e coisas que minha mãe e algumas de suas amigas me falavam, que meu pai tivera outro lado, uma outra vida, uma vida secreta de casos, abuso de drogas e pornografia pesada, mesmo enquanto estava fazendo o papel de homem de família e do pai que assistia a *Vila Sésamo* comigo e que presidia o inocente mundo da minha imaginação. Meu pai nunca me falou nada sobre sua relação com minha mãe e nunca reconheceu ter tido casos, mas na noite que eles nos comunicaram a separação ele me disse, entre pesarosos soluços: "Oh, Sidda, eu não quero isto, é decisão da sua mãe, não quero perder a nossa família!"; e exclamou noutra noite, em meio a um acesso de angústia: "Eu me mataria, não fosse por vocês, meninas". Tanto meu pai quanto minha mãe faziam de mim sua confidente, dividiam sua dor comigo e então diziam, preocupados: "Não comente nada com Claire, ela não consegue lidar com isso". Claire tinha apenas catorze meses a menos do que eu, mas eles a consideravam a "caçula"; sentiam que precisavam abrigá-la e protegê-la, mas que eu era forte o bastante. Era uma responsabilidade muito grande para uma menina, responsabilidade que assumi com muita seriedade e que nunca questionei, até muitos anos mais tarde.

Depois do rompimento meu pai foi engolfado por uma depressão quase suicida, sobretudo por ter ficado muito abalado por perder o convívio diário com minha irmã e comigo. Ele não teve uma casa de verdade durante o primeiro ano, e Claire e eu só o víamos durante almoços e idas ao cinema. Sua dor e seu desespero turvavam qualquer interação nossa com ele, até o mais leve contato. Eu sentia uma falta terrível do meu pai: sua presença na minha vida diária, o pai exuberante e engraçado, disponível e tranquilizador que ele fora antes. Ele estava sendo infantil, mas de um modo diferente: de repente, dolorosamente vulnerável, desamparado, perdido, profundamente ferido, lutando para entender o que havia acontecido e para visualizar o que estava por vir.

Meu pai certa vez escreveu que "ser fã de alguém significa praticar uma forma de magia solidária, que faz você sofrer com e tirar forças de, e geralmente partilhar as vicissitudes e personas de campeões e heróis dos dias modernos". Ele sempre fora meu maior fã, e eu a dele, e, assim como eu tirara força dele, agora sofria com ele; como eu havia me refestelado em sua magia solidária, agora partilhava, irrestrita e incondicionalmente, suas vicissitudes. Claire e eu extraíamos força de tudo o que nosso pai havia nos ensinado sobre como confortar, dar segurança e amor. Aprendi, quando criança, que meu papel era ser alegre, otimista e energizante para os outros.

Com a chegada da adolescência, fui instada por meus pais a concentrar minhas energias nos estudos, a baixar a cabeça e me sair maravilhosamente na escola. Dos primeiros anos da adolescência em diante, as duas coisas sobre as quais eles concordavam era que eu não deveria seguir minha paixão pelas artes cênicas, pelo canto e pela escrita no sentido de fazer disso uma carreira, e que, ao contrário, deveria obter um doutorado em humanidades. Eles insistiam que a vida de um artista ou escritor era instável demais, incerta demais e incompatível com o tipo de mãe que eu gostaria de ser. Também me diziam que eu não seria suficientemente desafiada do ponto de vista intelectual no mundo das artes e que a vida de professor universitário era rica e gratificante. Ter êxito acadêmico foi uma das maneiras de eu agradar a meus pais individualmente e de aproximá-los. A melhor maneira de fazer meu pai se sentir melhor, sempre, era me sair bem na escola, sobretudo escrevendo ensaios sobre obras literárias que ele amava. A única coisa que lembro de ter visto meus pais discutirem num tom de voz amigável depois que se separaram eram meus sucessos acadêmicos.

Tanto meu pai quanto minha mãe estavam vivenciando um sonho através de mim. Meu pai era professor adjunto na Escola de Arte Dramática de Yale, mas não só não tinha diplomas avançados como jamais sequer terminara seu bacharelado (embora fizesse disso um segredo para a maior parte das pessoas). Papai contava que se sentia uma fraude quando ia dar palestras em universidades e conferências e na sua frente havia uma placa que dizia DR. GILMAN. Ele forjara uma carreira de forma idiossincrática, à sua maneira, o que para mim parecia maravilhoso, mas sempre se sentira inseguro e instável. Minha mãe, que tinha um diploma universitário em artes cênicas, sempre quisera se instruir mais, sobretudo em literatura e filosofia, e com frequência justificava seu casamento com meu pai em função do desejo de que ele complementasse sua educação. Eu me sentia culpada de ter qualquer sentimento negativo que fosse quanto a meus estudos, pois minha mãe teria sido capaz de matar para ter as oportunidades que tive.

Mas quando cheguei a Yale para começar meu segundo ano, me senti tanto à deriva quanto exausta depois de um intenso primeiro ano de estudos superiores, durante o qual, a despeito de êxitos acadêmicos, eu me sentira vazia e insatisfeita. Saí da faculdade depois de duas semanas, voltei para casa, para Nova York, e passei o ano dando aulas de aeróbica (para esquecer de mim mesma), lendo todo o *Em busca do tempo perdido*, de Proust, em francês (tanto meu pai quanto minha mãe o adoravam) e em sessões intensivas de psicanálise para enfrentar a dor da separação de meus pais. Ir fundo em meu trauma de infância e em minha sensação de inocência perdida com um analista me preparou para reagir a Wordsworth quando voltei à universidade. Sua poesia sobre nostalgia e saudade me atraía em parte por causa de meu sentimento de uma vida antes e uma vida depois da separação de meus pais, de um paraíso perdido.

A perda da infância (e dos pais) de Wordsworth, a sensação de uma fenda intransponível entre seu eu infantil e o adulto, sua saudade da inocência imaculada da infância, tudo isso era eloquente para mim como caloura, com urgência e força. E na sua ideia de "recompensa abundante" (o que John Milton chamou de "paraíso interno, muito mais jubiloso"), Wordsworth capturava tanto o trauma da perda quanto indicava o caminho para uma possível cura. No primeiro dia de aula, minha professora, a mesma que me daria os *bodies* muitos anos depois, escreveu no quadro-negro os famosos seguintes versos de "Abadia Tintern" e nos disse que esse poderia ser o assunto da disciplina:

[...] — *Este tempo passou,*
E todos os seus árduos prazeres esvaíram-se,

Como também suas estonteantes alegrias. Nem por isso
Me abato, enluto ou reclamo; outros dons
Apareceram; recompensa abundante,
*Acredito, por tal perda**

Essa ideia de um ganho maior do que a perda que o precedeu, de que os prazeres maduros da vida adulta mais do que compensam a perda da "alegria estonteante" era, para mim, intrigante e ao mesmo tempo reconfortante. Sobretudo, além da simples beleza da poesia, as vívidas evocações de Wordsworth da inigualável alegria da infância, a refrescante honestidade e autenticidade das crianças, a intensidade de sentimentos nas e sobre as crianças me tocavam profundamente.

Porém, oito anos depois de ter conhecido Wordsworth, enquanto terminava minha tese, essas qualidades de espontaneidade e intensidade emocional, simplicidade e autenticidade eram precisamente o que eu sentia que estava faltando em meus estudos acadêmicos. De fato, logo após começar o doutorado, eu descobriria que a paixão pela literatura muitas vezes era esquecida na busca por argumentos misteriosos e novas teorias. Para uma idealista e humanista como eu, foi uma desilusão profunda e dolorosa. Mas eu sentia uma forte pressão por parte de meus pais e de meu marido, um colega graduado em inglês e literatura norte-americana por Yale, para perseverar e conseguir o diploma de doutora. E eu não conseguia imaginar outra carreira que me possibilitasse combinar minhas duas paixões: magistério e literatura.

À medida que ficava cada vez mais insatisfeita com a secura e a frieza do mundo acadêmico, eu me voltava para Wordsworth

---

* Exceto pelos dois últimos versos, tradução de Alberto Marsicano e John Milton, p. 95. (N. T.)

a fim de me recordar do que era realmente importante. E o mais importante para mim, sempre fora, era ter filhos. Quando criança eu comandara, como sra. Gilman, uma prole de quase 150 bichos de pelúcia e bonecas, e, embora sempre tivesse ambicionado uma carreira profissional relevante, planejava ser uma mãe jovem de três ou quatro filhos. Apesar de ser, ou talvez justamente por isso, filha de pais divorciados e uma moça completamente urbana, eu sempre fora atraída por histórias de famílias felizes, sobretudo *Mulherzinhas* e suas continuações, a série *Betsy Tacy* e *Little House in the Big Woods* [Pequena casa na vasta floresta]. Eu queria aquela casinha na floresta, um refúgio, um ninho, aquele espírito de família pioneira aconchegante. Meu casamento com o pai de Benjamin havia sido vaticinado pelo nosso amor pela poesia e por nosso desejo mútuo de ter uma família como as dos livros como compensação, uma "recompensa abundante", pelas muitas perdas e tristezas de nossas próprias famílias.

Meu coração bate mais forte ao ver
*   O arco-íris no céu surgir:*
Assim foi no início de minha vida,
Assim é, metade dela corrida,
Assim seja quando envelhecer,
*   Se não a morte irei preferir!*
O Menino é o pai do Homem;
Queria que meus dias fossem, afinal,
Unidos um a um pela piedade natural.

Wordsworth, "Meu coração bate mais forte"*

---

* Tradução de Alberto Marsicano e John Milton, p. 73. (N. T.)

Richard e eu nos conhecemos no primeiro dia de aula no doutorado em Yale. Ele estivera dois semestres à minha frente na faculdade, mas nunca pus os olhos nele até que nós dois entramos no doutorado de inglês e literatura americana. Na reunião de orientação e durante aquelas primeiras semanas de aula — calhou de Richard e eu nos matricularmos exatamente nas mesmas disciplinas — ele me impressionou como uma pessoa muito inteligente e ponderada. Bastante alto e quase doentiamente magro, mas bonito de uma maneira que lembrava Abraham Lincoln, ele pouco sorria, e parecia sóbrio, até mesmo atemorizante. Seus olhos eram virtualmente escondidos por pesadas sobrancelhas negras e óculos enormes de lentes grossas.

Do ponto de vista intelectual, ele era formidável. Fiquei sabendo que, como aluno do bacharelado, recebera o prêmio de ensaio e outro prêmio prestigioso de redação. Eu ouvira dizer que a professora que mais tarde nos daria os *bodies* o considerava um dos mais brilhantes alunos que jamais tivera. As frases que não com muita frequência saíam da boca de Richard eram sempre lapidares, cheias de palavras enormes e de estrutura rebuscada, e infalivelmente perfeitas do ponto de vista gramatical e sintático. Ele sabia grego e latim, isso para não falar em alemão e espanhol, e identificava toda e qualquer alusão, até mesmo a mais obscura. Em um mês de aulas no doutorado, ele escreveu uma resenha crítica sobre um livro para nossa aula de Poesia Lírica da Renascença que deixou todos na classe estupefatos, num silêncio cheio de inveja e admiração — ele seria capaz de derrotar todos nós com um pé nas costas.

Richard não era de forma alguma pretensioso ou agressivo em razão de seu brilhantismo. Não saía por aí arrotando palavras difíceis só por serem difíceis, nem fazia seus comentários buscando um efeito sobre a plateia, para impressionar ou intimidar. Toda vez que falava, os outros alunos apressavam-se em prestar atenção e costumavam tomar notas, mas ele nem sequer parecia perceber. E ele amava a literatura de um jeito apaixonado. Isso eu podia dizer pelo modo como sua voz ficava embargada quando ele lia em voz alta um verso especialmente belo, pela reverência com que falava de seus autores favoritos, pelo sorriso feliz em seu rosto quando eu o via lendo na biblioteca. Eu sabia que ele gostava da minha análise de poemas. Quando um de nós dois fazia um comentário em sala, nossos olhares se juntavam sobre a mesa central; havia entre nós uma sensação palpável de respeito e aprovação mútuos. Eu sempre nutrira a fantasia de me apaixonar por alguém da minha aula de inglês, e aquele cara alto, lacônico e misterioso se tornou uma figura romântica para mim.

Ele se mantinha distante de todos nós; nunca ficava depois da aula para bater papo ou para ir aos cafés das redondezas com os colegas. Não participava da maior parte dos eventos sociais e das festas que os alunos do doutorado organizavam. Com frequência eu o via caminhando apressado pelo campus ou voando em sua bicicleta; ele dava um rápido aceno de cabeça e seguia em seu caminho. "Qual é a do Richard...?", as pessoas perguntavam. Muitos o julgavam indiferente ou frio, mas eu achava que não o compreendiam. Ele não era rápido com ironias nem esperto com suas réplicas. Era "tímido, e não versado na disputa de frases" (Wordsworth, O prelúdio). Falava lenta e calmamente, e não conseguia acompanhar muito bem conversas de grupo casuais ou brincalhonas. Eu adorava o fato de que, ao contrário de muitos rapazes nova-iorquinos com os quais eu saíra, Richard não era malandro, metido nem materialista. Ele me atraía precisamente porque não era um contador de vantagens nem ficava se promovendo o tempo todo.

Sua total falta de vaidade se estendia à aparência física. Ele usava meias desparceiradas, camisas de flanela desbotadas, bermudas puídas e óculos completamente fora de moda; seu cabelo estava sempre caindo sobre os olhos e parecia precisar de um pente. Richard não tinha a menor ideia do seu poder de atração, o que me deixava ainda mais atraída por ele.

E penetrar sua reserva se tornou um desafio excitante para mim. Eu sempre tive uma ternura especial para com forasteiros, por almas tímidas ou desajeitadas, e talento para fazer os homens se sentirem à vontade e para encorajá-los a sair da concha. Nos primeiros tempos do doutorado, dei de cara com ele em uma longa fila da livraria de Yale; ele estava parado, alto e austero, sem sorrir, ensimesmado. "Oi, Richard!", exclamei, com meu jeito efusivo. Quando ele me viu, sua concentração intimidadora se dissipou inteiramente e todo o seu rosto se acendeu. Ele de imediato pegou os livros pesados que eu estava me esforçando para carregar e os colocou em cima dos seus até que chegássemos perto do caixa. Foi uma reação instintiva. Lá pelas tantas tirou os óculos para limpá-los, e fiquei impressionada com seus imensos e chamativos olhos azuis. Enquanto continuava tagarelando, pude perceber que, em vez de intimidá-lo, minha tagarelice na verdade o deixava relaxado, minha alma ensolarada o iluminava. Senti que ele ficava gratamente à vontade em minha presença.

Passaram-se mais algumas semanas até que eu falasse com ele de novo fora da classe. Um dia, voltávamos da aula com um colega, um sujeito bonito, carismático e paquerador chamado Ben. Estávamos lamentando o caso da não efetivação de uma professora bastante popular que tivera filhos, e Ben de repente me perguntou: "Se pudesse escolher entre ter uma família feliz ou uma carreira bem-sucedida, qual você escolheria?". Eu disse, sem pestanejar: "Uma família feliz". "Você abriria mão de uma oportunidade de ser efetivada no corpo docente para poder ter filhos?", Ben prosseguiu, um pouco incrédulo. "Sem dúvida", respondi. Ele me pressionou: "E se tanto você quanto seu marido tivessem empregos nas melhores universidades, mas em cantos opostos do país?". "Um de nós trabalharia como professor adjunto ou como professor de ensino médio", eu disse. Richard deu um sorriso sutil e aprovador, e eu soube naquele momento que tínhamos valores em comum.

Logo descobri mais sobre o que família significava para Richard. Um dia pedi a um amigo em comum, que fora seu colega no bacharelado e sabia bastante de seu background, para me contar mais sobre ele. "Oh, ele teve uma vida bem difícil", Jeff disse, com compaixão. "É uma história muito triste." Durante a maior parte da vida de Richard, seu pai, morto recentemente, havia combatido a esclerose múltipla; sua mãe tinha câncer de mama em estágio IV; e Richard, que era o filho mais velho, se encarregara de boa parte dos cuidados que o pai e a mãe necessitavam. Ao ouvir sobre as tragédias que tinham se abatido sobre sua família, fui tomada pela compaixão e inundada por um sentimento de admiração por Richard. A despeito de todo o sofrimento e todas as perdas, ele não era nem um pouco rancoroso ou cínico. E punha sua família acima de tudo. Deixava de ir a festas ou colóquios disputados por alunos animados e ambiciosos para levar a mãe à sessão de quimioterapia ou visitar o pai moribundo no hospital. Sua firme dedicação e seu amor fervoroso pela família me impressionaram e comoveram.

Uma semana depois, na única festa de alunos do doutorado a que Richard foi, eu o vi em pé, sozinho, na cozinha, parecendo um pouco perdido. Fui até ele, levei-o pela mão até uma cadeira na sala e sentei no chão, a seus pés, sorrindo para ele. Seu sorriso cálido e sincero, o alívio em seus olhos quando tomei a iniciativa de me aproximar, seu riso doce e espontâneo eram completamente enternecedores. Passamos intensas duas horas mal tocando os pratos de comida em nosso colo e rejeitando as intervenções dos demais enquanto nos aninhávamos no olhar atento e na compreensão cheia de compaixão um do outro. Não houve tentativas de impressionar ou seduzir; apenas conversa franca, honesta e íntima. Falamos sobre tudo, dos temas dos nossos ensaios de conclusão de curso (Melville para ele, Wordsworth para mim) até os livros infantis *Make Way for Ducklings* [Abram alas para os patinhos] e *Time of Wonder* [Tempo de maravilhamento], de Robert McCloskey, da nossa paixão mútua por futebol americano e pelos jogos olímpicos até os adorados cachorros que tivéramos quando crianças.

> *We talked with open heart, and tongue*
> *Affectionate and true,*
> *A pair of friends.* *
>   Wordsworth, "The Fountain: A Conversation"

Começamos a passar cada vez mais tempo juntos, no horário do almoço e durante cafés e conversas de final de noite nos nossos apartamentos, e ele começou a realmente se abrir para mim. Apesar de nossas origens diametralmente opostas — eu crescera em Nova York com pais intelectuais que haviam se divorciado, ele, nas florestas de Connecticut em uma família simples com pais que se amavam muito —, nós nos sentíamos completamente à vontade um com o outro. Descobrimos que ambos havíamos sido criados por pais que limitavam nosso tempo diante da TV, que nos alimentavam com comida saudável e nos protegiam da cultura popular; que tivéramos avós maravilhosos que nos influenciaram de forma profunda, de maneiras que nossos pais não seriam capazes. Nós dois éramos primogê-

---

* "Falamos de coração aberto, e com fala/ Afetuosa e verdadeira,/ Dois amigos." (N. T.)

30

nitos e tínhamos sido academicamente brilhantes em nossas respectivas famílias. Havíamos perdido a imagem de uma família intacta e tínhamos certa nostalgia por nossa primeira infância, quando nossos pais ainda eram figuras fortes, saudáveis e que nos transmitiam segurança. Lamentamos sobre como fora difícil ver nossos pais sofrerem, se tornarem frágeis ou expressarem angústia. Richard ouviu com paciência e generosidade a história sobre a separação dos meus pais — e aqueles perturbadores três primeiros meses nos quais perdi meu cachorro, minha casa em Connecticut, a presença diária de meu pai e, num certo sentido, minha própria infância. No dia seguinte, na caixa de correio do meu departamento, encontrei uma cópia de um poema — "Uma arte", de Elizabeth Bishop, que começa com "A arte de perder não é nenhum mistério"* — com um bilhetinho: "Para P. — em solidariedade — R.". Na vez seguinte em que nos encontramos para um café, dividi com ele os detalhes sobre a quase morte de meu pai e sua difícil recuperação de um inesperado ataque cardíaco, no ano anterior. Ele compreendeu.

A despeito de sua mente rigorosa e precisa, e de sua presença alta e imponente, Richard era uma pessoa suave. Como meu pai, adorava animais e bebês, e eles o adoravam; sempre que passávamos por um cachorro ou por um bebê na rua, ele parava para se abaixar e acariciar o cachorro ou para sorrir para o bebê. Outro ponto em comum era que nós dois tínhamos sido monitores de acampamentos, e certa vez ele descreveu uma viagem que liderara para as White Mountains de New Hampshire, como ajudara um menino que estava assustado com a subida, como fizera uma fogueira com os garotos à noite e os acordara para ver o

* Elizabeth Bishop, *Poemas escolhidos*. Seleção, tradução e textos introdutórios de Paulo Henriques Britto. São Paulo: Companhia das Letras, 2002, p. 363. (N. T.)

sol nascer. Que meninos sortudos, pensei. Eu observava as mãos fortes e bonitas de Richard segurando um livro durante a aula ou uma xícara de café em um dos nossos encontros e o imaginava segurando minha mão ou aninhando a pequenina cabeça de um bebê ou de mãos dadas com uma criança pequena por uma rua. Eu o ouvia lendo poemas em voz alta na aula e imaginava aquela voz grave, cheia de alma, contando histórias para uma criança.

Quanto mais tempo eu passava com Richard, mais profundos se tornavam meus sentimentos. Um dia eu estava falando sobre ele para uma colega que rapidamente havia se tornado minha melhor amiga no doutorado. Ela deu um sorriso afetuoso e sagaz. "Você está mesmo com um brilho nos olhos. Está apaixonada por ele, Priscilla!" Sentada a uma mesa de fórmica na nada romântica Machine City de Yale (um bar de estudantes sem janelas que fica no porão, cheio de máquinas de vender guloseimas, mesas e cadeiras plásticas e uma bruma de fumaça de cigarro), eu me senti radiante, trêmula, expectante. Duas noites depois, tomei a iniciativa de um beijo. Naquela noite em que nos beijamos eu soube que me casaria com ele.

Nosso namoro fluiu por meio de poesia e de forma lírica: ele me escrevia poemas, deixava cópias de poemas com anotações codificadas na caixa de correio do meu departamento e gravava fitas mesclando músicas de Bob Dylan, Richie Havens e Peter Gabriel (ele dizia que "Solsbury Hill" era uma reescritura de uma passagem de O prelúdio, de Wordsworth). Ficávamos acordados até tarde da noite redigindo análises sobre a lírica de John Donne e a sequência de sonetos de Astrophil and Stella, de Philip Sidney, para nossas monografias. Visitamos a casa em que ele crescera e caminhamos pelos bosques onde ele brincara quando criança. Conhecemos e nos sentimos incrivelmente à vontade com as famílias um do outro, apesar das circunstâncias e dos cenários inteiramente opostos: no Dia de Ação de Graças, minha mãe nos levou, vestidos com nossas melhores roupas, para almoçar em um restaurante de Nova York (desde a separação de meus pais, minha irmã e eu passávamos o Dia de Ação de Graças com nosso pai na casa de um amigo da família, mas naquele ano meu pai estava no Japão com sua nova esposa), e uma hora depois do almoço minha mãe ligou e deixou a seguinte mensagem na secretária eletrônica: "Richard é realmente uma ótima pessoa. Fiquei muito feliz de tê-lo conhecido". No dia seguinte, Richard e eu vestimos jeans e blusões confortáveis para ir à comemoração de Ação de Graças de seus tios, estilo cada-um-leva-um-prato, na área rural de Connecticut, onde caminhamos em torno de um lago congelado, apreciamos a paisagem de árvores e jogamos pingue-pongue em um celeiro do século XIX com seus dois irmãos mais novos e muitos primos-irmãos. Adorei a família grande e barulhenta de Richard: sua mãe exuberante, professora de arte dramática, vestida de roxo e azul-turquesa, com uma longa trança prateada descendo pelas costas, ruidosas joias de prata em profusão e um brilho maroto nos olhos; seus irmãos, bonitos, receptivos e fortes; suas tias excêntricas e graciosas (uma delas assistente social e a outra, pintora); seus primos simples e afetuosos — um fotógrafo, um escritor, outra assistente social, um geólogo, um chef de cozinha, um ator, e todos eles seres humanos adoráveis. Fui instantaneamente bem recebida no seu clã.

O poema "Abadia Tintern", de Wordsworth, lamenta a perda dos "árduos prazeres" e "estonteantes alegrias", mas aqueles primeiros meses de nosso amor foram certamente repletos de ambos. Richard e eu cursamos um seminário sobre Wordsworth no nosso primeiro semestre no doutorado, dado pelo talvez mais renomado especialista no poeta, e passamos muitas noites enlaçados em nossas camas ou sofás lendo Wordsworth juntos. Líamos versos em voz alta um para o outro e exaltávamos sua beleza e pungência, falávamos sobre como evocavam memórias de nossa própria infância. A capa verde da edição de Wordsworth que usávamos ainda me traz a lembrança de uma sensação de afinidade mágica naqueles dias em que poesia e amor passeavam de mãos dadas.

Certa noite, estávamos sentados lado a lado no meu sofá de listas azuis e brancas, e Richard estava afinal me contando, do início ao fim, a história de sua família. Seus pais haviam se conhecido na faculdade e se apaixonado perdidamente. Filhos caçulas de suas respectivas famílias, haviam sido espíritos livres superficialmente conformados, mas sempre ansiando por um modo de vida mais satisfatório do ponto de vista espiritual. Sua mãe tinha sido atriz, mas acabara se tornando professora de arte dramática; seu pai quisera ser artista, no entanto, mediante a insistência do próprio pai, havia se formado em economia em Yale e se tornado arquiteto. Quando Richard tinha oito anos, e seus irmãos seis e quatro, o pai deles pediu demissão de seu cargo em um renomado escritório de arquitetura em Richmond, Virgínia; seus pais venderam a casa, abriram mão da confortável vida de classe alta que levavam e voltaram a morar na cidade onde Richard crescera para construir sua própria casa, no bosque. Estavam se retirando do que viam como uma sociedade consumista, materialista e competitiva — seguiam uma dieta macrobiótica, construíram a própria casa de forma que fosse movida a um fogão a lenha e energia solar, não tinham televisão e faziam da união familiar sua prioridade máxima. Mas logo após a mudança para Connecticut os sintomas vagos — dormência no braço, formigamento nos dedos, fraqueza numa das pernas, dificuldade para mover um pé — que incomodavam seu pai desde que tinha vinte e tantos anos tornaram-se mais pronunciados. Sua mãe, numa poderosa demonstração de negação, se agarrou com firmeza a seu sonho romântico de insularidade familiar — recusou-se a reconhecer a gravidade da doença do marido e resistiu quanto pôde a receber auxílio profissional, que lhe parecia uma invasão à privacidade deles, em vez disso delegando aos três jovens filhos boa parte dos cuidados com o pai, incluindo troca de fraldas e inserção de cateter. Porém, em algum momento o mundo teria de invadir o ninho em virtude da doença de seu pai; outros membros da família se sentiram compelidos a intervir e insistir para que ele fizesse todos os exames possíveis, o que resultou em um diagnóstico de esclerose múltipla, obrigando a família a encarar a realidade da necessidade de abrir mão da privacidade. Quando o pai se tornou incapaz de caminhar e se banhar sozinho, eles contrataram auxiliares; quando começou a dar sinais de desorientação mental e dificuldade para falar, eles se mudaram para um pequeno apartamento em um prédio com elevador em uma cidade grande próxima de um hospital; e quando ele perdeu a capacidade de se comunicar e passou a ter episódios de falta de ar, eles o colocaram em uma clínica nas redondezas. Esse homem de 52 anos — vigoroso, atlético, lindo como um astro de cinema em todas as fotos tiradas apenas alguns anos antes — não conseguia mais se comunicar, estava emaciado, com as pernas murchas e sem habilidade para usar as delicadas e ágeis mãos que outrora esboçavam planos para a casa, martelaram os pregos de suas paredes, fixaram as tábuas do assoalho. Agora, fazia exatamente um ano que seu pai morrera, um homem de 54 anos de idade internado em uma clínica, cercado pela mulher e os três filhos em idade universitária.

À medida que Richard falava, com voz pausada, sobre a perda de um lugar primitivo e sagrado, sobre um encantamento idílico, a invasão de uma inocência feliz pela luz dura da doença, do sofrimento e da morte, da perda da intimidade de seus pais e da privacidade de sua família, pensei em "Nutting" [Em busca de avelãs], um poema de Wordsworth de que nós dois gostávamos especialmente. O poema conta a história da jornada do menino Wordsworth para juntar avelãs de um "lindo recanto/ Jamais visitado", e seu subsequente remorso e dor quando, confrontado com as consequências de sua "destruição impiedosa", um "sombreado recanto/ De aveleiras" se torna um "abrigo mutilado", "deformado e maculado", exposto ao "céu intruso".

Toquei com suavidade a testa de Richard enquanto sussurrei os três versos finais do poema:

Then, dearest Maiden, move along these shades
In gentleness of heart; with gentle hand
Touch — for there is a spirit in the woods. *

Richard era uma espécie de "espírito do bosque" — era isso que eu via nele, e o que eu queria incentivar. Eu sabia que ele precisava de um coração gentil e um toque gentil para trazê-lo ao mundo, desde sua intensa privacidade. Eu sentia, com muita força, que ele merecia alguém que fosse paciente e persistente com ele, que o ajudasse a se sentir mais à vontade, fazendo-o baixar a guarda e entrando em contato com sua vulnerabilidade e sua dor, que lhe permitisse relaxar até o amor. Eu queria salvar Richard de um destino de solidão, isolamento, incompreensão e inapreciação; queria trazer calor e luz, alegria e abundância para sua vida. Ser a pessoa que lança luz sobre os outros era para mim um papel muito familiar, confortável e tentador, e eu nunca havia conhecido ninguém tão digno de minha atenção.

Eu pensava em Richard como um tesouro que ninguém

---

* "Então, querida Donzela, movimente-se por essas sombras/ Com delicadeza de coração: com uma mão gentil/ Toque — pois há um espírito no bosque." (N. T.)

descobrira ou apreciara devidamente. Certa ocasião, uma colega do doutorado observara de forma depreciativa: "Tentar conversar com Richard é como extrair um dente"; eu me senti atingida, até indignada, com o comentário. Um professor nosso uma vez dissera algo parecido, mas de maneira muito mais generosa e positiva: ele afirmara que a prosa de Richard era incrivelmente difícil, tão complexa, tão finamente trabalhada que era necessário muita paciência e perseverança para entender com exatidão o que ele estava tentando dizer, embora o que estava lá fosse muitíssimo valioso e valesse muito bem o tempo e o esforço para chegar a seu belo âmago. Eu me sentia em relação à própria pessoa de Richard como esse professor se sentira quanto à sua escrita. Havia muita coisa lá de imenso valor. Por trás da cabeleira desgrenhada, dos óculos de aros grossos e das sobrancelhas severas de Richard, havia olhos adoráveis; por trás das complexidades e detalhes de sua prosa havia um discernimento incrível; por trás da afetação de sua persona social havia um menino de bom coração com muito amor para dar.

Desde a separação de meus pais eu quisera criar uma família que fornecesse para os filhos a segurança emocional que eu perdera naquela ocasião. Para isso, pensava que precisaria de um marido que fosse, sobretudo, seguro e confiável. Mas como jamais poderia me casar com um rapaz simples e bonzinho que usasse boné de beisebol ou alguém no típico estilo bom provedor, estava no meio de uma enrascada. Eu queria alguém confiável e bom, mas também alguém com uma mente interessante, peculiar, com sensibilidade para artes, liberal do ponto de vista político. Era difícil encontrar alguém que preenchesse ambos os requisitos.

Fazer uma escolha "segura" me parecia especialmente importante na época em que conheci Richard, quando eu acabara de emergir de uma excruciante experiência de uma família destruída, de outro idílio fraturado. Eu rompera havia pouco com o filho mais velho de Mia Farrow; tinha feito parte dessa família na época em que eles sofriam com as revelações sobre o affair de Woody Allen com a filha mais velha de Mia e o turbilhão midiático em torno disso. Tratava-se de uma família romântica e inocente despedaçada pela traição do tipo mais adulto — eu fora atraída por essa família em grande parte porque representava uma espécie de priorização paradisíaca da infância em detrimento de todas outras coisas —, e a relação de Woody Allen com a irmã de meu namorado me devastou em especial porque se tratava de traição não apenas de uma família específica, mas do ideal de inocência familiar e infantil. Toda a situação reforçou meu desejo de ter uma vida familiar verdadeiramente feliz e descomplicada.

Eu crescera cercada por vários homens brilhantes, charmosos e fascinantes, mas quase nenhum deles era do tipo família, confiável, leal a toda prova e não propenso a cair em algum tipo de vício. Eu dividia com Richard o prazer de conversas profundas e interessantes sobre literatura, música, esportes e política que experimentara com meu pai. Mas Richard era de um temperamento sóbrio, calmo, nem um pouco volátil ou instável, como no caso de meu pai. Tinha uma mente complicada, sutil, e era intelectualmente ambicioso, sem no entanto apresentar nenhum dos outros defeitos. Ele tivera poucas namoradas. Nunca fumara um cigarro nem jamais experimentara qualquer tipo de droga. Quase não tocava em álcool. Levava uma existência quase monástica em seu apartamento simples. Era alguém que eu achava que jamais seria capaz de cometer uma traição, enganar, maltratar, alguém que colocaria a família acima de tudo, que seria gentil, transmitiria segurança e estaria presente para mim e para nossos filhos.

Ficamos noivos certa noite, três meses depois de nosso primeiro beijo, após trabalharmos até tarde em nossos ensaios sobre Wordsworth. Quando estávamos para cair na cama, exaustos e felizes, Richard pegou minha mão e com um olhar inconfundível disse, solenemente: "Quero que você seja a mãe dos meus filhos". Estávamos os dois em êxtase por termos encontrado um ao outro. Ele estava visivelmente feliz por ter encontrado alguém com quem podia se abrir de verdade sem se sentir ameaçado ou julgado. E ele me fez sentir que dois elementos importantes do meu ser — o lado intelectual e o lado família — eram ambos apreciados e compreendidos. Sobretudo, sentíamos um retorno à alegria e ao frescor de nossa infância, e dos nossos sonhos de infância, no amor e na compreensão que tínhamos um pelo outro; sentíamos nossos "dias [...] unidos um a um". Juntos faríamos nosso caminho pelo campo minado das politicagens acadêmicas, nos elevaríamos acima da pequenez e ajudaríamos um ao outro a relembrar e honrar aquilo que era o mais importante: por um lado, a beleza e a verdade da literatura, e, por outro, o tesouro da família. No nosso casamento, esses dois reinos — a literatura e a vida real — iriam se cruzar e se nutrir mutuamente. Adorávamos um ao outro de forma absoluta e incondicional. Sentíamo-nos "abençoados/ Com a repentina felicidade para além de qualquer esperança" ("Nutting").

Nosso noivado também trouxe imensa alegria para a família de Richard, que se preocupava muito com ele e seus dois irmãos, e que ficou em êxtase por ter um acontecimento feliz no qual se concentrar, em lugar de todo o sofrimento, doença e morte que a havia consumido nos anos recentes. Em um almoço comemorativo algumas semanas depois do noivado, sua mãe me apresentou, sorrindo, um chocalho do ursinho Paddington (ela disse que queria me dar os braços mais abertos que pudesse encontrar), olhou para mim com olhos úmidos e apertou minha mão com força. "Agora vejo o pequeno Ricko de novo", disse para mim. "Pela primeira vez em tantos anos ele está sorrindo como fazia quando menino." "Você trouxe o pequeno Richard de volta para nós, não temos como lhe agradecer", sua tia me disse num evento familiar um mês depois. "Você devolveu o brilho aos olhos dele." Foram sua tia e sua mãe que planejaram o convite para o jantar de ensaio pré-casamento e escolheram estampar nele dois versos de "No caminho ermo morava", um poema curto sobre uma menininha bela e inocente que o eu poético amava profundamente. Abaixo de uma foto nossa estava impresso:

Estrela solitária e formosa
*Brilhando na imensidão.**

O fim de semana do nosso casamento teve um efeito luminoso retrospectiva e prospectivamente, dando-nos uma sensação de enraizamento no passado e de otimismo quanto ao futuro. O local onde fizemos o jantar de ensaio foi coberto por fotografias enormes, do tamanho de pôsteres, de Richard e de mim quando crianças pequenas, que nossas mães prepararam como surpresa. Meu pai conduziu de forma galante a mãe de Richard — radiante e vivaz num vestido floral de cores alegres e com um turbante azul cobrindo a cabeça careca — até o altar (eu entrei sozinha, para evitar aborrecer meu pai ou minha mãe), e eles dançaram alegremente durante a recepção. Nossa cerimônia de casamento foi repleta de poemas e menções aos muitos filhos aos quais mal podíamos esperar para dar as boas-vindas.

Richard e eu começamos nossa vida juntos sob o signo de

---

* Tradução de Alberto Marsicano e John Milton, p.103. (N. T.)

uma esperança exuberante, mas tempestades e provações não tardaram a sobrevir. Os primeiros sinais de problema começaram, na verdade, quase imediatamente depois que aceitei seu pedido de casamento. Nossos primeiros trabalhos do doutorado deveriam ser entregues dali a algumas semanas, mas ele não conseguiu finalizar o seu no prazo. Embora estivesse um pouco preocupada, atribuí ao seu brilhantismo a incapacidade de concluir as coisas a tempo. Foi assim que ele colocou a questão para mim — não posso ser limitado por esse tipo de trabalho e quero fazer algo maior e preciso de mais tempo para tal —, e eu aceitei suas explicações. Além disso, ele acabou por concluir os trabalhos, e ficaram espetaculares. No verão seguinte ao nosso noivado, dormimos separados a maior parte das noites — eu na nossa cama grande, ele no sofá no escritório, porque só conseguia engrenar na escrita depois da meia-noite e muitas vezes ficava acordado até o nascer do dia. Eu tentava ficar acordada com ele, comendo *cookies* com gotas de chocolate amargo ou *frozen iogurt* para não dormir, mas por volta das duas da madrugada sucumbia ao sono. Tivemos uma lua de mel de apenas uns poucos dias em uma pousada local, porque Richard precisava voltar a New Haven para continuar trabalhando em dois longos ensaios que não conseguira terminar antes do casamento.

Três semanas depois que nos casamos, ficamos devastados ao saber que o câncer da mãe de Richard havia se espalhado para o cérebro. Trancamos a matrícula durante um ano para passar o máximo de tempo possível em sua companhia e ajudar a cuidar dela. Sarah rapidamente havia se tornado uma espécie de figura materna alternativa para mim: ela achava que eu deveria escrever livros infantis em vez de artigos acadêmicos áridos; aconchegava-se e ficava aninhada comigo no sofá; ríamos juntas sobre as travessuras de seus alunos e dançávamos juntas em festas da família e casamentos. Ver aquela mulher vibrante, dinâmica e superotimista sucumbir a uma doença contra a qual lutara tão valentemente durante tantos anos, ver sua angústia com a ideia de deixar os filhos e a angústia deles com seu sofrimento, e perder alguém que de maneira muito rápida ocupara um lugar no meu coração me foi extraordinariamente doloroso.

Três semanas após a morte de Sarah, aos 54 anos, três anos depois da morte do pai de Richard com a mesma idade, nós dois começamos nosso ano mais difícil no doutorado: estávamos dando nossas primeiras aulas, ao mesmo tempo que nos preparávamos para nossos exames orais e redigíamos o projeto de nossas teses. E então, alguns dias após o término do ano letivo, e cerca de dez meses depois da morte da mãe de Richard, ficamos sabendo que meu pai fora diagnosticado com câncer de pulmão já em metástase e partimos para o Japão (onde ele vivia parte do ano com Yasuko, minha maravilhosa madrasta japonesa) para vê-lo. Enquanto isso, estávamos no meio de um competitivo programa de doutorado, sofrendo uma enorme pressão acadêmica, petrificados com a ansiedade do desafio de conquistar oportunidades profissionais que nos permitissem viver juntos como família. Mas a coisa mais importante para nós, sempre, era ter um filho; um ano após o diagnóstico de meu pai e quase exatamente três anos após nos casarmos, concebemos nosso primeiro filho, a quem sempre planejáramos chamar de Benjamin, um nome que nós dois amávamos.

Ficamos grávidos instantaneamente, no primeiro mês em que tentamos, e a gravidez em si foi a época mais romântica de todo o nosso casamento. Desde a morte da mãe, Richard havia se tornado mais introspectivo, menos propenso a expressar emoções, mas a gravidez o fez se abrir de novo. Ele estava muito feliz e carinhoso. Levava sanduíches de pão tostado com pasta de amendoim na cama para mim todas as manhãs em que eu estava enjoada demais para me levantar, e me fazia panquecas com xarope de bordo de sobremesa todas as noites. Sentava-se na nossa cama e lia para mim poemas de Yeats, Whitman e Wordsworth — sempre ele — e livros infantis como *Um ursinho chamado Paddington* e *A teia de Charlotte*. Lemos todos os livros de puericultura, pesquisamos sobre artigos para bebês e sentimos que estávamos nos dirigindo para o lugar onde sempre deveríamos ter estado. Aproveitamos de verdade todas as consultas médicas e adoramos o curso de parto que fizemos juntos no hospital Yale-New Haven. A maior parte das noites dormíamos aconchegados um no outro com pelo menos uma de suas grandes mãos na minha barriga inchada, para que ele pudesse sentir qualquer chute e movimento. No Natal, três meses antes da data prevista para o parto, todos os presentes que trocamos entre nós eram relacionados ao bebê; os presentes sob a árvore estavam etiquetados com "Para Benjamin e seu papai" ou "Para Benjamin e sua mãe".

Todos os nossos familiares ficaram felizes com a notícia de minha gravidez. Benjamin era o bebê que a mãe de Richard implorara para concebermos quando estava à beira da morte, o primeiro neto para meu pai moribundo, a criança que daria a Richard sua própria família, o novo ser que compensaria todos os anos de doença, dor e incertezas, a chegada que todos os nossos parentes recebiam como um novo começo para as duas famílias, representando esperança, promessa e possibilidades ilimitadas — o futuro.

Claro, ao escolher engravidar enquanto ainda estávamos estudando, sem ter uma tese finalizada nem um emprego, eu estava correndo enorme risco profissional. A maior parte de meus professores e colegas de doutorado recebeu a notícia da minha gravidez com uma preocupação polida, surpresa, até mesmo choque. Eu acabara de receber uma prestigiosa bolsa para escrever minha tese, e o ano dessa bolsa estava prestes a ser consumido por cansaço, enjoos, infindáveis exames de saúde, repouso na cama e noites insones. Na época em que fiquei grávida, apenas outra aluna de doutorado no meu departamento já tivera um bebê (três filhos depois, ela abandonou a carreira), e quase todas as professoras haviam esperado até garantir um cargo para depois se tornarem mães. Eu sabia dos estudos sinistros e das estatísticas que mostravam que ter filhos reduzia dramaticamente as chances de uma mulher obter um cargo acadêmico. Mas, em certa medida, estava deliberadamente abraçando o perigo, pois ao fazê-lo eu reafirmaria meu comprometimento com a vida de relações interpessoais e de sentimento acima e contra o competitivo, solitário e cerebral mundo acadêmico. A chegada de um bebê serviria como um bem-vindo lembrete da primazia da emoção sobre a razão, da família sobre a carreira, do amor sobre o raciocínio. E fazê-lo num momento inoportuno — quando eu devia estar dando duro para polir meu currículo a fim de me candidatar a vagas de emprego no ano seguinte — era parte do problema. Além disso, eu queria provar que conseguia fazer ambas as coisas — de fato, instada por meu orientador, saí para o mercado, me candidatei a dois empregos na área, fiz entrevistas no campus (aos sete meses de gravidez, quase explodindo na minha roupa de gestante) e acabei recebendo uma oferta de Yale. Mais importante, ficar grávida nas minhas circunstâncias era um gesto inerentemente romântico, jogando a cautela e o bom senso para os ares, um desafio das convenções. Filhos seriam o antídoto para a aridez da academia: eles iriam me pôr em contato com um sentimento profundo e valores essenciais e me restaurar a meu velho eu.

Porém, um mês depois do nascimento de Benj, eu estava me sentindo qualquer coisa, menos restaurada. Nunca na minha vida ficara tão exausta, emocional e fisicamente. E quando abri o pacote de presente contendo os *bodies* da professora que me apresentara a Wordsworth, minha reação foi de gratidão e ao mesmo tempo estupefação; o contraste entre meu bebê coberto de baba, de rosto vermelho, de fraldas sujas, guinchante, e as palavras empoladas estampadas em suas roupas novas era chocante, para dizer o mínimo. Ter um filho me mostrara quão idealizada e etérea era a imagem que Wordsworth tinha da infância. Mas a verdadeira extensão da diferença entre ideias convencionais de uma criança idealizada e a realidade de meu próprio filho apenas com o tempo seria revelada. Pois não foram apenas as desilusões comuns que muitas mães de primeira viagem enfrentam ou a simples e definitiva concretude de um recém-nascido que me surpreenderam. Havia algo a respeito do próprio Benj que parecia totalmente antirromântico.

Nosso nascimento não é senão sonho e esquecimento:
A alma que conosco se ergue, Estrela de nossa vida,
Teve poente noutro recanto
E vem de longe imbuída:
Não de vez esquecida,
Nem totalmente despida,
Arrastando nuvens de glória, viemos a nos originar
De Deus, que é o nosso lar:
*O céu nos envolve na infância!**

"Ode: Vislumbres"

Benjamin com certeza não nascera arrastando nuvens de glória. Em vez disso, fez sua entrada no mundo após 36 horas de trabalho de parto passivo intensamente doloroso e quatro horas fazendo força, coberto de sangue e mecônio verde-escuro, com uma cabeça grosseiramente deformada e branca. Ele estava azul,

---

* Tradução de Alberto Marsicano e John Milton, pp. 47, 49. (N. T.)

sem demonstrar reações nem tônus muscular. Seu índice inicial de Apgar (um exame que mede a funcionalidade do recém-nascido em cinco áreas cruciais) foi perigosamente baixo. Tinha o rosto todo encarquilhado e braços e pernas incrivelmente longos e magros. Richard não pôde cortar o cordão umbilical, pois este estava enrolado bem apertado no pescoço de Benjamin, e ele foi imediatamente levado por uma equipe de pediatras, que trataram de limpar suas vias respiratórias. Ele chorou apenas com quinze minutos de vida, e mesmo então foi um choro baixinho, lamuriento e surdo. Só depois de pelo menos meia hora é que ele me foi entregue.

A foto de Benjamin do hospital, tirada no seu segundo dia de vida, o mostra como um minicientista maluco. Ele ainda está usando a touquinha azul com cordinhas roxas e verdes que lhe foi dada na hora do nascimento (a fotógrafa fez menção de tirar a touca, mas engoliu em seco quando viu seu couro cabeludo edemaciado e ferido e rapidamente tratou de puxá-la para o lugar). Suas mãos minúsculas estão torcidas em punhos molemente cerrados, e ele olha para baixo, para as mãos, com uma expressão séria e perplexa. Parece velho e perturbado, não simples, fresco e novo.

E não houve nada de pacífico ou etéreo naquelas primeiras semanas com essa criança estranha. Ele não era de modo algum chegado a um aconchego — na verdade, era tão esquivo que eu só o pegava no colo para amamentá-lo. Ficava mais tranquilo e satisfeito sentado sozinho numa cadeirinha treme-treme para bebês, olhando para os brinquedos pendurados horizontalmente à sua frente. Ele tinha uma habilidade quase sinistra de se concentrar nas coisas que lhe interessavam. "Benjamin gosta de olhar para as luzes", minha mãe comentava, alegre, enquanto andava por sua casa de campo com o bebê Benj deitado, rijo, de barriga para cima, nos seus braços esticados, a cabeça dele reclinada para trás para olhar lá para cima, para as distantes luzes no teto. Benj não costumava virar a cabeça na direção de uma voz, mas ficava muito surpreso, até perturbado, ao ouvir sons baixos. Todo o seu corpo tremia quando uma porta era batida, e o som de um liquidificador ou do moedor de café podia induzi-lo a uma espécie de pânico. Minhas palavras tranquilizadoras e meus chamegos carinhosos pareciam não ter efeito sobre ele. Falei de minhas preocupações para minha mãe e Richard, mas eles disseram que eu estava me preocupando à toa.

Amamentar foi algo agonizantemente difícil. Benjamin não aconchegava o corpinho junto a mim; ficava enrijecido e nunca me olhava nem me dava indicação alguma de que eu fosse para ele qualquer outra coisa que não uma fonte de alimento. Perseverei com a amamentação, mas cada mamada, apesar do que diziam meus livros de puericultura, eram menos momentos de conexão do que tentativas muito tensas de acalmá-lo para que ele permanecesse no seio. Ele não ficava em nenhuma das posições tradicionais de amamentação, então eu tinha de usar um sistema complicado que envolvia uma almofada de amamentação e mantas enroladas para posicioná-lo de maneira correta, o que tornava muito difícil alimentá-lo fora de casa.

Minha mãe, que me amamentara por apenas alguns meses e me dera fórmula desde sempre, não tinha paciência para o que chamava de minhas "manias de mãe hippie" — "Dê uma mamadeira para ele de uma vez!", ela dizia, exasperada. Mas eu estava ferrenhamente determinada a amamentar Benj pelo menos durante o primeiro ano, o mínimo recomendado pela Academia Americana de Pediatria e por meu obstetra. Minha única amiga que já tivera um bebê, uma estudante de Yale (nenhuma de minhas colegas de secundário ou bacharelado era sequer casada na época em que tive Benj), era uma defensora apaixonada do *attachment parenting* [criação com apego] (carregar o bebê num *sling*, dormir junto, amamentar por um período prolongado) e me instava a acompanhá-la. Embora eu rejeitasse a ideia de o bebê dormir junto com os pais, a imagem da atenção materna e da comunhão mãe-bebê do *attachment parenting* me era muito atraente.

Em uma das passagens mais conhecidas de *O prelúdio*, Wordsworth apresenta a relação do bebê que mama e da mãe que amamenta como um intercâmbio idílico de atenções e emoções e como a base para a imaginação, a poesia e a criatividade:

> blest the Babe,
> *Nursed in his Mother's arms, who sinks to sleep*
> *Rocked on his Mother's breast; who with his soul*
> *Drinks in the feelings of his Mother's eye!*
> *For him, in one dear Presence, there exists*
> *A virtue which irradiates and exalts*
> *Objects through widest intercourse of sense.*
> *No outcast he, bewildered and depressed:*
> *Along his infant veins are interfused*
> *The gravitation and the filial bond*
> *Of nature that connect him with the world.*
> [...]
> — Such, verily, is the first
>   *Poetic spirit of our human life,*
> [...]
> From early days,
> *Beginning not long after that first time*
> *In which, a Babe, by intercourse of touch*
> *I held mute dialogues with my Mother's heart,*
> *I have endeavoured to display the means*
> *Whereby this infant sensibility,*
> *Great birthright of our being, was in me*

Augmented and sustained. *

The Prelude, II

Esse diálogo, essa conexão e essa troca fácil são o oposto do que Benj e eu vivemos. A mamada não era um momento de afeição ou interação. Não apenas Benj não "sorvia os sentimentos dos olhos de sua mãe" como raramente me encarava. Não havia nada de simbólico ou espiritual naquilo que estávamos fazendo. Eu sentia, vez após outra, a fisicalidade crua da coisa. Ele era um lactente voraz, mas não se tratava de um ato amoroso de conexão. Tratava-se de uma necessidade desesperada de sugar algo, qualquer coisa; ele sugava o dedo de Richard ou a chupeta exatamente do mesmo jeito. Quando ficava saciado, eu o entregava a Richard com imenso alívio. Lembro que após uma mamada especialmente difícil tirei Benj do meu seio à força e larguei-o nas mãos de Richard, dizendo: "Simplesmente *não entendo ele*", e saí caminhando, ou melhor, fincando os pés, do quarto.

Ao passo que o bebê Wordsworth mantém "diálogos mudos com o coração de [sua] mãe", eu me sentia estranhamente desligada de Benj, com uma inabilidade de saber o que ele estava sentindo ou pensando ou precisando que muito me perturbava.

---

* "[...] bendito o Bebê,/ Amamentado nos braços de sua mãe, que mergulha no sono/ Ninado no seio de sua mãe; que com sua alma/ Sorve os sentimentos dos olhos de sua Mãe!/ Para ele, na doce Presença, existe/ Uma virtude que irradia e exalta/ Por meio do mais amplo intercâmbio de sentidos./ De modo algum um renegado, ele, assustado e deprimido:/ Em suas veias infantis estão fundidas/ A gravitação e a ligação filial/ Da natureza que o conecta com o mundo. [...] Esse, simplesmente, é o primeiro/ Espírito poético da vida humana, [...] Desde os primórdios/ Começando não muito depois daquela primeira vez/ Na qual, um Bebê, por meio do toque/ Mantive diálogos mudos com o coração de minha Mãe,/ Empenhei-me em mostrar os meios,/ Por meio dos quais essa sensibilidade infantil,/ Grandioso direito congênito de nosso ser, encontrava-se em mim/ Ampliada e amparada." (N. T.)

A atitude não natural de Benj, sua introspecção, sua inescrutabilidade me deixavam perplexa e me intrigavam. Eu não conseguia entendê-lo. Não conseguia entender seus choros. "Isso é choro de cansaço ou de fome?", eu me perguntava. Minha amiga e meus livros de puericultura me diziam que eu saberia identificá-lo de cara, mas isso nunca aconteceu, e fazia eu me sentir inadequada e envergonhada. Eu sentia que tanto Benj quanto eu éramos párias, ele do mundo normal, eu, do mundo particular do meu filho. Nunca senti que eu era a "doce Presença" que por tanto tempo ansiara ser. O bebê de Wordsworth é bendito, mas também vulnerável, necessitando do amor e da orientação de uma mãe para compreender o mundo e santificá-lo. Mas Benj se sentia estranhamente independente de mim, como se na verdade não precisasse de mim, ou não me quisesse. Eu estava "assustada e deprimida". Sentiria Benj alguma "ligação filial"?, eu me perguntava. Será que algum dia se ligaria a mim, de uma maneira sólida e significativa?

Richard era um pai impressionantemente atento, capaz e dedicado; sua "ternura instintiva" e seu "cuidado profundo e reverente" (Wordsworth, "Michael") com o bebê Benj eram lindos de ver. Richard parecia entender seus choros — muito melhor do que eu, pelo menos — e tinha uma capacidade impressionante de acalmá-lo. Ele levantava inúmeras vezes à noite sem reclamar e trocava fraldas com prazer. No quinto dia de vida de Benj, enquanto o trocava, Richard se virou para mim, com lágrimas nos olhos, e disse: "É tão bom fazer isso com alguém que deve mesmo usar fraldas".

Mas Richard não via nada de estranho ou errado com o pequeno Benj, o que só fazia eu me sentir pior. Quando eu expressava minhas inquietações a respeito de Benj, ou ele não respondia em absoluto ou mudava de assunto. Mas na maior parte das vezes eu guardava minhas inquietações para mim, porque de fato achava que se tratava de uma deficiência minha, de um fracasso meu de entender aquele serzinho complexo. De forma que minha alienação em relação a meu bebê foi intensificada ao testemunhar a crescente conexão entre os dois. Eu os observava do lado de fora como se eles partilhassem de um universo privado no qual eu jamais poderia entrar.

Com o primeiro sorriso de Benj com cinco semanas de vida, entretanto, comecei a me sentir bem mais ligada a ele. Os sorrisos eram muito genuínos, muito francos, e claramente eram uma reação a nós. E quando encontrou seu dedão com seis semanas, Benj passou a se acalmar sozinho, começou a dormir a noite toda e parecia menos agitado e estranho. Richard se debruçava sobre o trocador ou sobre o berço, fitava o rosto do pequeno Benj e meticulosamente conformava os lábios nas formas e sons de *oooohhh* e *aaaahhh*. Ele chamava isso de brincadeira da pombinha. Acabava conseguindo que Benj respondesse do mesmo jeito. Desde que eu estivesse cantando e embalando-o ritmadamente, Benj permitia que eu o segurasse sem ficar se mexendo nem se afastando do meu corpo. Ele parecia adorar minhas versões das músicas de *Vila Sésamo*, e adorava em especial uma versão engraçada que inventei de "Lay Lady Lay", de Bob Dylan; caía na gargalhada. Em geral ele era um bebê feliz e com um temperamento luminoso. E era ainda mais feliz quando estava sozinho, numa cadeirinha ou no seu cercadinho, e parecia introspectivo e meditativo de uma maneira incomum para bebês. Mas, apesar de sua autossuficiência, o que na verdade chamava sua atenção, sempre, era a fala enérgica e ritmada, sobretudo se envolvesse rimas ou se fosse na forma de música. Se eu falasse com Benj numa voz normal, ele muitas vezes agia como se não tivesse ouvido absolutamente nada. Mas se eu aumentasse o volume ou falasse numa voz especialmente animada (que minhas amigas chamavam, divertidas, da voz de fantoche), acompanhada por expressões faciais exageradas e gestos amplos, ou, melhor ainda, se eu cantasse minhas observações, ele me olhava, deleitado, e às vezes rompia em risos.

Mas alguns aspectos do desenvolvimento de Benj, sobretudo seu desenvolvimento motor, continuavam a me preocupar. Seu tônus era incomumente fraco (nós o chamávamos, brincando, de Seu Fofão e Fofolete). Sua cabeça pendia para os lados de um jeito alarmante. Ele tinha bastante dificuldade de se erguer sobre os braços quando colocado de barriga para baixo. Aos três ou quatro meses de idade, eu estava convencida de que ele tinha alguma anormalidade muscular. Quando o colocávamos sobre a barriga, sobre o lençol ou em cima da nossa cama, ele caía para o lado e fazia sons agudos, como guinchos. Richard carinhosamente o chamava de "Capitão Benj". "Endireite o barco!", ele exclamava, "ele está inclinando para a esquerda!" Eu ria, mas também ficava preocupada. Particularmente por causa do parto difícil e de seu sofrimento ao nascer, eu temia que Benj pudesse ter paralisia cerebral, mas minha mãe riu à ideia, e meu pediatra me tranquilizou de uma maneira mais gentil.

Benj se transformou num bebê plácido e de bom temperamento. Em casa conosco, e com adultos conhecidos como a avó, tia e o tio, ele reagia bastante a demonstrações amigáveis; ria com frequência e gargalhava com o corpo todo. Em meio a grupos ficava mais quieto e mais sério, mas quase nunca chorava nem reclamava; assim que algo começava a deixá-lo ansioso ou perturbado, ele enfiava o dedo na boca e tratava de se acalmar. Fisicamente, continuava distante, mas emocionalmente parecia conectado a nós. E sua independência na verdade o tornava muito tranquilo; ele era capaz de se entreter sozinho e não era muito exigente.

Aos nove meses, ele aguentou uma viagem para a Flórida para o aniversário de 95 anos da avó de Richard com o que nos pareceu um comportamento incrível e um bom temperamento. Ele estava alerta, não reclamou, mostrou-se até mesmo alegre nos longos voos de avião e paradas. Dormiu bem no seu bercinho portátil. Na condição tanto de neto único dos falecidos pais de Richard quanto de o mais jovem da família, foi foco de muita atenção durante as festividades de fim de semana, e lidou serenamente com tudo. Recebia cada nova pessoa que ia até o nosso quarto de hotel para vê-lo com o mesmo sorriso calmo e tranquilo. Durante nossas grandes refeições com 25 ou trinta pessoas reunidas em volta de uma mesa enorme, pontuadas por cantoria, acessos de riso e frequentemente por brindes estridentes, Benj ficava sentado muito ereto no seu cadeirão, os punhos do suéter de tricô com tranças dobrados sobre os punhos minúsculos, e olhava em torno com olhos grandes e sérios e um comportamento solene. "Ele é como um pequeno rei-filósofo", um primo exclamou. "Ele é *tão* profundo!" Uma tia especialmente atenta (personalidade tipo A) me perguntou, meio incrédula: "Ele ainda não está sentando sozinho? Ainda não está engatinhando?". Repliquei que o pediatra havia me tranquilizado dizendo que ele estava se preparando para sentar, que "nem todas crianças engatinham" e que não havia nada com que se preocupar desde que ele caminhasse até um ano e três meses. Ela não pareceu convencida. E então comentou sobre a aversão dele a abraços apertados — "Ele não é muito carinhoso, não é mesmo?", ela comentou quando ele tentou se desvencilhar de seus braços. Um primo sussurrou para mim: "Eu entendo por que o Benj não quis ser afofado por ela!".

Ainda assim, o que ela dissera calara fundo em mim. Benj tinha de fato dificuldade de se manter sentado e precisava do suporte de brinquedos ou das paredes do cercadinho à sua volta. Nunca engatinhou. Demorou para caminhar e o fez com pouco equilíbrio, e caía muito. Mas toda vez que eu começava a me preocupar para valer, ele atingia o marco de desenvolvimento em questão, ainda que um pouco tarde e com um pouco de dificuldade. E meu pediatra sempre me garantiu que havia um "grande escopo de normalidade", e, desde que Benj estivesse nesse escopo, não tínhamos nada com que nos atormentar. Ainda assim, sua inabilidade física e seu alheamento — ele detestava ficar no nosso colo e se esquivava de abraços e beijos — me perturbavam de tempos em tempos do mesmo jeito que haviam preocupado a tia de Richard. Mas, a despeito da minha apreensão, eu queria evitar de pensar sobre meu filho em termos de quão cedo ou quão bem ele passava pelos marcos de desenvolvimento infantil ou quanto de afeição ele me demonstrava. Ele estava se desenvolvendo no seu próprio ritmo, era um tipo de pessoa diferente de mim (ele simplesmente não gostava de abraços, ora!), e não havia nada de errado nisso.

O departamento de inglês de Yale promovia três comemorações por ano, para as quais todos os professores e às vezes os alunos de doutorado eram convidados, e cônjuges, namorados e filhos eram bem-vindos. Bebês eram novidade no departamento de inglês, então cada um se tornava uma minicelebridade. Leváramos Benj tanto à festa de outono — uma reunião relativamente informal, ao ar livre — quanto à de fim de ano, um evento mais formal realizado num salão com lambris de carvalho e um coquetel de frutos do mar (nós a chamávamos jocosamente de "a festa do camarão"). Nas duas ocasiões ele velejou pelo salão amparado em nossos braços, tolerando com calma os gritinhos agudos das alunas do doutorado, retribuindo o olhar interessado de minhas colegas com sua expressão peculiarmente serena. As pessoas pegavam seus pezinhos e suas mãozinhas, acariciavam seu cabelo loiro e macio, passavam os dedos nas suas bochechas rechonchudas, falavam com ele, e ele aceitava tudo. Não havia agito ou choramingo, nem inquietação nem reclamação. Tanto autocontrole ele tinha, na verdade, que uma admirada colega minha acabou lhe dando o apelido de "bebê zen".

Era uma tarde ensolarada de maio quando Richard e eu, carregando um Benj de quase um ano e dois meses, todo vestido com esmero, adentramos o pátio que ficava do lado de fora do prédio do departamento de inglês. Benj estava ficando pesado para ser carregado por longos períodos — era um bebê grande com uma cabeça muito grande —, mas eu adorava segurá-lo no colo. Além disso, ele ainda não estava caminhando bem, e eu não queria colocá-lo sobre a pavimentação irregular de ardósia do pátio. Eu aguardara aquele dia com ansiedade; queria conversar com alguns colegas membros do comitê do prêmio para ensaios que estávamos avaliando e discutir questões possíveis para uma prova que eu estava montando, e me sentia entusiasmada de ver e conversar com meus colegas em um ambiente relaxado e informal. Mas sobretudo estava louca para dividir Benj com meus amigos, colegas e mentores. Esses eventos eram algumas das vezes em que eu sentia maior afinidade entre minha vida pessoal e minha vida profissional.

Naquele dia o pátio parecia especialmente cheio de pessoas e barulhento; as vozes soavam surdas e se perdiam no chão de ardósia. Senti o corpo de Benj se tensionar, e seus dedos foram para a boca. A cacofonia de vozes ficou ainda mais alta à medida que nos aproximávamos da festa. Nossa chegada foi percebida com empolgação: as pessoas acenavam, sorriam e punham a mão sobre o coração ou então diziam "Que fofo" ao mesmo tempo que apontavam para Benj. Este, porém, estava cada vez mais inquieto. Começou a tremer em meus braços, e quando eu trouxe o rostinho dele na minha direção, vi que lágrimas estavam se formando em seus olhos. Acariciei sua cabeça e suas bochechas e o aconcheguei mais contra meu corpo. Murmurei o que julguei serem palavras tranquilizadoras, mas Benj não relaxou nem um pouco.

Um professor mais velho, muito famoso e muito excêntrico, viu que Benj estava um pouco fragilizado e se aproximou para oferecer ajuda. Ele se inclinou na nossa direção, mexeu os dedos diante do rosto de Benj e cantarolou algum nonsense engraçado. Benj ficou tão surpreso que suas lágrimas pararam por um momento. Ele fitou com atenção aquele personagem distinto e piscou algumas vezes. Seus lábios começaram a tremer. Então, enquanto Richard e eu assistíamos, horrorizados, ele contorceu o rosto e começou a gritar. O professor, diga-se em seu favor, não levou essa reação para o lado pessoal e se retirou com um sorriso amigável. "Oh, querido, está tudo bem, Benji", sussurrei, "eu estou aqui." Incentivei-o a levar os dedos de volta à boca. Cerrei-o em meus braços e beijei sua cabeça. Saímos do sol e nos retiramos para um lugarzinho mais reservado, mas em vão. Entreguei Benj a Richard, porém o choro não diminuiu, então peguei-o de volta. Ele estava ofegante de tanto soluçar. Não havia nada, absolutamente nada, que pudéssemos fazer para acalmá-lo.

Cabeças se voltaram para nós. As pessoas se afastaram para continuar suas conversas sem ser perturbadas por um bebê chorão. Amigas me olhavam, compadecidas, e sussurravam: "Pobre bebê!". Umas poucas pessoas se aproximaram e tentaram confortá-lo, o que, porém, só o fazia chorar ainda mais. Eu estava percebendo vários olhares incomodados, quase tão difíceis de aguentar quanto os olhares de compaixão. Decidi bater em retirada para dentro do prédio e sair da luz, figurada e literalmente. Disse a Richard que ele poderia ficar lá e que talvez eu conseguisse levar Benj de volta para fora quando o acalmasse.

Assim que Benj e eu entramos no prédio do departamento de inglês, sentei em um banco longo de madeira próximo à porta, um banco no qual me sentara muitas vezes quando estudante, esperando por uma amiga ou terminando alguma leitura antes do início da aula. Tentei acomodar a cabeça de Benj sobre meu ombro, mas ele a afastava do meu corpo e continuava gritando. Eu nunca, nunca, nem mesmo quando ele era um bebezinho recém-nascido, o vira tão perturbado. "O que foi, meu amor?", eu perguntava enquanto acariciava sua cabeça e o beijava repetidas vezes. Ele olhava para mim com um olhar queixoso, como quem diz: "Você sabe por que estou chateado", mas eu não sabia. Depois de alguns minutos sentados lá dentro, sozinhos, longe do sol, do vento, do barulho, seus soluços começaram a amainar e a baixar em volume, mas não pararam de todo. Um de meus amigos mais próximos, um colega da faculdade, veio ver como estávamos. "O que aconteceu com o seu Dengoso?", Chris perguntou de um jeito doce e preocupado. "Não sei", respondi com sinceridade, "é muito estranho, pois ele sempre ficou tão calminho em outras festas, mas hoje surtou." "Ora, acho que eu também choraria se o professor X fizesse caretas de macaco para mim!", Chris brincou. Mas eu sabia que o desconforto de Benj havia começado muito antes daquelas caretas brincalhonas.

Não achei que houvesse qualquer chance de Benj voltar para a festa, então pedi a Chris que chamasse Richard, e quando ele chegou caminhamos juntos até o estacionamento para pegar nosso carro e ir para casa. Tínhamos planejado comparecer à recepção em uma das faculdades residenciais de Yale, da qual eu era bolsista e cujo diretor era mentor de nós dois, mas era óbvio que não haveria jeito de Benj aguentar mais um evento. "Os soluços dele são tão altos que provavelmente abafariam o piano-jazz!" (componente especial da festa), eu disse para Richard, brincando. Richard riu, mas em seguida ficou em silêncio. Benj continuou chorando e soluçando aqui e ali, até que o colocamos em sua cadeirinha de carro, onde então imediatamente caiu no sono.

No caminho para casa, especulamos sobre a causa do choro de Benj. Seria talvez dor dos dentinhos nascendo, ou algum desconforto remanescente do resfriado que tivera na semana anterior? Ou talvez tivesse sido algo na própria festa: ventava demais, o sol estava muito forte, o espaço era muito barulhento. Mas mesmo enquanto descartávamos uma miríade de explicações possíveis, não sentíamos que qualquer delas pudesse de fato estar por trás da radicalidade da angústia de Benj. Eu estava me sentindo um pouco constrangida por ter perturbado outras pessoas e por não ter sido capaz de acalmá-lo, um pouco frustrada por não haver conseguido conversar com meus colegas e amigos nem tê-los visto admirar o Benj que eu tanto adorava. Mas, sobretudo, eu sentia que havia testemunhado algo muito estranho e perturbador.

Ao chegar em casa, vi que havia recebido um e-mail da professora que nos dera os *bodies* por ocasião do nascimento de Benj. Dizia: "Foi muito bom ter visto Benjamin. Ele sim é belo, e deve ser difícil não derreter, simplesmente, quando você vê uma lágrima na bochecha dele!". A referência dela ao poema lírico romântico "Endimião", de John Keats — "Tudo o que é belo é uma alegria para sempre"* —, só serviu para me lembrar de quão pouco romântica, abrasiva e desconfortável fora a situação. Derreter, uma lágrima — eram, na melhor das hipóteses, eufemismos. Eu fora chacoalhada até o âmago pela torrente de lágrimas de Benj. Fora excruciante vê-lo tão perturbado, mais ainda porque suas expressões não eram meramente de desconforto ou de mau humor. Ele não ficara agitado. Ficara enlouquecido. Aterrorizado. Em pânico.

Além do mais, ele se mostrara inconsolável, e não esboçara

---

* John Keats, *Ode sobre a melancolia e outros poemas*. Trad. de Péricles Eugênio da Silva Ramos. São Paulo: Hedra, 2010. (N. T.)

qualquer dos gestos em direção da mãe em busca de conforto que se poderia esperar de um bebê que chora. Ele não se inclinara na minha direção, nem se agarrara a mim com força, nem enterrara a cabeça em meu ombro; não gritara "mamã" quando outra pessoa tentou se encarregar dele. Não reagira a nenhuma das minhas tentativas de aliviar seu desconforto. Eu não fora capaz de fazer com que tudo ficasse bem para ele. Ele fora completamente inacessível, de uma maneira atordoante. No dia seguinte escrevi a uma amiga: "Benj teve uma crise alarmante e sem precedentes na festa do departamento. Richard e eu ficamos profundamente abalados pela experiência. Foi como se o nosso bebê calmo, feliz, tranquilo tivesse sido substituído por um alienígena!".

Um dia depois, porém, reavaliei o episódio e o considerei um sinal de sua normalidade. Em um e-mail para a professora que oferecera o coquetel da faculdade residencial, escrevi: "Benj teve seu primeiro ataque de medo de festa/multidão/estranhos e rompeu em lágrimas histéricas. Essa ansiedade é típica da sua idade, mas lamentamos que essa emergência tenha nos impedido de vê-la". A despeito de minha aparente casualidade, tão assustados ficamos Richard e eu com aquela experiência que nunca mais levamos Benj a outra reunião do departamento de inglês. No fim de semana do casamento de minha irmã, poucas semanas depois, nós o deixamos com uma babá no apartamento em que estávamos hospedados, em vez de correr o risco de outro episódio.

Mas foi também por essa época que começou a aparecer em Benj uma extraordinária precocidade. Um dia, quando ele tinha por volta de um ano, Richard me chamou até a sala, apontou na direção da televisão e perguntou-lhe: "Que letras você está vendo?". Benj exclamou: "s-o-n-y!". Com um ano e dois meses ele reconhecia todas as letras (adorava encontrar o *a*, o *b*, o *c* e o *d* na página de um catálogo de compras da J. Crew ou da Pottery Barn), recitava o alfabeto com facilidade com um ano e quatro meses, lia palavras avulsas com um ano e dez meses e começou a ler livros inteiros e fluentemente logo depois de fazer dois anos. Quando bebê ou quando criança pequena, ele tinha o hábito de puxar todos os livros da estante; então, com evidente prazer, tomava seu lugar no meio dos livros, cercado por eles, virando páginas em silêncio, olhando para nós de tempos em tempos com uma expressão de puro deleite. Desde que tivesse livros ao alcance da mão, ele estava plenamente satisfeito. *Um dia de neve* foi o primeiro livro que ele leu inteiro em voz alta, do início ao fim, para estupefação de seus pais. Pensamos que talvez o tivesse decorado, mas ele virava as páginas exatamente no momento certo. Não demorou até que fizesse o mesmo com *The Runaway Bunny* [O coelhinho fujão], *Boa noite, lua!* e o seu favorito, *No Fighting, No Biting* [Sem brigas, sem mordidas]. No caso deste, ele memorizou a página em que cada história começava e, quando o tirava da prateleira, anunciava o título e o número da página da história que queria ler antes mesmo de abrir o livro. Aos dois anos e meio, pegava uma página da minha tese e a lia em voz alta com fluência e entonação perfeitas.

Números eram igualmente fascinantes para Benj. Ele sabia contar de um a vinte com um ano e dois meses, e de um a cem um pouco depois. Com um ano e meio, lia as horas no display do nosso videocassete. Aprendeu a ler as horas digitalmente e, se perguntávamos "Que horas são?", ele corria até o aparelho, olhava e, orgulhoso, dizia: "São duas e quinze" ou "três e meia", ou o que fosse. No supermercado, com frequência agarrava o relógio de estranhos admirados e dava as boas-vindas a amigos na nossa casa com uma amigável inspeção de seus relógios.

Sua precocidade também se estendia a outras áreas. Minha irmã, curadora de arte, dera a ele sofisticados livros de arquitetura e arte para crianças, e à força de estudá-los Benj se tornou capaz de reconhecer todas as formas (não apenas triângulo, círculo e quadrado, mas também hexágono, estrela, losango e octógono) e cores (incluindo cor de laranja, cinza e roxo) um pouco antes dos dois anos. Sua facilidade com formas o ajudou a entender geografia, e aos dois anos e meio ele sabia identificar qualquer estado dos Estados Unidos pelo formato, além de saber todas as capitais. "Parece o Texas!", gritava, entusiasmado, segurando na frente dos olhos um pedaço de barra de cereais. "Capital de Arkansas!", ele gritava quando via minha tia, que morava em Little Rock.

Quando conhecia alguém, ele lia os dizeres na camiseta dessa pessoa, ou então via as horas no seu relógio, ou encontrava uma letra ou número que tivesse a forma de uma joia que a pessoa estivesse usando. Quando via a avó, em vez de dizer "Oi!" ou "Oi, vovó!", ele ia até ela, pegava seu pulso com entusiasmo e gritava: "A letra O!" (minha mãe tinha uma pulseira com pingente em forma de círculo) ou "Saxofone!" (a forma do fecho de metal de outra pulseira lembrava esse instrumento). Aos dois anos, ele queria passar a maior parte do tempo lendo, contando ou fazendo longas fileiras de letras e números e compondo palavras com seus cubos de letras e números. Cobria o chão do nosso pequeno apartamento com esses cubos e os organizava em linhas perfeitamente retas, com o A ou o 1 na frente e o Z ou o 20 no final. Demonstrava engenhosidade ao construir essas fileiras. Se alguma letra ou número terminasse, ele usava uma caneta como 1 ou um pedaço de barbante colocado no formato de um círculo como O. Também usava os cubos para formar palavras como *delicious, zipper, entertainment, fantastic* e *celebration*.

Mais ou menos a partir dos dois anos, sua obsessão com letras e números passou a dominar todos os nossos programas. Se estávamos dirigindo, qualquer placa de estrada, qualquer letreiro de loja, qualquer outdoor tinha de ser lido em voz alta, e os números de todas as placas de carro tinham de ser proclamados em alto e bom som. A gentil gerente do supermercado Stop and Shop da nossa vizinhança o chamava de seu companheirinho contador, porque ele anunciava os números dos corredores enquanto nos deslocávamos pela loja. "Corredor dezenove!" "Corredor vinte!" Ele também memorizava que tipo de comida ou produto ficava em cada corredor. Eu dizia para Richard: "Precisamos de pão", e Benj gritava: "Pão — corredor dez!". A moça do caixa da loja de produtos naturais ficava admirada com ele. "De que cor é a camiseta da Fernanda?", ela perguntava para Benj, então com dois anos.

"Malva", ele respondia. Não roxo, nem vermelho, mas malva. E ele tinha acertado.

Ela o levava pelos corredores e apontava para os rótulos das caixas com um produto substitutivo do leite. "O que diz ali?", perguntava.

"Rice Dream Rice Dream Rice Dream Rice Dream Rice Dream Rice Dream Leite de Soja Light WestSoy Achocolatado de Soja WestSoy", ele respondia. Ela ficava de queixo caído.

Tendo por pais um professor de inglês e uma doutoranda em inglês, e uma família com muitos pendores culturais, o interesse de Benjamin por livros, sua mania de recitar poemas pareciam simplesmente naturais, ainda que um pouco radicais em sua precocidade e intensidade. Eu crescera em uma família na qual a literatura era o maior valor. Meu pai recebera um prêmio de velocidade de leitura quando adolescente; tanto ele quanto minha mãe estavam sempre lendo; e eu mesma havia começado a ler um pouco antes de fazer três anos. Quando éramos pequenas, minha irmã e eu éramos leitoras vorazes; em vez de assistir ao desenho animado sábado de manhã, como nossos amigos e coleguinhas faziam, nós pegávamos pilhas inteiras de livros das nossas estantes e as colocávamos sobre uma das nossas camas. Então nos juntávamos e líamos em silêncio uma ao lado da outra até o meio da tarde, parando somente para comer e beber alguma coisa. Ao ver Benj deleitando-se em meio a um monte de livros, eu me lembrava muito bem da delícia inebriante daquela atividade. A extraordinária memória de Benj e também o que parecia ser um fraco seu pelo teatral nos causavam surpresa, ao mesmo tempo que pareciam naturais; eu representara quando criança e adolescente, e minha incrível memória ("no terceiro baile da sétima série você estava usando o pulôver roxo com a gola cortada") era lendária entre minhas amigas. Sobretudo, simplesmente aceitávamos o fato de que tínhamos nas mãos um menininho estranho, não convencional e possivelmente brilhante.

[...] *books, we know,*
Are a substantial world, both pure and good:
Round these, with tendrils strong as flesh and blood,
Our pastime and our happiness will grow.*

Wordsworth, *"Personal Talk"*, 33-36

No inverno de 2000 para 2001, comprei para Benj *A Child Garden of Verses* [Jardim de versos de uma criança], de Robert Louis Stevenson, várias antologias de poesia para crianças e um DVD e um livro chamados *Baby Shakespeare*. Algumas semanas depois, escrevi a uma amiga: "Só o que Benj quer fazer agora é recitar (junto com Richard) os poemas 'To a Butterfly' [Para uma borboleta], de Wordsworth, 'Loveliest of Trees' [A mais bela das árvores], de Housman, e 'Fire and Ice' [Fogo e gelo], de Frost.

---

* "[...] livros, bem sabemos,/ São um mundo substancioso, a um só tempo puro e bom:/ Em torno deles, com gavinhas fortes como a carne e o sangue,/ Nosso divertimento e nossa felicidade crescerão." (N. T.)

Acho que podemos ter um colega literato!". Trechos literários se tornaram a trilha sonora para sua vida, surgindo nos momentos à primeira vista mais improváveis, mas surpreendentemente apropriados. Caminhando pelo apartamento, Benj murmurava com sua voz grave: *"One day through the primeval wood/ A calf walked home, as good calves should"** ("The Calf Path" [A trilha do novilho], Sam Walter Foss). Quando o tirávamos da cadeirinha do carro na noite escura, ele olhava para cima, na direção da lua, e exclamava: *"The moon spun round like a top!"*** (William Butler Yeats, "The Cat and the Moon" [O gato e a lua]). Quando escovávamos seus dentes, ele tentava recitar, embora com a boca cheia de pasta de dente, um poema de Ogden Nash sobre as grandes presas de um dragão. Quando o alimentávamos ou o colocávamos para uma soneca, às vezes o ouvíamos murmurar "To a Butterfly", de Wordsworth: *"And, little Butterfly!/ Indeed/ I know not if you sleep or feed"*.*** Aventurando-se pelos lisos gramados que cercavam a casa da avó, ele parava na frente de uma árvore e exclamava: *"Loveliest if trees, the cherry now, is hung with bloom along the bough"***** (Alfred Edward Housman). Ele sempre dava muita ênfase à ultima palavra de cada verso.

Certo dia um amigo viera jantar conosco, e estávamos nos queixando sobre nossos trabalhos de doutorado e os caprichos e preocupações do mercado de trabalho acadêmico. Um de nós mencionou uma amiga brilhante que não conseguira emprego na área depois de três tentativas; a tese da amiga em questão

---

* "Certo dia, pelo bosque primevo/ Um novilho voltava para casa, como soem fazer os bons novilhos." (N. T.)

** "A lua girou como uma gávea!" (N. T.)

*** "E, pequena borboleta!/ De fato/ Não sei se você dorme ou se alimenta." (N. T.)

**** "Mais adorável das árvores, a cereja, agora, pende em botão ao longo do galho." (N. T.)

era sobre Shakespeare. Benj de repente exclamou: "Conheço uma ribanceira onde o tomilho selvagem sopra". Ele recitou à perfeição seis versos do discurso de Oberon de *Noite de reis*, enquanto meu amigo ficava de queixo caído. Quando ele terminou, todos nós caímos na risada.

O inverno de 2000 para 2001 foi, do ponto de vista profissional, uma montanha-russa para mim e Richard. Como Yale não tinha um plano de carreira, todos os professores assistentes tinham de ir embora, mais cedo ou mais tarde (meus colegas e eu brincávamos que Yale era o paraíso de Milton do qual todos tínhamos de sair), e éramos incentivados a nos candidatar a qualquer cargo atraente na nossa área, já que as chances de um bom emprego eram melhores para professores assistentes iniciantes, pois nos níveis mais avançados abriam-se muito menos vagas. Eu tinha esperanças de poder me dedicar ao meu trabalho em Yale por alguns anos, mas senti uma necessidade muito forte de tentar qualquer novo trabalho possível que pudesse aumentar as chances de encontrar algo com potencial a longo prazo e que também se acomodasse com a carreira de Richard. Então, apenas um ano depois de ter começado a trabalhar em Yale, e com minha tese ainda por terminar, me candidatei a outras vagas, combinando com Richard para maximizar nossas chances de irmos para lugares geograficamente próximos. Richard se candidatou a uma vaga em Yale, foi aprovado em vários estágios do processo, apenas para ser abruptamente descartado (fiquei sabendo mais tarde por um amigo na banca que, embora tenham considerado sua escrita brilhante, ficaram preocupados por ele não estar muito adiantado em sua tese). Nós dois nos candidatamos a vagas na Universidade de Boston e na Bard; a Universidade de Boston o entrevistou, mas não a mim, e me foi oferecida uma vaga de professora substituta na Bard, que também abriu mão da possibilidade de contratar Richard apenas para empregar outra pessoa no último minuto. Tínhamos passado incontáveis horas escrevendo cartas de apresentação, juntando cartas de recomendação, viajando para fazer entrevistas, nos preparando para entrevistas, e qual o resultado? Estávamos de volta à estaca zero e teríamos que fazer tudo de novo no ano seguinte.

A academia, acabamos descobrindo, era um lugar de competição terrível e sanguinária: mil candidatos para cada vaga, apenas seis a oito vagas por ano no país inteiro no meu campo (literatura inglesa do final do século XVIII e início do XIX), e só umas poucas vagas a mais na área de Richard (literatura americana do século XIX). Muitos dos nossos amigos estavam desesperados depois de chegar atordoantemente perto de boas vagas só para serem recusados ou por não conseguirem nada após vários anos de tentativas. Muitos estavam abandonando a profissão. Estávamos preocupados e exaustos.

Porém, mesmo com toda a ansiedade, com os selvagens altos e baixos do mercado de trabalho, com o turbilhão ao redor, nossa vida com Benj parecia "um bosque primevo", "uma ribanceira onde o tomilho selvagem sopra", "dias de sol e canto" (Wordsworth, "To a Butterfly"). Passagens e versos românticos sobre esperança, beleza, magia e alegria nos lembravam da razão por que estávamos lutando para construir carreiras como especialistas em literatura, em primeiro lugar. Precisávamos desses lembretes e do apoio que representavam.

Mas, a despeito dos versos e cantos românticos que dele emanavam, à medida que Benj crescia, suas diferenças em relação a mim quando criança — e em relação à maior parte das crianças — se tornavam mais aparentes. Ele jamais se interessava por qualquer dos brinquedos mais recomendados por amigos ou por websites e livros de puericultura que consultamos. Alguns brinquedos — um trem falante de *Vila Sésamo*, um ratinho que guinchava — pareciam aterrorizá-lo, e ele os escondia bem longe sob o berço. Não tinha o menor interesse em bichos de pelúcia ou brinquedos infantis tradicionais, nem a menor vontade de brincar de faz de conta comigo. Cada vez que eu fazia um bicho de pelúcia falar com ele ou tentava seduzi-lo para uma situação de fantasia, ele ou me ignorava completamente ou empurrava o bicho, irritado, na minha direção. Mas Richard dizia que nunca dera muita bola para bichos de pelúcia, e, além disso, Benj parecia ter coisas mais importantes em mente.

Começou quando ele tinha um ano e meio, todas as noites, depois de ele e o pai lerem uma história juntos, eu cantava para Benj por uma boa meia hora ou 45 minutos. Eu apagava as luzes e o segurava esparramado no colo, na mesma poltrona de amamentação com balanço que usara para amamentá-lo. Sua cabeça pendia sobre um de meus braços, seus pés ficavam esticados para além do meu outro braço. Eu tinha um amplo repertório de músicas, em uma grande variedade de estilos e melodias. Havia canções dos meus musicais favoritos, dos Beatles, canções americanas clássicas que meu pai cantara para mim à noite, em sua voz trêmula de tenor, canções especialmente pungentes da colônia de férias, a maior parte sobre infância e sobre crescer e perder coisas ("Leavin' on a Jet Plane" [Partindo num jatinho], "The Circle Game" [Carrossel], "Cat's in the Craddle" [O gato está no berço]). Eu cantava e cantava — de "Somewhere Over the Rainbow" (*O mágico de Oz* era um filme a que eu sempre assistia com meu pai, e ele ficara emocionadíssimo quando consegui o papel de Dorothy na montagem da colônia de férias) a "Embraceable You" (a primeira música que Richard e eu dançamos em nosso casamento), de "Down in the Valley" (a música que meu pai mais gostava de cantar para mim) a "Somewhere" e "Tonight", de *Amor, sublime amor* (meu filme e musical da Broadway favorito), até que Benj finalmente caísse no sono. Richard ficava ouvindo junto à porta e quando a música tivesse parado por mais de uns poucos minutos ele entrava, levantava Benj do meu colo (ele estava pesado demais para eu carregar) e delicadamente o colocava no berço.

Tomadas em conjunto, as músicas representavam uma espécie de panorama da minha experiência de vida e eu as cantava com esse propósito:

> *his childhood shall grow up*
> *Familiar with these songs, that with the night*
> *He may associate joy.**
>
> Samuel Taylor Coleridge, *"The Nightingale"*, sobre seu filho pequeno

Por um lado, durante essas sessões de cantoria, Benj ficava fascinado, magnetizado, absolutamente atento; ele prestava atenção em toda e qualquer palavra minha, e em todas as notas. Benj continuou a ser retraído, à medida que crescia; jamais levantava os braços para que alguém o pegasse ou para se aconchegar na gente; nunca nos abraçava, nunca nos beijava, e na verdade chegava mesmo a desviar o rosto dos nossos beijos. Mas quando ficava nesse estado sonolento, ele me deixava acariciar sua cabeça e beijá-lo, coisa que eu fazia repetidas vezes. Eu me sentia muito grata pela chance de me sentir fisicamente conectada a ele; eu me deliciava sob o peso morno de seu corpo, suas bochechas macias, seu cabelo de cheiro delicioso. Sentada no quarto escurecido, cantando aquelas canções familiares, segurando Benj nos braços, eu sentia aconchego, paz e continuidade. Sentia meu pai próximo de nós.

---

* "[...] sua infância há de crescer/ Familiar com essas músicas, com as quais, à noite,/ ele possa associar alegria." (N. T.)

Mas essa paz era passageira e precária. Quando eu perguntava a Benj: "O que você quer que eu cante?", ele muitas vezes repetia a pergunta. Se eu perguntasse de novo, ele ficava irritado. "O que você quer que eu cante!", ele replicava. Se eu facilitasse as coisas e lhe desse duas opções — "Hey Jude" ou "Surrey with the Fringe on Top"? —, ele às vezes repetia uma delas. Mas às vezes não respondia, eu então começava a cantar uma música, e ele gritava o nome de outra. Além de tudo, Benj tinha uma memória prodigiosa para palavras, a ordem e os versos das músicas, e ficava irritado se eu errasse o mínimo que fosse. Eu pensava que ele estava dormindo e então pulava um verso ou inventava um trecho ou cantava a palavra errada ou até mesmo usava um plural no lugar de um singular, um "eu" em vez de "você", e sua pequena cabecinha se erguia e ele uivava em protesto. Se eu mudasse a letra de uma música para personalizá-la — cantar "Sweet Baby Benj" em vez de "Sweet Baby James" ou "Bless Benj forever" em vez de "Bless my Homeland Forever" ("Edelweiss") —, ele gritava "James! James!" ou "My homeland! My homeland!". Recomeçar do verso errado não bastava. Eu tinha que começar do início da música para que ele pudesse relaxar.

"Por que ele se importa tanto com isso?", eu pensava. "Por que isso o incomoda tanto? Este momento é para ser de conexão mãe-filho, a voz da mãe, tranquilidade, calma, aconchego, para expressar emoções e ideias, não perfeição, precisão e correção!"

Benj tinha uma necessidade imensa de que as coisas estivessem sempre certas. Os blocos numa fileira, as palavras de uma música, a ordem dos acontecimentos: tudo sempre tinha que estar na sequência perfeita. Ele tinha obsessão por dispor seus brinquedos em fileiras perfeitamente retas, e irritação e inquietação eram o resultado se o mínimo desvio acontecesse. Aos dois anos, quando fazia suas refeições, ele só começava quando tivesse um exemplar da revista Cook's Illustrated para ler. "Cooks

Illustrated número 52", exigia. Folheando as páginas, ele lia os títulos das receitas, empolgado: "Molho de chocolate amargo!", "Chuleta de porco com geleia de maçã!". Enquanto isso, só o que ele comia era comida de bebê. Ele fazia questão de um copo específico, de uma determinada inclinação no descanso de pé do seu cadeirão, de um papel-toalha bem ali para limpar qualquer respingo.

A meticulosidade de Benj podia ser divertida, mas quando descambava para a compulsão era algo que me preocupava muito. Os ataques de fúria, os uivos, o olhar de puro pânico que passava pelo rosto de Benj quando algo saía errado — quando as fileiras de blocos se embaralhavam, quando eu pulava um verso ao cantar para ele, quando lhe era dado o copo errado — faziam meu coração se apertar. Eram a coisa mais próxima à angústia que eu testemunhara, numa forma mais extrema, naquela festa do departamento de inglês, e muito me perturbavam. Que problemas ele enfrentaria no futuro quando as coisas não saíssem como ele queria ou quando uma situação não fosse exatamente de seu agrado? Ao arrumar as fileiras de blocos ou entregar a ele sua revista, a babá sempre ria e dizia: "Ele é igualzinho ao pai". Richard não via nada de estranho no perfeccionismo de Benj ou em sua necessidade de seguir sempre os mesmos rituais; na verdade, achava-os engraçados e impressionantes, sinais do brilhantismo e dos altos padrões de exigência de Benj. Muitas vezes lamentava o fato de não poder brincar com a mãe sobre o quão Benj era parecido com ele. Todos nós imaginávamos que Richard fora assim como criança, mas não tínhamos ninguém a quem perguntar, já que seus pais e seus avós já haviam morrido (a avó falecera alguns meses depois da comemoração de seus 95 anos à qual fomos com Benj).

Embora pensar desse jeito em geral me tranquilizasse, às vezes eu me perguntava se era, de fato, algo com o que se confortar.

A rigidez e o perfeccionismo de Richard frequentemente atrapalhavam sua produtividade e faziam dele, às vezes, uma pessoa difícil de conviver. Ele continuava a ter problemas para concluir seu trabalho; sempre conseguia pensar em mais alguma coisa a ser acrescentada, algo mais que precisava ler. A redação sempre podia ser melhorada, dizia; ele lutava sem parar com o que, para mim, pareciam frases perfeitamente corretas e ficava acordado até cinco da manhã, editando o texto. Havia rituais elaborados que Richard seguia ao fazer café, preparar comida, aprontar o carro, se preparar para trabalhar. Sua procrastinação (cada vez mais eu estava aprendendo a vê-la como tal) e seus hábitos estranhos colocavam um tanto de tensão em nosso convívio, mas eu tentava ao máximo aceitá-los como parte do que ele era. O mais das vezes eu dizia a mim mesma que as excentricidades comuns de Richard e Benj andavam de mãos dadas com seu brilhantismo e sua originalidade. Eles não eram pessoas comuns, eu me recordava continuamente. Eram estranhos, às vezes desconcertantes e frustrantes, mas maravilhosos e prodigiosos. Eu me culpava por querer mais ou algo diferente de Richard ou Benj; eu precisava aceitá-los por quem eles eram e não tentar mudá-los ou fazer com que se encaixassem em padrões.

Como filha de pais que tinham expectativas muito claras e rigorosas quanto a mim, e como produto de escolas tradicionais e exigentes, eu estava muito imbuída da ideia de permitir que Benj fosse ele mesmo, sem forçá-lo a se conformar ao manual ou às expectativas de qualquer pessoa. Meus próprios pais haviam projetado seus medos e sonhos em mim de uma maneira que tinha me inspirado, ao mesmo tempo que me sobrecarregara, que tinha me motivado ao mesmo tempo que me reprimira. Então, quando eu me perguntava por que Benj era tão compulsivo ou por que ele não gostava de brincar de faz de conta, quando eu ansiava por um abraço ou por uma resposta às minhas investidas, eu rapidamente me censurava. "Ele não é você!", eu dizia a mim mesma, "e isso não quer dizer que há algo errado com ele!"

Mas, apesar de minha aceitação de Benj e de todas as suas excentricidades e manias, às vezes eu me preocupava. Eu tinha reputação de hipocondríaca na família; nos meus vinte e poucos anos eu tivera muito medo de voar, e meus vários problemas de saúde não haviam resultado em nada sério. Talvez tenha sido essa uma das razões pelas quais minha mãe foi tão rápida em fazer pouco de minhas preocupações, e com uma força tão peremptória. Quando eu me inquietava porque Benj nunca parecia interessado em giz de cera ou canetinhas, ela exclamava: "Eu *nunca* queria desenhar quando era criança, entendo ele perfeitamente!". "Você percebeu como ele tem se machucado?", eu lhe perguntava. "Ele é um menino, e meninos se machucam", ela replicava, com brusquidão. "É estranho que ele não reaja quando dizemos seu nome", eu me inquietava. "Ele tem um mundo só dele, como o pai", ela respondia. "Ele não gosta de brincar do jeito que eu e Claire gostávamos. É estranho ele não gostar de bichos de pelúcia", eu suspirava. "Oh, eu nunca gostei de bichos de pelúcia ou bonecas. Nunca consegui entender por que você e Claire eram tão apegadas a eles." Ela fazia eu me sentir como a típica "mãe amorosamente ansiosa" (Wordsworth, "The White Doe of Rylstone" [A corça branca de Rylstone]).

Minha mãe era a única avó presente de Benj, e desde o minuto de seu nascimento ela se dedicara profundamente a ele. Para uma mulher com uma carreira muito exigente e uma vida social igualmente atribulada, ela passava um bocado de tempo com o neto. Nós a visitávamos um fim de semana por mês em sua casa em Connecticut ou no apartamento de Nova York, e ela com frequência vinha passar a tarde conosco no caminho para a cidade ou voltando de lá, sempre com montes de comida deliciosa para toda a família, sempre com muito entusiasmo e uma

74

atenção amorosa para com Benjamin. Quando ele era recém-nascido padecendo de cólicas, ela cantava para ele — normalmente canções de musicais, como "Someone to Watch Over Me" e "Don't Cry for Me, Argentina" — e o embalava nos braços horas a fio. Ela inventava musiquinhas ritmadas e cantos para acalmá-lo e distraí-lo. "Coelhinho Benjamin é como ele se chama, coelhinho Benjamin é quem a vovó ama", ela cantava enquanto o jogava para cima e para baixo, e ele a olhava com olhos inquisidores.

À medida que ele crescia, a ligação entre os dois só se aprofundava. Embora nunca conseguíssemos que ele dissesse "mamãe" ou "papai", minha mãe ensinou Benjamin a chamá-la, ao ensiná-lo a soletrar. "v-o-v-ó — vovó!", ele exultava. Ninguém tinha o poder de fazer surgir em seu rosto um sorriso tão iluminado quanto a vovó.

Minha mãe sempre fora a pragmática da família, uma espécie de contraponto a meu pai e a minha avó quando eu era criança. Ela não tinha absolutamente nenhum interesse em brincadeiras de faz de conta ou na minha imaginação. Meu pai e minha avó por parte de mãe eram quem liam para nós, brincavam conosco, acalentavam nosso desejo insaciável pelo faz de conta e pela magia. Minha mãe era quem dava duro para ganhar o dinheiro para sustentar essa maravilhosa infância. Como resultado, ela não costumava estar muito disponível — nossa babá e nosso pai eram quem mais cuidava da gente —, mas provia a pedra fundamental e a estrutura na qual nossa fantasia podia florescer. Meu pai, num clássico elogio desajeitado, certa vez descreveu minha mãe como uma "pessoa extremamente racional e uma mulher de negócios incrivelmente competente". Ela também tinha uma visão muito pouco romântica de sua própria infância: sempre dizia que mal pudera esperar para crescer e se livrar do que via como uma infância entediante e conservadora em uma cidadezinha do Meio-Oeste. Não gostava de brincar de faz de conta quando criança e queria ser adulta e sofisticada.

E foi o próprio pragmatismo e a impaciência de minha mãe para com a fantasia que fizeram com que ela tivesse um apreço e uma paciência especiais com o pequeno Benjamin. Eles tinham suas rotinas e rituais, sua própria e automática linguagem de comunicação; ambos sabiam o que esperar. Assim que minha normalmente glamorosa mãe chegava ao nosso apartamento de jeans e uma camisa de flanela Eddie Bauer, com o cabelo desleixadamente preso para trás, Benj atravessava o corredor correndo na sua direção, dava a ela uma bola e dizia: "Pega!". Era um sinal de que o jogo deles iria começar. Ela literalmente arregaçava as mangas e chutava os sapatos para longe, sentava de pernas cruzadas no chão e se entregava por inteiro ao jogo de bola que eles inventaram juntos. A atividade incluía jogar ou chutar a bola para lá e para cá de um para o outro, ao mesmo tempo que gritavam algumas frases predeterminadas — "pegue", "chute/jogue a bola", "que jogada/chute!" — que minha mãe inventara e que Benj adotara. Eu não conseguia entender como ela tinha energia para jogar esse jogo sem fim com ele, mas parecia que os movimentos repetidos e a ausência de exigências emocionais eram agradáveis e tranquilizantes para ambos.

Depois de uma hora jogando bola, era vez da leitura. Minha mãe havia estudado arte dramática e se especializara em Interpretação Oral de Literatura na faculdade, e todas as suas habilidades eram então utilizadas ao máximo. Ela lia com uma inflexão e um carisma maravilhosos, e capturava completamente a atenção e o interesse de Benj. Quando ela terminava um livro, ele no mesmo instante se alçava até a estante e pegava outro, então o deixava cair sobre o colo dela. Ela lia para ele durante horas, mas nunca inventava histórias nem instituía cenários imaginários como nossa avó, mãe dela, fizera conosco.

Vovó Peg, animada, dramática, emotiva (um maravilhoso livro infantil como *The Doll's House*, de Rumer Godden, a fazia chorar), um pouco avoada e doida, fora, sob muitos aspectos, a figura contra a qual minha mãe se definira. Vovó era como uma Fada Madrinha, Mary Poppins, Mamãe Ganso ou a Mulher do Século, na nossa vida e na vida de todas as crianças que tiveram a boa sorte de conhecê-la. Era famosa em sua pequena cidade de Illinois pela elaborada decoração de sua casa no final do ano e por sua generosidade. As crianças da vizinhança iam visitá-la quase todos os dias para receber regalos: sua calda quente de chocolate caseira, seu creme de baunilha e seus salgadinhos, jogos, livros — suas estantes sempre transbordavam com edições de histórias clássicas para crianças, como *The Tale of Peter Rabbit* e *The Tale of Benjamin Bunny, Raggedy Ann* e *Raggedy Andy, O vento nos salgueiros* e *O jardim secreto* —, ou simplesmente para se aquecer com sua atenção calorosa.

O dia todo, todos os dias, em que estava conosco, ela se jogava na nossa vida imaginativa com total convicção. Ela nos vestia como princesas em suas camisolas diáfanas e robes (Claire gostava disso muito mais do que eu, já que eu me sentia mais confortável na minha camiseta e no meu short ou na minha calça boca de sino de veludo cotelê), recortava bonecas de papel conosco, nos servia "bebidas da realeza" (suco de laranja congelado em copos de vinho), nos ajudava a arrumar minúsculas mobílias em nossa casa de bonecas. Ela supervisionava caças às guloseimas (escondia salsichas, Kisses de chocolate e jujubas pela casa e gritava "tá frio!", "tá quente!" enquanto os procurávamos), entrava de mansinho em nosso quarto à noite quando estávamos dormindo para deixar presentes embaixo de nossos travesseiros e interpretava um papel em todas as peças ou apresentações que eu inventava. Claire era sempre a personagem feminina principal, num dos vestidos de festa da época de escola de minha mãe, e eu o príncipe/consorte/pretendente, com o chapéu de boliche de meu avô ou com a gravata de meu pai — era a única maneira de eu convencer Claire a participar —, e vovó fazia o papel que sobrasse — a fada madrinha, a bruxa, o cachorro, o bebê —, mas geralmente estragava tudo ao cair na risada. Quando estávamos com vovó, havia jogos diários da Escola da Foca, um jogo que ela inventou e batizou em homenagem a duas focas de pelúcia que nos dera. As focas, Claire e eu éramos as alunas; vovó, a professora, srta. Samantha. Ela se sentava no pé da escada, nós, nos degraus logo acima, e nos dava aulas sobre flores (que colhia no quintal e trazia para nos mostrar) e fadas, e sobre a diferença entre analogia e metáfora ("Os olhos da Priscilla são azuis como o mar" versus "Seus olhos são o oceano"). Fazíamos longas caminhadas com ela no Central Park, em Connecticut, em Illinois ou mesmo no sul da França nos dois verões que meus pais alugaram uma casa lá, e nesses passeios muitas vezes brincávamos de Tom Sawyer — eu era Tom, Claire era Becky, e vovó, Huck ou tia Polly tentando me pegar enquanto eu fugia em cima das pedras, jogava seixos em lagos e catava conchas e folhas.

Talvez o melhor de tudo fossem as Expedições Para Se Perder, quando, no carro, ela nos deixava decidir que caminho tomar. "Dobre à esquerda, vovó", Claire comandava, empolgada. "Vamos pegar essa estradinha, vovó!", eu gritava. Era uma liberação estranha e produtiva que simbolizava o entusiasmo e a sensação de possibilidades infinitas que experienciávamos com vovó. A ideia das Expedições Para Se Perder teria aborrecido minha mãe ou a deixado estupefata; ela não entenderia a razão. "Não sei como vovó aguentava vocês duas", dizia. "Benj é tão mais fácil. É só jogar bola ou ler um livro que ele fica perfeitamente satisfeito!"

Mas, enquanto as visitas de minha mãe a nossa casa nos forneciam um bem-vindo respiro e uma bem-vinda ajuda, as visitas ao mundo dela eram exatamente o contrário. Ela se recusava de forma peremptória a adaptar para crianças sua grande casa de Connecticut ou a fazer qualquer alteração, e ficar lá com Benjamin era muito estressante; tínhamos que estar constantemente vigilantes. Enfeites quebráveis espalhados por mesas baixas, enormes lareiras de pedra com cantos pontiagudos, tomadas de luz expostas no chão, tapetes escorregadios e com franjas nas quais era fácil tropeçar, escadas em caracol — a casa era cheia de perigos e riscos para o atrapalhado, desajeitado e descoordenado pequeno Benj. Ele parecia ter muito pouco equilíbrio sobre os pés. "Se ele cair, caiu", dizia minha mãe, exasperada. "Assim, vai aprender a ter cuidado na próxima vez." Mas Benj não parecia aprender as coisas do mesmo jeito que as outras crianças. E ele caía muito, e caía com tudo; estava sempre coberto por machucados bem feios. Levou dois tombos realmente sérios que nos levaram ao pronto-socorro com um galo enorme na cabeça e um dente quebrado quase até a raiz. "Solte a mão dele e o deixe descer as escadas sozinho", minha mãe exclamava. *"Não dá"*, eu replicava. Eu sabia, só de olhar para ele ali em pé, atônito, junto à escada, que ele cairia de cabeça. Então armávamos cercadinhos temporários ou grudávamos nele como sombras pela casa, nossos braços estendidos logo atrás dele, prontos a pegá-lo caso se desequilibrasse, escorregasse ou caísse.

Em sua própria casa, minha mãe se sentia mais à vontade para expressar suas preocupações quanto ao desenvolvimento de Benj e suas opiniões sobre o que ela via como indulgência de nossa parte. Refeições na casa de vovó eram ocasiões tensas, durante as quais minha mãe vigiava Benj, e a nós, como um falcão e fazia pouco dos pedacinhos nos quais cortávamos sua comida, do modo como erguíamos a colher com cuidado até sua boca, da recusa peremptória dele a qualquer alimento que fosse duro ou crocante. "Ele é tão chato! Quando é que vai comer sozinho?", ela perguntava, impaciente. Mas sempre que o deixávamos comer sozinho, ele tinha ânsia de vômito, tossia de maneira exasperante e começava a engasgar. Ele parecia não querer mastigar, ou parecia ainda não saber fazê-lo, mas dizíamos a nós mesmos que era uma questão de tempo e que não queríamos apressá-lo. "Ele precisa aprender a comer sozinho. É que vocês simplesmente não o pressionam. Vocês o estragam", minha mãe dizia. Ela própria estava determinada a pressioná-lo. "Vou fazer um cachorro-quente/sanduíche de pasta de amendoim para ele", dizia, desprezando nossa alegação de que a Academia Americana de Pediatria afirmava que esse tipo de alimento não deve ser dado a crianças com menos de quatro anos por causa dos riscos de asfixia e alergia. "Já é hora de ele aprender a ir ao banheiro", ela insistia quando ele mal tinha completado dois anos e meio.

Richard me apoiava e concordava comigo em particular, mas na presença de minha mãe ficava em silêncio. Deixava para mim todo o protesto e a insistência — "Por favor, não o deixe sozinho na escada, mãe!", "Por favor, não lhe dê essa uva, mãe!" — e eu me sentia traída. Ela mencionava o silêncio dele como prova de que concordava com suas opiniões. "Richard apenas mima você", ela dizia, "ele concorda completamente comigo; só tem medo de dizê-lo." Ele nunca lhe dizia que, na privacidade de nossa própria casa, era ele, mais do que eu, que aninhava Benj de um modo especialmente protetor, que com todo o capricho cortava a comida em pedaços minúsculos e inventava rituais elaborados para ganhar a cooperação de Benj: contar até vinte em alemão enquanto escovava os dentes dele, incentivá-lo a comer registrando cada bocada em um quadro branco — "Benjamin comeu 2/3/4 mordidas de maçã-batata-doce" — ou batendo palmas e festejando a cada vez que Benj se arriscava a comer sozinho. Quando eu o colocava contra a parede, ele dizia que minha mãe o deixava nervoso, que o intimidava. Ele tinha aversão a conflitos e confrontos e aprendera a sobreviver a períodos tensos em sua própria família ficando quieto. Mas seu silêncio, sua passividade, sua recusa de defender Benj me frustravam e me enfureciam. O que Benj e eu precisávamos era de um defensor. Passar tempo com minha mãe enlouquecia a mim e a Richard, e era sempre um alívio quando voltávamos para nosso apartamentozinho e ficávamos só nos três.

Paradoxalmente, minha mãe tinha uma atitude ao mesmo tempo *laissez-faire* e (para mim) muito preocupada com quão rápido Benj estava se desenvolvendo. Mas, para ela, qualquer problema quanto a Benj tinha a ver com a maneira como cuidávamos dele, não a algo que lhe fosse inerente. Sempre que eu expressava alguma preocupação, ela respondia, sem rodeios: "Não seja ridícula, não há absolutamente nada de errado com ele". Eu alternava entre me preocupar e sentir a necessidade de defendê-lo com vigor daquilo que eu considerava a visão excessivamente normativa de minha mãe quanto a crianças.

> Por que deveríamos ter tanta pressa em lograr êxitos e em questões tão desesperadas? Se um homem não acompanha o passo de seus companheiros, talvez seja porque ele ouça um tambor diferente. Deixe-o dançar para a música que ele ouve, independente da melodia ou da distância. Não é importante que ele amadureça rapidamente, como uma macieira ou um carvalho. Precisa ele transformar sua primavera em verão?
>
> Thoreau, *Walden*

Toda vez que eu expressava alguma preocupação sobre Benj para nosso pediatra, ele a eliminava da maneira mais tranquilizadora. Talvez fosse porque estava muito envolvido com Benjamin, que era precoce sob alguns aspectos que são particularmente cativantes para pediatras ligados a universidades. Em uma consulta, quando Benj tinha uns dois anos e meio, tentei falar sobre duas preocupações: sua obsessão por letras e números e sua dificuldade em mastigar e se alimentar sozinho com a colher (ele ainda comia potinhos de comida de bebê).

"Uma coisa de cada vez, claro que ele vai mastigar", nosso pediatra nos tranquilizou. "Ele vai mastigar quando estiver pronto para isso. Já viu alguém de dezoito anos que não mastiga?" "Não", respondi, sorrindo timidamente. Benj estava sentado na mesa de exames, as pernas cada vez mais longas e magras pendendo da borda. Enquanto o dr. B. o apertava e cutucava, ele se reclinava sobre o ombro do médico para examinar todos os sinais e todas as placas na parede, com os olhos correndo, excitados, pela sala. "Armas de fogo são perigosas, mantenha-as longe do seu filho!", ele declarou. "Atenção, perigo", "Vacinas salvam vidas", "Consultório Pediátrico Dr. B.", ele gritou. O pediatra o observava, fascinado. Ele pegou uns livros do dr. Seuss de uma cesta de brinquedos no canto e os entregou a Benj. "Pode ler para mim, Benj?", pediu. Benj empurrou os livros, que já conhecia, de volta para o médico e continuou a vasculhar a sala em busca de mais sinais e palavras para ler. "Como o senhor pode ver, ele é obcecado por leitura", eu disse. "Isso é problema?" O dr. B. sorriu o sorriso mais benevolente. "Metade da Universidade Yale era assim nessa idade, minha querida! De todo jeito, ele tem outros interesses, certo?" "Bem, ele simplesmente adora música", respondi. "Ele batuca com tudo, reconhece instrumentos." O dr. B. sintonizou o rádio numa estação de jazz. Benj, só de fraldas, desequilibradamente deu um pulo, se pôs de pé e começou a bater ritmadamente com uma espátula de madeira na mesa de exames. "Clarinete!", exclamou, "escala de dó maior!" O dr. B. o olhou, atônito, e então para nós, surpreso. "Essa criança caminha ao som do seu próprio tambor", ele disse, balançando a cabeça, numa descrença atônita e deliciada. "Não deixem outras pessoas lhes dizerem o que ele deveria ou não deveria estar fazendo. Ele é seu próprio relógio." Richard, um especialista em Thoreau socialmente reticente, concordou, feliz, e saímos da consulta nos sentindo muito sortudos por ter um homem compreensivo, sábio e profundo como médico. Ele acalentava a estranheza de Benj. Não iria forçar nosso peculiar filhinho a caminhar ao som do tambor de qualquer outra pessoa. Entendia e valorizava nossas tentativas de reconhecer e aceitar Benj como ele era. Decidi parar de me preocupar.

> *[...] I was detached*
> *Internally from academic cares,*
> *From every hope of prowes and reward,*
> *And wished to be a lodger in that house*
> *Of letters, and no more — and should have been*
> *Even such, but for some personal concerns*
> *That hung about me in my own despite*
> *Perpetually, no heavy weight, but still*
> *A baffling and a hindrance, a controul*
> *Which made the thought of planning for myself*
> *A course of independent study seem*
> *An act of disobedience towards them*
> *Who loved me, proud rebellion and unkind.* *
>
> *The Prelude,* VI

---

* "Eu era internamente desligado/ De preocupações acadêmicas/ De toda esperança de proeza e distinções,/ E desejava ser um morador daquela casa/ De letras, e nada mais — e deveria ter sido/ Assim, mas por algumas preocupações pessoais/ Que pairavam sobre mim, a despeito de minha vontade,/ Perpetuamente, não um peso pesado, mas ainda assim,/ Um desconcerto e um incômodo, um comando/ Que fazia o pensamento de planejar sozinho/ Um caminho de estudo independente parecer/ Um ato de desobediência para com aqueles/ Que me amavam; orgulhosa e rude rebelião." (N. T.)

A *"orgulhosa e rude rebelião" refere-se* à *decisão de Wordsworth de não realizar estudos superiores, uma maneira indireta de recusar o destino universitário que sua família quisera que ele seguisse.*

No final do verão de 2001, tomei a difícil decisão de me demitir do meu emprego na Universidade Yale e aceitar um emprego de agente literária na agência de minha mãe, em Nova York. Eu nunca me sentira de todo confortável no mundo acadêmico, embora amasse profundamente Yale, cujo departamento de inglês ficava em grande medida acima das picuinhas; e recebia um apoio tão fantástico e afetuoso de meus professores que continuara levando as coisas a despeito de uma crescente infelicidade e dúvidas. Meu pai me treinara extraordinariamente bem para ser uma aluna sedenta e ativa, a fazer o que os outros queriam de mim e preencher as expectativas que eles tinham para mim. Meus professores do ensino secundário e da faculdade imaginaram que eu seria uma acadêmica de renome. "Sua mente é boa demais para desperdiçar", uma delas disse numa voz admoestadora quando levantei a possibilidade de não seguir para o doutorado, como se a decisão de não continuar os estudos acadêmicos significasse uma traição a ela e a mim mesma. Meus professores se tornaram como que minifiguras paternas e maternas; a ideia de desapontá-los, ou a meus pais, ou a meu marido me enchia de terror. Lá pelas tantas, durante nosso segundo ano de doutorado, demonstrei interesse em participar da seleção para a graduação em Belas-Artes e estudar escrita criativa, mas Richard me disse que meu talento verdadeiro era de fato acadêmico e me instou a continuar nesse caminho. E ser professora era algo que estava ligado à minha vida com Richard; era parte de nosso sonho comum. Ficar noiva e então casar com ele tinha dado a meus estudos uma conexão humana que me sustinha; nosso casamento era uma espécie de bastião contra o mundo nem um pouco romântico da academia. Nós dois seríamos professores de literatura e passaríamos a vida lendo, analisando poemas, editando o trabalho um do outro.

De forma que suprimi meus questionamentos e fui em frente, mas estava cada vez mais infeliz, até mesmo mais infeliz depois que começara a dar aulas. O mundo acadêmico estava cheio de textos ruins, infectado de modismos e correção política da pior espécie. Eu não gostava de ter de tomar parte de debates críticos contemporâneos, os quais eu considerava em sua maioria irrelevantes ou irritantes, e não gostava da incansável pressão para publicar artigos e mais artigos sobre assuntos da moda.

Tão importante quanto a minha desilusão com a profissão foi a compreensão de que continuar no mundo acadêmico era algo que ameaçava a integridade e a felicidade de nossa família. A verdadeiramente agonizante busca por vagas de professor do ano anterior havia levado para nossa casa a insegurança fundamental e os riscos da vida acadêmica, pelo menos até a obtenção de uma vaga definitiva de professor titular. Apesar de nos apresentarmos como um casal, não tivemos sorte alguma em encontrar vagas juntas. Com tão poucos empregos, e duas vagas no mesmo lugar ou a pouca distância uma da outra sendo ainda mais raras, as chances de terminarmos em uma situação geográfica e intelectual desejável pareciam tênues, e a natureza aleatória inerente ao processo significava que não havia maneira de contar que as coisas fossem se desenhar de forma favorável para nós. Tínhamos ouvido repetidas histórias de outros doutorandos e jovens professores sobre casais que só se viam a cada poucas semanas ou mesmo a cada alguns meses, pais vivendo longe dos filhos, filhos tendo de se mudar de um estado para outro e tendo sua vida escolar interrompida. Então decidimos que não iríamos arriscar a segurança e a felicidade de nossa família a longo prazo na expectativa da "situação perfeita" aparecer quem sabe algum dia. Se ainda não tivéssemos um filho, talvez fosse possível viver separados por alguns anos ou pular de emprego em emprego. Mas já tínhamos Benjamin e esperávamos ter mais filhos logo, e nenhum de nós estava disposto a viver longe deles. Nossa situação ficou ainda mais difícil porque impusemos limites quanto ao que estávamos dispostos a aceitar do ponto de vista geográfico; talvez em função de todas as perdas ocorridas na vida de Richard, estarmos próximos de nossa família e de nossos amigos no noroeste era de suma importância para nós. Ficamos esperando que essa decisão de nos mudar para Nova York acomodasse a família e também desse a Richard a flexibilidade geográfica e a segurança financeira para maximizar suas chances de encontrar a vaga definitiva de professor titular que ele tão apaixonadamente queria e que eu sentia que ele tanto merecia.

Eu estava entusiasmada com minha nova carreira — eu leria e trabalharia em prol de uma ampla gama de textos e usaria muitas das habilidades desenvolvidas como aluna de doutorado e professora de Yale: guiar e aconselhar escritores, servir de mentora a pessoas talentosas, funcionar como uma defensora para pessoas em cujo trabalho eu acreditasse —, mas triste de deixar a docência e muito apreensiva quanto à possibilidade de desapontar as pessoas com minha decisão. Minha mãe, que tanto quisera que eu obtivesse um título de doutorado, agora entendia que a vida acadêmica não era nem um pouco como ela imaginara, e me apoiou totalmente em minha decisão de sair. Juntei coragem para dar a notícia a meus professores e a meu pai. Eu estava quase com medo da reação de meu pai; temia que ele tomasse a decisão por uma rejeição à vida intelectual, e, pior, como se eu estivesse escolhendo minha mãe em detrimento dele. Mas eu tinha que colocar Richard e minha família em primeiro lugar.

Na noite de 10 de setembro de 2001, passei horas sofrendo

ao esboçar uma série de e-mails para meus professores, amigos e minha família, e para meu pai, anunciando e explicando minha decisão de deixar a carreira acadêmica e a decisão de nossa família de nos mudarmos para Nova York. Acordei na manhã seguinte para encontrar as notícias horríveis de que minha cidade estava sendo atacada. Já estavam a caminho planos de dar a Benj uma versão da infância nova-iorquina que eu tivera: desejávamos viver na vizinhança familiar e despretensiosa onde cresci, mandá-lo para a pré-escola simples e alegre que minha irmã e eu frequentáramos, criá-lo cercado por parentes. A cidade de Nova York era meu lugar de conforto e de familiaridade. Mas agora parecia muito vulnerável, exposta, cheia de perigo e escuridão. A inocência de minha ligação com meu lar, minha fé na bondade essencial e na estabilidade do mundo foram tiradas de mim. As notícias de minha adorada cidade eram tão dolorosas que eu muitas vezes fugia para o andar de cima para chorar.

E as reações dos outros quanto a nossos planos foram, na melhor das hipóteses, desconcertantes. Minha madrasta no Japão me escreveu para dizer que não havia partilhado meu e-mail com meu pai porque, depois do Onze de Setembro, ela não achava que ele "aguentaria mais um choque terrível". Embora alguns de meus mentores e colegas de Yale tenham me incentivado maravilhosamente, outros expressaram incompreensão e até mesmo certa sensação de traição pessoal por eu estar deixando o mundo acadêmico. Recebi e-mail após e-mail de amigos e familiares questionando nossa decisão de nos mudarmos para a cidade de Nova York, imaginando que agora os planos estavam suspensos, expressando temor por nosso bem-estar se ou quando o fizéssemos. Tomamos a decisão em grande parte em função de um desejo de preservar a união familiar, e nos fazerem sentir que em vez disso estávamos colocando nossa família em perigo foi muito difícil. Richard ficou especialmente perturbado; fora difícil convencê-lo de que viver na cidade grande seria algo positivo para nossos filhos, e agora essa cidade parecia um lugar aterrorizante, do qual famílias fariam bem em se retirar. Mas em um ano estaríamos sem emprego e sem um futuro definido.

What we have loved,
Others will love, and we will teach them how.*

                                                      The Prelude, xiv

Durante esse período tão difícil, duas coisas me ampara-
ram: livros e Benj. A literatura sempre fora minha maneira de
correr em auxílio de mim mesma, e ser professora de inglês nos
dias e nas semanas após o Onze de Setembro significou ganhar
uma nova apreciação das maneiras surpreendentes e profundas
que a literatura tinha de consolar, desafiar, elevar. Luto e ansiedade tomaram o campus de Yale, e passei um bom tempo tanto
em aula quanto fora de aula ajudando meus alunos a lidar com
seus sentimentos e medos. O tema implícito de minha aula de
Introdução aos Estudos Literários era "Romance e realismo", e
nunca fora mais adequado. Os sonetos de Shakespeare sobre a

---

* "Aquilo que amamos/ Outros amarão, e os ensinaremos como." (N. T.)

fragilidade e a efemeridade da juventude e da beleza, a perda de filhos e pais em *A tempestade*, ou a busca desesperada de Cathy por Heathcliff nos charcos de *O morro dos ventos uivantes* adquiriram uma nova força e uma nova importância à luz dos acontecimentos recentes. O poema "A Slumber Did My Spirit Seal" [Um torpor foi selado por meu espírito], de Wordsworth, como que encapsulava o choque, a desilusão e a vulnerabilidade sentidos pelos alunos:

> *A slumber did my spirit seal;*
> *I had no human fears:*
> *She seemed a thing that could not feel*
> *The touch of earthly years.*
> *No motion has she now, no force;*
> *She neither hears not sees;*
> *Rolled round in earth's diurnal course,*
> *With rocks, and stones, and trees.* *

Quando lemos "In Memory of W. B. Yeats", de Auden, um lamento pela morte do grande poeta em uma época de crise política, os alunos se esmeraram, se lançaram em debates apaixonados sobre o valor da arte, exploraram a debatida relação entre literatura e vida, digladiando-se com questões perenes e atemporais de uma maneira nova e intensa. Discutimos a ineficácia da poesia para barrar a tragédia — "A poesia nada faz acontecer", diz Auden em uma parte do seu poema sobre Yeats — e o poder da literatura para explicar e influenciar a vida real. "A poesia sobrevive [...] um modo de acontecer, uma boca", ele

---

* "Um torpor foi selado por minha alma; / Eu não tinha medos humanos:/ Ela parecia algo incapaz de sentir/ O toque de anos terrenos./ Nenhum esforço ela demonstrou, nenhuma força; Ela nem ouve nem vê;/ Envolta pelo curso diurno da Terra,/ Com rochas, e pedras, e árvores." (N. T.)

alega noutro. Essas conversas ricas e sóbrias, a conexão humana vibrante que eu sentia com meus alunos, o poder da literatura de confortar e nutrir e propor um sentido à experiência chegaram a restaurar em parte minha fé no mundo acadêmico. Eu pensava com imensa tristeza em abrir mão do grande valor que ler e escrever sobre grande literatura e conviver com jovens maravilhosos me proporcionavam, e comecei a reconsiderar minha decisão de deixar a profissão. Eu já havia me demitido de meu emprego em Yale e não era possível reavê-lo, mas no último minuto me candidatei a algumas vagas para lecionar em algumas faculdades selecionadas do nordeste. Eu queria ter várias opções. E, cada vez mais insegura sobre se iríamos seguir até o fim com nosso plano de nos mudar para Nova York, Richard e eu nos inscrevemos em listas de espera de pré-escolas tanto em Manhattan quanto em New Haven para Benj.

Com tanta coisa ainda por definir — nossos empregos, onde moraríamos, o futuro da minha cidade natal —, Richard e eu entramos em uma nova fase de conexão com Benj e renovamos nosso compromisso para com nossa família e a apreciação dela. Concebemos um segundo filho apenas uma semana depois do Onze de Setembro, como um gesto deliberado de esperança, um desafio à cautela, um abraço do futuro. E Benj era nossa "alegria diária"; nós o "amávamos com um amor crescente" (Wordsworth, "Michael"). Benj nada sabia do mundo externo e seus horrores. Sentíamos o páthos de sua inocência de maneira ainda mais sutil. Ele parecia esperançoso e otimista. Parecia saber o que de fato importava. Eu chegava em casa após um longo dia de aulas e de trabalho em minha sala e de reuniões do departamento, pronta para me atirar na cama depois de segurar as pontas durante o dia inteiro com a exaustão e o enjoo do primeiro trimestre, e Benj subia na cama com um sorriso enorme no rosto e cantava ou recitava algo para mim. Ele se entregava a suas atividades com total dedicação. Era muito engraçado; nos fazia rir muito. Não tinha absolutamente nenhuma malícia. Era tão simples e maravilhosamente ele mesmo, tão forte em suas paixões, tão reto em seus desejos, tão determinado e tão apreciativo e tão, tão feliz. Realmente nos parecia estar desabrochando do ponto de vista emocional. Agora era claro de uma maneira como nunca fora antes que Richard e eu éramos seus parceiros; ele ficava muito, muito mais feliz recitando *conosco*, cantando *conosco*, dançando *conosco*, lendo *conosco*. Apesar de ainda desdenhar nossos beijos e abraços, embora ainda não nos chamasse de mamãe ou papai, sabíamos agora, com absoluta certeza, que ele precisava de nós, nos amava e nos queria.

Além disso, Benj parecia estar se tornando ainda mais interessado e envolvido na música e na literatura que nós amamos quando crianças, e como sempre isso ocasionava uma maneira maravilhosa de nos sentirmos ligados a ele. Com ele li, inúmeras vezes e a seu pedido, meus livros infantis favoritos — a série *The Little Bear*, de Minarik e Sendak, *Our Animal Friends at Maple Hill Farm, Frog and Toad are Friends, Little Fur Family* —, livros que celebravam a família, a amizade, os prazeres simples da vida cotidiana. Ele estava recitando cada vez mais poesia (de edições ilustradas para crianças de Yeats, Wordsworth e Frost que eu lhe comprara) e sempre o fazia com uma adequação adorável. "Levantarei e irei agora!", ele gritava quando eu dizia "Agora está na hora de eu ir, querido"; "Alguns dizem no gelo!", ele proclamava quando eu colocava gelo num copo. Os mesmos discos de Pete Seeger e dos Beatles que Richard e eu havíamos escutado quando crianças se tornaram a trilha sonora dos dias de Benjamin, e ele e eu dançávamos pela casa e cantávamos as músicas juntos. E ele desenvolveu uma ligação especial com *Really Rosie*, de Maurice Sendak e Carole King. Quando criança, eu adorara *Nutshell Library*, de Sendak — *Pierre, Um era Johnny, Sopa de galinha com arroz, Crocodilos por toda parte* —, no qual *Really Rosie* era baseado, e minha irmã havia me dado o conjunto de presente de Natal alguns anos antes do nascimento de Benj. Com temas de números/aprender a contar, o alfabeto, e as estações, com rimas inteligentes, ritmos irresistíveis e melodias viciantes, os livros e CDs eram feitos sob medida para Benj. Passamos muitas horas cantando as canções e lendo os livros juntos, e seu deleite, sua alegria e, sobretudo, seu prazer extático com as palavras e as músicas me alegraram em vários momentos sombrios. Eu sentia que estava transmitindo a ele minha história. Que alegria era redescobrir aquelas preciosidades e celebrá-las com Benj, que tão exuberantemente se apropriava delas e as tornava suas.

Um dos livros favoritos de Benjamin nessa época era uma coletânea de poemas de Robert Frost para crianças, chamada *A Swinger of Birches* [Aquele que balança nas bétulas]. Ele lia esse livro sem parar, e memorizou muitos dos poemas ali contidos. Adorava recitá-los para nós e jogar um jogo no qual ele dizia todas as palavras menos a última de cada verso e olhava sorrindo para nós até que preenchêssemos a lacuna ou mudássemos de posição:

Nature's first green is gold,
Her hardest hue to hold.
Her early leaf's a flower;
But only so an hour.
Then leaf subsides to leaf.
So Eden sank to grief,
So dawn goes down to day.
Nothing gold can stay. *

---

* "O primeiro verde da natureza é dourado,/ Seu matiz, difícil de apreender./ Sua precoce folha é uma flor;/ Mas só durante uma hora./ Então a folha vira folha./ Assim o Éden mergulhou na tristeza/ Assim o alvorecer se pôs hoje./ Nada dourado permanece." (N. T.)

Os noticiários lúgubres e inquietantes a que assistíamos e líamos depois do Onze de Setembro eram contrabalançados por braçadas de poesia, rasgos de música, uma criança que vivia em seu próprio estranho e maravilhoso universo e que partilhava conosco o prazer que lá encontrava. Na esteira dos ataques em Nova York, e estando eu cansada por causa da gravidez, passamos a viajar menos à cidade e a ficar mais tempo entrincheirados em casa, só nós três. Nosso pequeno apartamento, um imóvel alugado num prédio moderno e comum em um subúrbio de New Haven, nos parecia um porto seguro, um paraíso, um ninho, "um local de claustro/ De refúgio [...] um esconderijo seguro [...] um canto tranquilo" (Wordsworth, "When to the Attractions of the Busy World" [Quando às atrações do atribulado mundo]). Era apertado, aconchegante e tranquilizador em sua familiaridade — e ainda assim misterioso e encantado em virtude da pessoinha que o regia e o inspirava com seu espírito peculiar.

Até mesmo deixar o ninho e me aventurar no às vezes difícil terreno da casa de minha mãe não tinha mais o sabor agridoce que tivera outrora. As conversas tranquilizadoras com o dr. B. haviam de alguma maneira amolecido minha mãe, e ela estava sendo muito menos severa quanto a nosso modo de criar Benj. Ela também estava cada vez mais encantada com as incríveis habilidades de Benj e imensamente orgulhosa, e adorava ver os outros reagirem às suas excentricidades. No fim de semana de Ação de Graças, ela convidou o tio e a tia de Richard para o almoço em sua casa, e todos nós ficamos sentados juntos na sala, assistindo e ouvindo Benj, que não tinha a menor consciência de que estava, por assim dizer, "em exposição". Primeiro ele e o pai recitaram um poema de Frost de frente para trás e de trás para a frente; um fazia o grosso do verso e o outro se juntava ao primeiro na última palavra. Esse poema, "Looking for a Sunset Bird in Winter" [Em busca de um pássaro do pôr do sol no inverno], sobre a busca da beleza e da renovação em uma paisagem árida de gelo e neve, foi o primeiro trecho de literatura que eu ensinara na vida, na primeira experiência que tive como professora assistente no seminário de Poesia Moderna de Yale alguns anos antes. Ouvi-lo sendo compartilhado pela voz infantil de Benj e pela voz profunda de Richard foi muito emocionante e tranquilizador. Naquele dia de fim de novembro, frio, cinza e carregado, o entusiasmo e a alegria de Benj iluminaram o recinto.

Então coloquei *Really Rosie* para tocar, e assim que o primeiro retumbar de tambor se ouviu, o pequeno Benj começou a marchar com fervor; quando o piano entrou, ele começou a rebolar no ritmo da música, e quando Carole King começou a cantar, ele cantou junto, num uníssono perfeito: *"Bel-ieeeeeve me"*. Seu jeito de dançar era divertido, solto e cheio de um abandono espontâneo. Seu jeito de cantar era vivaz e aberto. Ele tremia de convicção e prazer da cabeça aos pés:

> *[...] as a faggot sparkles on the hearth,*
> *Not less if unattended and alone*
> *Than when both young and old sit gathered round*
> *And take delight in its activity;*
> *Even so this happy Creature of herself*
> *Is all-sufficient; solitude to her*
> *Is blithe society, who fills the air*
> *With gladness and involuntary songs.* *
> Wordsworth, *"Characteristics of a Child Three Years Old"*

---

* "[...] assim como um feixe de galhos crepita na lareira,/ Não com menos intensidade, se desacompanhado e sozinho/ Do que se tanto jovens quanto velhos sentam-se reunidos em volta/ E se deliciam com sua atividade;/ Mesmo assim, essa Criatura, feliz com ela mesma/ É autossuficiente; solidão, para ela,/ É companhia alegre, que enche o ar/ Com satisfação e canções espontâneas." (N. T.)

A tia de Richard ficou um pouco chorosa. "Oh, Sarah teria adorado esse menino", ela suspirava. Também nós sentíamos uma falta terrível da mãe de Richard e queríamos muito que ela tivesse podido conhecer o pendor teatral do neto e ouvi-lo encher "o ar/ Com satisfação e canções espontâneas".

O início de dezembro trouxe más notícias sobre a saúde de meu pai: ele precisaria passar por duas grandes cirurgias, e, ao que parecia, talvez não vivesse muito mais. Ele estava no Japão, e tanto porque eu estava grávida (sem cobertura de saúde se viajasse para fora do país) quanto por não me sentir à vontade em deixar Benj por tanto tempo, não pude viajar até lá para vê-lo. Minha madrasta confidenciou aos filhos dele — meu irmão (filho do primeiro casamento de meu pai, doze anos mais velho que eu), minha irmã e eu — que, como agora tinha certeza de que ele jamais poderia voltar a viajar para Nova York, ela tomara providências para vender o apartamento que ele tinha na cidade para os vizinhos. Não contara nada a meu pai — "Isso poderia matá-lo, se ele soubesse", ela afirmou — e nos fez jurar segredo. Ela insistiu para que pensássemos sobre o que gostaríamos de ficar do apartamento, e começamos o processo de examinar coisas preciosas de nossa infância que ele levara da casa de campo quando esta fora vendida, ou que guardara ao longo dos anos.

Naquele ano, com tanta incerteza e tristeza em nossa vida, me dediquei à temporada de festas de final de ano com mais fervor do que de costume; me esforcei para criar um refúgio natalino para todos nós. Decorei nosso pequeno apartamento e, como fizera vovó Peg, fiz uma Caixa de Natal: uma caixa grande listrada de vermelho e verde na qual pus todos os CDs de Natal, vídeos e livros que possuíamos; cada dia Benj podia pegar um livro para ler, um CD para ouvir e um vídeo para assistir. Eu me sentei com ele para assistir a Rudolph e Frosty e *O Natal do Charlie Brown* e *The Little Drummer Boy*. Ele parecia não acompanhar as histórias (sobretudo o humor verbal sofisticado de *Charlie Brown*), mas se animava sempre que números musicais surgiam. Seu CD favorito era *The Christmas Revels* [Festejos de Natal], que fora a trilha sonora natalina da infância de Richard e ao qual leváramos a mãe dele para assistir no último Natal em que ela estava viva. Eu o chamei de meu "feliz cantador" e meu "bravo galante", citando versos de *The Christmas Revels*. Benj parecia tão feliz, tão cheio de espírito natalino.

Até onde minha memória consegue recuar, minha tia sempre mandara para minha irmã e para mim um pacote "natalino" no início de dezembro; naquele ano, pela primeira vez, ela mandou o pacote endereçado ao sr. Benjamin. Continha um calendário de advento musical e um livrinho dourado da canção "Doze dias de Natal", e Benj adorou ambos os presentes. Ele adorava procurar as janelinhas numeradas (embora geralmente precisasse de ajuda para fechá-las) e identificar as figuras por trás delas. "Vela!" "Papai Noel!" "Rena!", exclamava. Depois de eu ler/cantar os "Doze dias de Natal" uma vez para Benj, ele o memorizou e nós cantávamos a música juntos várias vezes ao dia. "No", eu dizia, "décimo segundo dia!", ele gritava; "Meu verdadeiro amor me deu", eu cantava; "Uma perdiz!", ele replicava.

Tivemos um esplêndido Natal na casa de minha mãe. Eu havia passado pelo primeiro trimestre de gravidez, e minha energia estava retornando. Como a única criança da família toda, Benj era o centro das atenções, e ele não fez feio. Fisicamente estava mais hábil e equilibrado, e Richard e eu pudemos relaxar um pouco e aproveitar a festa. Os presentes que lhe demos — uma imagem emoldurada de *The Lorax*, do Dr. Seuss, *Book of Greek Myths*, de D'Aulaire, um conjunto de trenzinho Busytown de Richard Scarry — eram todos familiares e muito queridos de nossa infância. Levamos Benj à igreja e ele se juntou, entusiasmado, ao coro de músicas natalinas. Estava radiante de alegria.

No dia seguinte ao Natal, Richard partiu para a convenção da Associação de Língua Moderna — ele tinha duas entrevistas de emprego em duas instituições de ensino de primeira linha. Tratava-se da primeira vez que qualquer um de nós pegava um avião desde o Onze de Setembro, e o voo aconteceu depois do incidente com o terrorista com a bomba no sapato. Eu estava com quase quatro meses de gravidez, e minha mãe veio ficar conosco para me ajudar a carregar e a cuidar de Benj. Richard retornou na véspera do Ano-Novo, e naquela noite nos sentamos, como uma família, para assistir a *Emmet Otter's Jugband Christmas*, um vídeo clássico de Jim Henson que minha irmã e eu havíamos dado uma à outra de presente de Natal (coisa que, sem querer, frequentemente fazíamos). Eu estava tão feliz por Benj se sentar próximo de mim no sofá e me deixar de vez em quando acariciar sua cabeça e até mesmo parecer um pouco interessado; durante as músicas, ele se unia à cantoria. "Talvez ele esteja começando a ser uma criança de verdade", pensei.

*My spirit was up, my thoughts were full of hope.**
The Prelude, III (Wordsworth sobre si mesmo a caminho de começar seus estudos em Cambridge)

O começo de janeiro esteve cheio de boas notícias. Após um exame ter levantado suspeitas de espinha bífida, um ultrassom mais detalhado confirmou que estávamos esperando um menino sadio. Nós dois éramos finalistas para vagas de professor titular em faculdades de ciências humanas no nordeste do país: Richard em Williams e eu no Vassar College.

E na segunda semana de janeiro tínhamos marcado de levar Benjamin para conhecer uma pré-escola de New Haven, que

* "Meu ânimo estava alerta, meus pensamentos, cheios de esperança." (N. T.)

era lendária entre a comunidade de Yale. Semanas antes do Natal, Richard o havia levado para visitar uma pré-escola na cidade de Nova York (abatida pelo enjoo matinal, eu ficara em New Haven) e relatara que ele se saíra superbem. Eu estava feliz por estar me sentindo bem a ponto de poder acompanhar Benj em sua próxima "entrevista" e por ver uma escola sobre a qual havia tempos ouvia falar maravilhas. Instalada nas dependências de uma antiga sede de bombeiros na parte mais bonita de New Haven, a pouca distância das casas vitorianas onde moravam docentes de Yale e dos prédios residenciais de antes da guerra cheios de doutorandos da universidade, era a escola mais bem cotada para todos os filhos de pais do departamento de inglês. Eu ouvira rasgados elogios a ela, por parte das pessoas em que eu mais confiava, durante anos. Ao que constava, era sensível do ponto de vista do desenvolvimento, liberal, inclusiva e aconchegante, com ênfase na participação dos pais, mensalidades negociáveis para permitir a frequência de uma gama ampla de famílias e um retorno à sensibilidade dos anos 1970. Enquanto estacionávamos do lado de fora, fiquei muito entusiasmada em ver aquele lugar e empolgada com a ideia de Benj estar pronto para ir à escola — lugar onde imaginei que ele prosperaria, considerando-se seu amor por aprender e seus dons intelectuais.

Com Benj segurando uma de nossas grandes mãos em cada uma de suas mãozinhas, nós três atravessamos a porta de entrada e nos vimos num enorme espaço aberto onde ficava o jardim de infância. O ambiente era ruidoso e agitado com um pé-direito alto que ecoava os gritos das crianças, e Benj instantaneamente tapou os ouvidos com as mãos. Demos nossos nomes à recepcionista, uma auxiliar da direção veio nos receber e pegar nossos casacos, e por fim a diretora da escola — na função havia muito tempo — surgiu de seu pequeno escritório. Alta, magra, imponente, ela nos conduziu até uma escada em caracol que levava ao andar de baixo, onde ficavam as salas de aula das crianças menores. Benj congelou no alto da escada; eu fui em frente com a diretora, em parte para distraí-la da necessidade de pegarmos Benj no colo, em vez de deixá-lo vencer os degraus sozinho.

Não havia crianças lá embaixo quando chegamos — "Estão lá fora, no playground", a diretora nos disse, "de forma que temos todo o lugar para nós". A sala de aula era aconchegante e agradável, confortável e caseira, com muitos livros, tapetes gastos e cadeiras e mesas simples de madeira. Orgulhosa, a diretora nos mostrou as dependências, apontando para a área de brincadeiras de faz de conta, uma convidativa área com blocos, cavaletes e quadro-negro para pintar e desenhar. Benj não prestou atenção nos comentários nem nas perguntas dela — "Ben, você gosta de bombeiros?", quando passamos por uma área de fantasias; "Quer olhar os peixes, Ben?", quando nos aproximamos do tanque de peixes. Ele estava ocupado demais explorando o cômodo sozinho e com curiosidade, voltando-se para nos olhar com um sorriso largo quando descobria algo de que especialmente gostava — um exemplar de *Bread and Jam for Frances* em uma prateleira de livros, um xilofone, alguns dados. Chegamos até o centro de artes — latas cheias de contas, barbantes, bastões de cola, giz de cera, tintas —, e a diretora apontou para as paredes, cobertas por trabalhos artísticos coloridos e, ao menos para mim, surpreendentemente complexos e sofisticados. "Damos muita ênfase à expressão da imaginação por meio da arte." Olhei para os desenhos de casas e arco-íris, dragões e príncipes, e não consegui imaginar Benj sendo capaz de desenhar ou pintar naquele nível. Ela entregou uma caneta hidrocor para ele e disse: "Ben, quer desenhar?". Sem fazer nenhuma indicação de que ouvira o que ela dissera, ele virou a caneta e, alegre, leu o nome da cor no rótulo; era algo como marrom castor. A diretora sorriu para nós. "Uau, ele já está lendo!" "Oh, sim", Richard disse, dando um risinho. "Ele começou a ler sozinho." A diretora acrescentou: "Nós não ensinamos matemática ou leitura formalmente falando, e não trabalhamos com apostilas. Acreditamos que as crianças aprendem por meio de brincadeiras e jogos".

Naquele momento, ouvi o som de vozes infantis e logo, logo um grupo grande de crianças começou a entrar, vestidas com casaco, calça para neve, gorro, luvas e botas. Muitas estavam limpando coriza do nariz, tossindo alto, gritando, animadas, olhando para nós — os intrusos — com curiosidade, um pouco de timidez, entusiasmo, excitação. Benj não pareceu especialmente interessado nelas — estava mais preocupado com os livros nas prateleiras e as placas nas paredes —, mas eu as observava com muita atenção, já que, desde que dera à luz, esse era o primeiro grande grupo de crianças que eu via de idade próxima à de Benj. Eu não tivera quase nenhum contato com crianças dessa idade, pois nenhuma das minhas amigas próximas do colégio ou da faculdade tinha filhos, e apenas umas poucas alunas do doutorado ou professoras assistentes eram mães, de forma que convites para brincar com outras crianças eram poucos e espaçados. Além disso, as demais crianças da universidade tinham pais que já eram professores titulares, com os quais eu não me sentia tão à vontade em socializar casualmente ou conhecer por intermédio de nossos filhos; as poucas crianças que de fato conhecíamos eram ou bem menores ou bem maiores.

Aquelas crianças tinham três anos de idade, entre seis e doze meses mais que Benj, mas para mim pareceram ao mesmo tempo bem mais velhas e bem mais jovens do que ele. Embora as professoras ajudassem algumas delas, muitas pareciam surpreendentemente independentes ao pendurar o casaco, descalçar as botas e ao se dirigir para o tapete onde deveriam se reunir para a aulinha de música. Uma professora se manteve à distância do grupo para conduzir a canção, e outra se acomodou próximo a uma janela cercada de criancinhas. Quando a professora começou a cantar, Benj se animou e cravou os olhos nela. Os olhos das demais crianças, porém, estavam sobre ele, que, deliciado, batucava o ritmo da canção que estavam cantando e se juntava ao coro perfeitamente, apesar de nunca ter ouvido a música antes. As crianças sussurraram umas para as outras, algumas apontavam para Benj. Todo mundo o estava observando, e ele não tinha a menor percepção disso.

A música terminou e Benj — sozinho — bateu palmas com vigor. De repente ele caminhou para a frente decidido, na direção do grupo. Foi direto até o grupo de crianças, então empurrou e passou por uma delas, que estava no caminho que levava até o que, percebi, era o objeto de seu interesse — um grande brinco de argola que pendia da orelha da professora. Fascinado, ele estendeu a mão para agarrar o brinco e gritou: "A letra O!". Ela afastou as mãos dele, que as estendeu de novo, e eu gritei: "Não, Benj, você pode machucar a professora". Richard se adiantou para detê-lo, mas antes que pudesse fazê-lo a professora já havia praticamente resolvido o impasse. Ela pegou a mão de Benjamin com firmeza na sua, sorriu para ele e disse: "Sim, a letra O". Ele sorriu de volta para ela. As demais crianças o olharam como se ele fosse uma curiosidade. Eu o apanhei do chão e nos despedimos.

No carro no caminho para casa, sentada ao lado de Benj enquanto ele dormitava na cadeirinha, refleti sobre o que havia visto e me perguntei por que estava me sentindo tão incrivelmente tocada. Benj parecera tão diferente, especial, vulnerável. Fiquei pensando: "Tem alguma coisa de fundamentalmente diferente nele".

Foi a primeira vez que vi Benj em um cenário escolar e em grupo, e aquilo mexera comigo. As outras crianças pareciam tão mais robustas, encorpadas e resilientes do que ele. Ao mesmo tempo, pareciam muito menos verbais e muito menos avançadas intelectualmente. Eu não conseguia imaginar nenhuma delas soletrando "dinossauro", identificando a cor "ocre" ou cantando *The Christmas Revels* do início ao fim, com todas as palavras e notas entoadas perfeitamente.

Benj não se mostrara de forma alguma tímido ou desconcertado. Estivera entusiasmado, radiante, em ebulição. Então por que eu estava com uma sensação tão forte de dificuldade e tristeza? Pensei: ele irradia alegria mas não conversa, ri mas não dá risinhos cúmplices nem se choca com outras crianças, nem empurra, nem sussurra. Ele estava no grupo, mas não fazia parte do grupo, como se existisse em seu próprio e pequeno universo. Havia Benj e então havia os outros. Claro que se tratava de um grupo escolar já formado, mas ainda assim ele parecia inteiramente *outro* para eles, como um exemplar de outra espécie. Fiquei surpresa pelo quão "diferente" ele parecera tendo como cenário uma escola tradicional, quanto ele se destacava. Caí no choro e disse a Richard: "É triste que ele tenha que se juntar ao mundo".

Nada é como outrora —
Tudo que minha visão percebia,
Seja de noite, seja de dia,
As coisas que via, já não as vejo agora.*

"Ode: Vislumbres"

Alguns dias depois, recebi uma mensagem na minha secretária eletrônica pedindo para eu ligar para a diretora de admissões da pré-escola de Manhattan que Benj e Richard haviam visitado antes das festas. Era, na verdade, o mesmo berçário que minha irmã e eu e os primos de Richard frequentáramos quando crianças. A escola era uma instituição típica do Upper West Side, com métodos progressistas, inclusiva, conhecida por receber uma ampla gama de crianças, com diferentes estilos de aprendizado e personalidades, de backgrounds socioeconômicos, raciais e étnicos variados. Eu não me importava que essa

* Tradução de Alberto Marsicano e John Milton, p. 43. (N. T.)

escola não fosse tão de alto nível como outras. Na verdade, ao fazer ali uma pré-inscrição de filho de ex-aluno, eu escolhera evitar todo o processo de seleção ridiculamente competitivo. Apesar da natureza selvagem do sistema de admissões a pré-escolas em Nova York, imaginamos que Benj seria aceito e bem recebido por lá.

Porém, no minuto em que consegui falar com a diretora de admissões no telefone, uma mulher que parecera entusiasmada, calorosa e efusiva em nossas primeiras conversas estava agora séria, contida e um tanto monossilábica. Após um rápido cumprimento, ela foi direto ao ponto. "Estamos um pouco preocupados com o comportamento de Benjamin na visita", ela disse.

"É mesmo?", respondi. "Achamos que ele tinha ido bem. Ele se divertiu."

Ela fez uma pausa. "Não. Ele não foi bem. Mas, como você estudou aqui, gostaríamos de vê-lo mais uma vez e lhe dar mais uma chance."

"Qual foi o problema?", perguntei.

Depois de um tanto de silêncio e outro tanto de suspiro, ela enfim se saiu com esta: "Ele pareceu fixado nas letras e números magnéticos. Não respondeu às perguntas das professoras adequadamente nem interagiu com as demais crianças. Achamos que ele pode se sair melhor em outro cenário escolar".

Fui educada durante a conversa, mas desliguei o telefone consternada e um pouco brava. Como é que aquela mulher, aquela escola — que se orgulhava de sua abordagem alegre e progressista do aprendizado — não enxergavam Benj como o menino incrível, original e brilhante que ele era? De acordo com Richard, que o observara desde junto da parede da sala de aula, Benj, então com dois anos e meio, havia, na verdade, pegado as letras magnéticas e escrito "Benjamin", "*flapjack* [barra de cereal]" e "sexta-feira", o dia do exame. A seguir ordenara os números em sequência, do 1 ao 10, exclamando o número

105

em uma voz excitada ao mesmo tempo que abria um sorriso na cara da professora. E daí se ele não dissera "oi" nem respondera quando a professora lhe ofereceu giz de cera? Partilhar seu entusiasmo quanto ao alfabeto e números era sua maneira de ser amigável. E se ele não havia interagido tanto com as outras crianças quanto poderia, havia várias boas explicações para isso. Ele acabara de sair do carro depois de uma viagem de duas horas até Manhattan. Não almoçara nem bebera nada desde que saíra de casa. Nunca antes estivera em uma sala cheia de crianças. Como é que aquelas professoras tinham a ousadia de exigir dele um comportamento ensolarado e normal? Ele não era uma criança normal. Ele era Benj, e, se eles não o queriam, então eu com certeza não os queria também.

Mas eu não estava só brava. Também estava profundamente preocupada. Então, depois de ficar remoendo um dia inteiro ou um pouco mais a inabilidade da escola para aceitar meu filho como ele era, comecei a me dar conta de que as preocupações descritas pela diretora de admissões haviam calado fundo em mim. Eu me tranquei no meu "escritório", um cubículo sem janela no sótão que dava para a nossa sala de estar. Digitei no Google algumas frases sobre leitura precoce e dificuldade de responder a perguntas, e a primeira coisa que minha busca revelou foi o site da Associação Americana de Hiperlexia. Sem respirar, li sobre uma síndrome da qual nunca ouvira falar:

A HIPERLEXIA É UMA SÍNDROME OBSERVADA EM CRIANÇAS COM AS SEGUINTES CARACTERÍSTICAS:

- Habilidade precoce para ler palavras, muito acima do que seria esperado para sua idade cronológica, ou um fascínio intenso por letras ou números

• Dificuldade significativa de compreender a linguagem verbal
• Habilidades sociais deficientes, dificuldade em socializar e interagir apropriadamente com pessoas

ALÉM DISSO, ALGUMAS CRIANÇAS HIPERLÉXICAS PODEM APRESENTAR AS SEGUINTES CARACTERÍSTICAS:

• Aprendizado da linguagem expressiva de um modo peculiar, repetição ou memorização da estrutura frasal sem compreensão do significado (ecolalia), inversão de pronomes
• Escassa iniciativa para entabular conversas
• Intensa necessidade de manter rotinas, dificuldade com transições, comportamento ritualístico
• Hipersensibilidade auditiva, olfativa e/ou tátil
• Comportamento autoestimulante
• Medos específicos e incomuns
• Desenvolvimento normal até 18-24 meses, seguido de regressão
• Forte memória auditiva e visual
• Dificuldade de responder a perguntas tais como "O quê", "Onde", "Quem" e "Por quê"
• Pensamento em termos concretos e literais, dificuldade com conceitos abstratos
• Audição seletiva, aparente surdez

Eu estava estupefata.

O site tinha um formulário para perguntas e uma lista de discussão, na qual imediatamente me inscrevi. A questão mais importante parecia ser se a hiperlexia podia ou não ser diagnosticada como uma doença per se. Embora muitas mães na lista argumentassem ferozmente que podia e deveria, o consenso na profissão médica parecia ser de que crianças com hiperlexia compunham uma subcategoria extremamente pequena de crianças com autismo de alto desempenho, síndrome de Asperger ou TGD (transtorno global de desenvolvimento). Eu imaginava crianças autistas como crianças com as mãos descontroladamente agitadas, que giravam em círculos, batiam a cabeça contra a parede e nunca falavam nem sorriam. Benj fazia contato visual, era muito sorridente, feliz e receptivo, ria para nós com frequência e conversava alegremente o dia inteiro. Por que deveríamos ter suspeitado disso?

O guia para pais sobre a hiperlexia chamava-se *Reading Too Soon* [Lendo cedo demais], algo que parecia impossível para uma amante de literatura como eu. Para nós, o hiperletrismo de Benj fora precoce, mas não anormal; surpreendente, mas não preocupante. Seu amor pela leitura e suas habilidades pareciam relativamente "normais" em nossa família. E como ele era tão verbal — falava o tempo todo de uma maneira animada e expressiva e tinha um vocabulário enorme —, não nos preocupamos muito com sua fala ou com sua habilidade de comunicação. Sempre havia uma explicação para a falta de troca expressiva ou social. Uma racionalização. Uma desculpa. "Nunca acenamos para ele, então como é que ele poderia aprender?" "Ele não está interessado em papo furado; gosta de ir direto ao que interessa." "Ele é igualzinho ao pai: prefere ler a ficar de conversa." "Como ele poderia saber brincar de chazinho se nunca lhe mostramos?" Mas os textos e as postagens no site de hiperlexia deixavam claro que ler em uma idade extremamente precoce podia ser tanto um sinal de alerta no que se refere a transtornos do desenvolvimento quanto interferir com o desenvolvimento normal. "A gesticulação é um aspecto fundamental da comunicação", eu li, e me dei conta de que Benj jamais usara gestos para expressar seus desejos e sentimentos: nada de acenar, apontar, balançar a cabeça ou fazer que sim. Repassei mentalmente toda a linguagem de Benj. Ele havia desenvolvido palavras inteiras de forma precoce, com pouco menos de um ano; começara a falar várias frases de duas palavras com dois anos, bem na época esperada, e agora falava frases mais longas, exatamente como os livros sobre puericultura diziam que deveria fazer.

Mas quanto mais eu lia, mais me dava conta de que a linguagem falada de Benj era na verdade ecolalia (repetição da linguagem de outras pessoas em vez da criação de frases espontâneas). Quando acordava de manhã ou de um cochilo e nós nos aproximávamos, ele dizia: "Você dormiu bem?" ou "Vamos levantar?". Quando estava pronto para uma refeição, anunciava: "Está na hora do jantar/almoço/iogurte do Benj!", em vez de "Estou com fome" ou "Quero iogurte"; quando terminava de comer e/ou queria sair do cadeirão, dizia: "Já terminou?" ou "Quer descer?". Quando estava chateado, perguntava: "O que foi?" ou "Qual é o problema?", e, se caía ou se machucava, dizia: "Você está bem?" ou "Tudo bem". Era como se ele nos desse a deixa para lhe perguntar ou dizer essas coisas, e achávamos isso enternecedor. Várias de suas frases eram bastante sofisticadas e, ditas com sua vozinha, soavam muito engraçadas e doces. Ao beber suco, Benj cantava uma musiquinha — "Copo de suco, copo de suco, copo de suco!" — que eu inventara com ele, e muitas vezes dizia uma frase que havíamos lhe ensinado: "Um copo de suco é não apenas gostoso como também delicioso!". Quando estava cansado, dizia: "Jack-in-the-box está cansado" (de um programa de tv). Quando saíamos à rua de noite, ele muitas vezes dizia, com uma solenidade adorável: "A lua está alta no céu e as estrelas brilham", algo que Richard lhe dissera havia muito tempo. Quando queria contar alguma coisa, ele dizia: "Vamos contar e ver", e, depois de contar: "Muito bem contado, todo mundo!" (falas de *Vila Sésamo*). Todas essas frases, agora sei, eram "ecolalia atrasada de contexto".

Lembro de duas vezes em que, a um "Oi, querido!" carinhoso de um adulto, ele respondeu com seu próprio "Oi, querido!". O operador do caixa do Stop and Shop e minha irmã acharam aquilo adorável. Mas o que uma vez parecera adorável e engraçado agora parecia alarmante. Sua alegria, sua sociabilidade e sua interação conosco e com outros adultos atenuavam um diagnóstico de espectro autista (ele nunca foi distante, ausente ou monótono de uma maneira óbvia), mas tantas outras coisas faziam sentido que fiquei realmente preocupada. Em pânico, na verdade.

Não tenho lembrança de como dei a Richard a notícia de minhas recentes descobertas. Minha memória começa conosco no minúsculo escritório, ele, um tanto relutante, em pé atrás de mim enquanto eu abria o site sobre hiperlexia e apontava para a tela. Sua reação inicial foi de ceticismo e descrença, mas à medida que eu lia os sintomas um a um, pude ver seu rosto empalidecer e a compreensão despontando em seus olhos. Mais tarde naquela noite, depois de colocarmos Benj para dormir, Richard começou a chorar convulsivamente. Até então, nos oito anos em que estivéramos juntos, eu só o havia visto chorar três vezes: quando, alguns meses depois de ficarmos noivos, soubemos que apesar da quimioterapia agressiva o câncer de sua mãe havia voltado; durante nossa cerimônia de casamento, enquanto ele proferia seus votos com voz embargada; e no velório da mãe. "Oh, meu amor", exclamei, "ele vai ficar bem. Nós vamos fazer todo o possível para garantir isso. Prometo que ele vai ficar bem!" Richard se deitou no chão e lançou os braços em torno do corpo, soluçando. Eu também me deitei no chão, a seu lado, e o abracei, descansei a cabeça em suas costas ou em seu ombro, mas ele estava totalmente voltado para si. Era como se nem sequer sentisse nem percebesse meu toque. Ele não precisava, ou não queria, ou não sabia o que fazer com palavras tranquilizadoras e de apoio vindas de mim. Ouvi-lo soluçar de um jeito tão desolador e ser absolutamente incapaz de aliviar sua tristeza me foi quase insuportável.

Naquela noite, mandei o link para minha mãe, minha irmã e meu cunhado, e um a um eles responderam dizendo que tinham certeza de que Benj era hiperléxico. Minha mãe me ligou alguns minutos depois de me mandar um e-mail, e sua voz calma e forte foi um grande consolo. Ela pediu desculpas por ter duvidado de mim no passado e admitiu que tanto minha irmã quanto minha tia haviam mencionado a ela preocupações quanto às habilidades conversacionais de Benj — preocupações que ela de imediato rejeitara. "Eu achava simplesmente que ele é menino, e nunca tivemos meninos na nossa família. E que ele era brilhante, e excêntrico, e um mini-Richard", ela disse. "Eu sei, mãe", eu disse, "todos nós pensamos."

Na manhã seguinte dormi até tarde e saí da cama para encontrar Benj segurando uma ficha de papel, andando de um cômodo para o outro com Richard colado atrás. Peguei as fichas de Benj. Nelas estava escrito:

Onde é o seu quarto?
Onde é a sala?
Vá para a sala.
Vá para o sofá verde.

Coloque o travesseiro sobre o sofá branco.
Coloque o cobertor sobre o sofá branco.
Coloque o cobertor ao lado do sofá branco.
Coloque o travesseiro sobre o sofá verde.

Coloque a xícara embaixo da mesa.
Coloque a xícara sobre a mesa.

Coloque a xícara perto da mesa.

Coloque a xícara ao lado da mesa.

Coloque a xícara entre as cadeiras.

Coloque a xícara atrás das cadeiras.

Coloque a xícara ao lado das cadeiras.

"Estou testando sua compreensão", Richard disse, "e ele está se saindo muito bem!" "Mas hiperlexia é exatamente *isso*", repliquei. "Não significa que ele não tem problemas. Ele entende se simplesmente lhe perguntarmos? Sem nenhuma orientação visual, sem nada para ler?" Richard não respondeu.

Era o dia de Martin Luther King, e eu havia combinado de ir até o campus para encontrar alguns alunos, embora não houvesse aulas. Benj e Richard me levaram de carro até a universidade, e no caminho Benj foi exclamando os nomes de corretoras de imóveis — "Beazley", "Century 21".

O dia estava cinzento, frio e com céu encoberto, e o prédio do departamento de inglês estava assustadoramente quieto. Tive reuniões com uns doze alunos, um atrás do outro, durante um período de três horas. Alguns eram orientandos que eu conhecia bem e aos quais dera aula várias vezes antes, outros eram alunos do semestre anterior que queriam fazer perguntas sobre ensaios que eu lhes devolvera, e havia ainda alunos novos, procurando me conhecer.

Desde que tivera meu filho, descobri que eu havia renovado minha capacidade de compreender a vulnerabilidade e a individualidade de meus alunos. Uma professora amiga minha sempre informava futuros papais e mamães que, depois de ter tido filhos, ela não era mais tão comprometida ou tão entusiasmada com o ensino. Sua norma era: "Eu olho para meus alunos e penso: 'Esses garotos não são o meu bebê'". Ser mãe havia afetado meu modo de lecionar precisamente do jeito oposto.

Com frequência eu olhava para meus alunos e pensava: "Cada um desses jovens é filho de alguém". E naquele dia, quando a situação de meu próprio filho parecia tão precária e minha situação como mãe, tão incerta, vi os alunos ainda mais claramente como filhos de pais, amados com ternura, como as coisas mais preciosas do mundo para pais que eu não conhecia, mas que podia agora entender e com os quais conseguia me identificar de uma forma ainda mais poderosa.

Muitos dos estudantes com que me reuni estavam lá para falar sobre notas. "O que é necessário para tirar um A?", perguntou um aluno novo, um rapaz sério e aplicado que usava boné de beisebol e camiseta da Dave Matthews Band. Um rapaz do semestre anterior tentou exaustivamente me convencer de que merecia uma nota A, em vez do B+ que eu lhe dera, um B+ que, ele achava, acabaria com suas chances de ser admitido nas faculdades de direito de elite. Embora lamúrias sobre avaliações sempre tivessem me desgostado, eu estava mais impaciente do que o normal.

Mas, ao mesmo tempo que as ousadas solicitações de alteração de notas me desgostavam, eu me identificava com os alunos, até mesmo com os mais agressivos e obstinados. Porque, embora jamais tenha contestado uma nota ou perguntado a um professor o que seria necessário para obter um A, eu fora uma aluna que queria tirar boas notas e obter a aprovação dos meus professores, e sentira uma intensa pressão para ser bem-sucedida e ter um desempenho de alto nível. Mas, agora, o que parecera tão importante parecia tão relativamente desimportante. Enquanto os alunos reclamavam de uma nota imperfeita ou se afligiam quanto a admissões para a faculdade de medicina, eu continuava querendo animá-los, gritar para eles: vocês, nós temos tanto pelo que ser gratos! Há tantas coisas muito mais fundamentais e importantes que não valorizamos — a capacidade de conversar, de fazer piada, de ler a linguagem do corpo, de defender nossos pontos de vista. A capacidade de frequentar a faculdade, que dirá a Universidade Yale. A habilidade de ter trocas significativas com outras pessoas. Somos tão afortunados!

Conversei com os alunos sobre disciplinas que eles haviam cursado ou que planejavam cursar, ensaios que já haviam escrito ou ideias para futuros ensaios, candidaturas a empregos e ao programa de doutorado. Eles me falaram sobre filmes que tinham visto durante as férias de Natal, presentes que deram ou que receberam de seus pais, o tempo passado com a família, suas peripécias românticas. E, à medida que os alunos tagarelavam fluente, fluida e facilmente sobre suas redações e ideias, suas vidas e experiências, eu precisava cerrar o punho embaixo da mesa para evitar que lágrimas se empoçassem em meus olhos. Eu me perguntava se conversas de verdade seriam sempre algo estranho para Benj, se ele algum dia conseguiria pensar e raciocinar em termos abstratos, improvisar piadas, participar de trocas sofisticadas e de mão dupla. Seria ele independente o suficiente algum dia para escolher que disciplinas cursar? Poderia frequentar a faculdade — que dizer de um programa de doutorado? Benj algum dia chegaria a debater os méritos de um filme? Algum dia teria um par romântico? Algum dia ele me compraria um presente, ou receberia um de mim com genuína compreensão e apreciação?

E mesmo enquanto eu confortava, incentivava e aconselhava meus alunos, mesmo enquanto demonstrava empatia por aqueles jovens maravilhosos, ria com eles e tinha compaixão por eles, eu me perguntava: será que algum dia poderei ter esse tipo de conversa, esse tipo de conexão com meu próprio filho? Será que ele algum dia me procurará em busca de orientação e apoio? Serei capaz de lhe transmitir sabedoria e valores? Algum dia seremos capazes de partilhar nossos sentimentos, nossas experiências, nossas ideias, nossa vida interior?

Ficar sabendo que eu era mãe quase sempre intrigava e deliciava os meus alunos. Quando o tema da aula era "Ode: Vislumbres", eu sempre lhes falava sobre os *bodies* que ganhara de presente da professora e do bebê bagunceiro e barulhento que os usara (mas apenas umas poucas vezes, senão os estragaria). Os alunos mais antigos em geral se referiam a Benj como "poderoso profeta"; adoravam ouvir histórias sobre suas atividades, suspiravam para as fotos em minha sala e caminhavam comigo até meu carro para poderem ver o bebê preso à cadeirinha esperando por mim com Richard. Eu havia alegremente lhes contado a novidade de minha segunda gravidez pouco antes das férias de inverno, e eles tinham feito uma pequena festa para mim no último dia de aula. Agora, estando eu visivelmente grávida e com fotos de Benj à nossa volta, eles faziam muitas perguntas atenciosas e gentis sobre meus filhos. "O que vocês deram ao poderoso profeta de Natal?", "Como você está se sentindo?", "Você deve estar tão entusiasmada!", "Vocês já sabem o sexo?" Eu respondia da forma mais alegre possível, e nunca dei a entender que algo pudesse estar errado.

Apenas um mês antes, eu era a esfuziante e séria professora Gilman, e Benj, meu "poderoso profeta". E agora tudo havia mudado, mas eles não sabiam e eu não podia lhes contar. Achei que precisava ser forte e manter minha autoridade, competente e sólida, alegre e otimista, uma mentora sábia, que lhes transmitisse confiança e servisse de modelo. Enquanto isso meus nervos estavam em frangalhos e todo o meu mundo estava se desfazendo.

Durante o período de maior incerteza depois do Onze de Setembro, Richard e eu sempre dizíamos: "Pelo menos temos o Benj", ou "O bom e velho Benj". Benj era nosso porto seguro, nosso alicerce, o fulcro de nossa vida, o significado da nossa existência, na verdade. E então, apenas alguns meses mais tarde, à medida que começaram as avaliações, a criança que eu achava que conhecia se fora. Benj havia sido nosso refúgio na tempestade, nossa alegria inalterada, descomplicada e simples. E então de repente *ele* era a tempestade, ele era complicado e confuso e corria um risco terrível.

Uma das coisas mais dolorosas naqueles primeiros dias foi que eu não podia deixar de sentir que tudo o que eu considerara único e especial sobre Benj eram, em vez disso, manifestações incontroláveis de um transtorno. Ele não era incomum; ele era típico, ordinário, um caso clássico. Ele não tinha uma mente interessante; tinha um sistema nervoso defeituoso. Não tinha uma personalidade forte; tinha uma síndrome. Suas recitações cheias de júbilo dos poemas "Fire and Ice" e "Nothing Gold Can Stay", de Robert Frost, e suas interpretações perfeitas do ponto de vista musical e da letra de muitas das canções de *A noviça rebelde, Amor, sublime amor* e *Oklahoma!* não eram resultado de um amor ou de um apreço pela poesia ou pela música; eram, em vez disso, um papaguear embotado. Sua declamação animada de episódios de *Between the Lions* e *Vila Sésamo* não era uma demonstração radiante de seus dons de memória tanto quanto era "perseveração" e "ecolalia", e não deveria ser incentivada. Sua habilidade de alinhar seus blocos de letras em ordem alfabética e de fazer fileiras de números de 1 a 20 era uma compulsão, não um prazer. O fato de ele ver letras em toda parte — nas formas de sua comida (um fio de espaguete era um S) ou nas curvas e linhas de uma joia (certo par de brincos meus eram *T*s, uma pulseira de elos consistia em sete *O*s) — não era perspicaz e criativo, era um sinal sinistro de obsessão. Seu hábito de não responder a perguntas e não virar a cabeça em resposta a uma voz não era sinal de uma concentração focada em uma atividade absorvente tanto quanto era uma inabilidade de se relacionar com o mundo lá fora. Sua leitura precoce não era uma aptidão "igualzinha à da mãe"; seu perfeccionismo não era "igualzinho ao do pai", ou pelo menos não de qualquer maneira positiva. Ambos eram sintomas, itens em uma lista, patologias. Em meus piores momentos, devo dizer, vi Benjamin como um caso de manual, uma corporificação de uma síndrome mais do que um indivíduo único. Naqueles primeiros dias de questionamento quanto a quem meu filho era e quanto ao que viria a ser, ou poderia vir a ser, tive dificuldade de encontrar forças porque não tinha certeza do que restava por trás da doença.

Eu lia os mesmos livros para ele, cantava as mesmas músicas à noite, mas agora lágrimas corriam e eu tinha que virar a cabeça para o lado para que ele não me visse chorar. Enquanto dançávamos ao som de "Here Comes the Sun" ou "Skip to My Lou", Benj alegre como sempre, eu enterrava as unhas em meu próprio braço ou mordia com força o lado interno da bochecha para evitar o colapso, e em seguida corria para soluçar no banheiro, ajoelhada no chão e com a torneira aberta, para que ele não me ouvisse.

Essas precauções talvez tenham sido desnecessárias, já que Benj, como sempre, parecia incomumente alheio a meu estado emocional. Seu alheamento quanto à conjuntura mais ampla, seu estar em seu próprio mundo, que outrora servira como bálsamo e conforto, agora sublinhavam o páthos da situação. Ele parecia não ter qualquer entendimento ou consciência da mudança radical ocorrida na maneira como seus pais o viam e mostrava poucos indícios de sentir que algo tivesse mudado. Dizem que as crianças sempre percebem as coisas, mas realmente acho que ele não sabia. E o fato de que sua imperturbável indiferença era, na verdade, um sintoma de um transtorno apenas intensificava para mim sua pungência.

As leituras em voz alta e recitações de Benj eram melodiosas, cheias de nuanças, e pareciam sensíveis e poéticas, nem um pouco mecânicas ou decoradas. Ele falava com uma bela expressividade e entonação harmoniosa. Parecia entender exatamente o que tudo significava — senão, como podia enfatizar a palavra certa e pausar no momento certo? Mas agora nos perguntávamos: quanto ele havia compreendido de tudo? Será que, para ele, a letra de uma música dos Beatles, as palavras de um poema de Wordsworth, as falas de uma espirituosa e maravilhosa sátira de Ernie e Bert eram apenas sons agradáveis, mas desprovidos de significado? Será que nossos jogos de palavras com ele, nosso cantar e ler em sua companhia tinham sido não trocas significativas, mas, em vez disso, apenas mais uma atividade de perseveração? Será que aqueles livros, aquelas canções, aqueles jogos eram meramente instrumentos de seu "comportamento autoestimulante", o *loci* de suas perturbadoras obsessões? Benj era o mesmo menino que sempre fora. Mas o que ele fora, afinal?

Parte do que tornava tão desconcertante e devastadora minha repentina compreensão era que eu pensara que o conhecia muito bem. Depois do sentimento inicial de alienação e apesar de minha eterna sensação de uma diferença ou distância fundamental entre nós, Benj, com todas as suas esquisitices, havia se tornado completamente familiar para mim. Não houvera ninguém mais familiar para mim do que o meu filho. Eu tinha me considerado totalmente sintonizada com suas necessidades e o aceitara nos seus próprios termos. Na verdade, eu o abraçara como ele era, porque ainda queria ser a mãe devotada do filho idealizado que eu havia imaginado; até mesmo se (ou sobretudo porque) a criança não correspondia ao meu ideal, meu amor por ele corresponderia. Mas agora eu me perguntava: será que essa aceitação era baseada em uma "querida ilusão do meu coração" (Wordsworth, "Peele Castle")? Tratava-se de uma espécie de negação, de uma recusa de ajudar ou mesmo de percebê-lo de forma acurada? O questionamento de nossa compreensão sobre nosso próprio filho significa sofrer uma enorme perda.

Durante aqueles primeiros dias, com frequência vi meus pensamentos voltados para as descrições de Wordsworth de bebês e da infância, e para sua poesia da nostalgia e da saudade. Seus escritos sobre a perda da inocência infantil e das crianças em si adquiriram todo um novo significado e uma nova pungência para mim após minhas descobertas sobre Benj. Antes de minha experiência com meu filho, eu nunca na verdade pensara na poesia de Wordsworth no contexto de crianças de verdade. Agora, entretanto, com uma criança de três anos de verdade sob meus cuidados e um sentimento de perda, ansiedade e tristeza perpassando meus dias, poemas sobre os quais eu pensara (e sobre os quais escrevera e ensinara) de forma abstrata, com um distanciamento acadêmico, de repente se tornaram relevantes em minha vida de uma forma que eu jamais teria podido imaginar. Minha vida pessoal e minha vida profissional começaram a interagir de uma maneira tal que as modificou completamente.

Na época em que os problemas de Benj vieram à luz, li, reli e escrevi sobre dois poemas de Wordsworth que haviam estado muito presentes no início de meu relacionamento com Richard — "Nutting" e "No caminho ermo morava":

No caminho ermo morava
Onde o Dove tem nascente,
A Donzela que ninguém louvava
Amada por pouca gente.

Violeta lado à pedra musgosa
Semioculta da visão!
Estrela solitária e formosa
Brilhando na imensidão.

Poucos souberam quando alheia e só
Lucy teve seu fim;
Na tumba agora jaz, mas, oh,
*Que falta faz para mim!**

"No caminho ermo morava" é um dos poemas enigmáticos de Wordsworth sobre "Lucy", sobre o amor do eu poético e sobre a perda de uma criança pequena e misteriosa, aparentemente invulnerável. E é a quintessência de Wordsworth: sobre algo que era e já não é mais. Os poemas sobre "Lucy" são poemas sobre ansiedade, medo, perda, desilusão, desencanto, sobre a substituição repentina de uma situação por outra. Além disso, são sobre a perda de alguém ou de algo precioso — inspiração, infância, centelha criativa —, embora talvez apenas percebida como tal pelo poeta. Perder Lucy é perder algo puro, inocente, não mundano, despreocupado e espontâneo.

Tanto "Nutting" quanto "No caminho ermo morava" retratam a perda de um espaço de privacidade protegido e sagrado, bem como a ameaça da beleza e a pureza sendo violada pelo "mundo intruso". Pareciam ter relação direta com minhas apreensões quanto a Benj "se tornar público" quando fosse para a escola, com minhas preocupações de que ele parecia mais estranho fora do espaço protetor de nossa pequena família, minha melancolia sobre ele ter de deixar o ninho onde era compreendido, aceito e acalentado e se tornar parte de um mundo maior que talvez não o apreciasse o suficiente ou talvez não o protegesse em toda a sua vulnerabilidade. E agora que o Benj que eu achava que conhecia se fora, a natureza elegíaca desses poemas tinha uma nova força para mim. Como a Lucy de Wordsworth, Benj levara até então uma vida bastante isolada até que o processo de sele-

---

* Tradução de Alberto Marsicano e John Milton, p. 103. (N. T.)

ção para as escolinhas começou. Depois de seu choro inconsolável na festa do departamento de inglês, paramos de levá-lo a reuniões ou festas muito grandes ou barulhentas. Nossos amigos o viam quando iam jantar na nossa casa ou para passar a noite conosco ao chegar ou sair de New Haven, mas sua exposição a outras pessoas fora limitada. Agora, com os julgamentos do mundo lá fora e interferências médicas infectando nossa família, com o conhecimento de que teríamos de avaliá-lo formalmente em clínicas, nossa vida privada feliz e pacífica, uma vida na qual nós — e não professoras, nem médicos ou terapeutas — definíamos seu valor e sua identidade, se fora. Benj continuava sendo o mesmo doce Benj de sempre, mas toda a minha compreensão sobre ele, sobre nossa família, sobre o futuro dele e o nosso havia mudado.

Dois versos de "No caminho ermo morava" — "Estrela solitária e formosa/ Brilhando na imensidão" — haviam sido usados no convite do jantar na véspera de nosso casamento para celebrar nossa reluzente devoção um pelo outro, mas agora, muitos anos depois, adquiriam todo um novo significado. Exemplificavam o que eu pensara de Benjamin. É o que todos os pais julgam que os filhos são: belos, luminosos, insubstituíveis, únicos. E agora o meu Benj não parecia mais único, mas, em vez disso, uma categoria.

Assim como "poucos souberam quando alheia e só/ Lucy teve seu fim", muitíssimo poucas pessoas sabiam do que estava acontecendo com Benj. Isso em parte se devia ao fato de que sempre tive a tendência de proteger as pessoas que amo, sobretudo meu sensível e vulnerável pai, de notícias desagradáveis, tristes ou perturbadoras. Alguns dias depois da ligação da escolinha, enviei o seguinte e-mail para meu pai e minha madrasta no Japão:

Queridos papai e Yasuko,

Espero que tudo esteja bem com vocês. Estamos com saudades! O novo netinho de vocês está começando a se mexer dentro de mim e o netinho mais velho está lendo aos montes! Ele também está se tornando um grande fã de Pete Seeger.

XXOO
Priscilla

Continuei transmitindo o apetite voraz de Benj pela leitura como uma boa notícia e descrevendo-o como fã de Pete Seeger, mesmo sendo levada a sentir — pelos sites que eu estava consultando, listas de discussões nas quais me inscrevera, pelos livros que andava lendo — que tanto sua leitura quanto sua obsessão por música eram sinais de um transtorno, em vez de um entusiasmo ou uma predileção. Mas eu não conseguia imaginar contar para meu pai o que realmente estava acontecendo. Desde a separação de meus pais, raras vezes dividi preocupações com ele, apesar de que, quando criança, eu sempre recorria primeiro a ele, sempre. A regra era que papai não deveria jamais ser perturbado quando estava concentrado em seu trabalho no escritório, mas para essa regra havia uma exceção: sempre podíamos bater na porta do seu escritório com uma preocupação. Ele muitas vezes abordava essas preocupações na persona de seu alter ego de *Vila Sésamo*, Super Grover: "Não se preocupe, menininha, vou resolver seu problema". Esse era meu pai: tolo, cheio de energia e destemor, nunca se mostrando derrotado por muito tempo, mas, apesar ou talvez por causa de sua abordagem mais leve, nunca achei que ele fosse capaz de menosprezar minhas inquietações, por mais inconsequentes que fossem. Agora, porém, eu tinha uma preocupação profunda, inarredável, e ele não podia resolver o problema, do qual eu nem mesmo queria que ele tomasse conhecimento. Ele sobrevivera a duas cirurgias um mês antes e estava se saindo melhor do que o esperado, porém ainda se encontrava extremamente frágil e havia perdido a vontade de viver depois de sucessivos diagnósticos. Achei, de fato, que saber sobre os desafios de meu filho, do quanto eu estava sofrendo, que a nossa família estava em meio a uma crise e que ele não teria como me ajudar poderia matá-lo. E senti que, como sempre, meu papel era lhe levar felicidade e boas notícias, e não complicações e preocupações.

Mas não foram só meu pai gravemente doente e minha exausta madrasta as únicas pessoas de quem escondi as notícias de nossa situação com Benj. Não contei a ninguém além de minha mãe, minha irmã e meu cunhado. Havia razões profissionais para meu silêncio. Achei que eu não podia deixar ninguém em Vassar saber, do contrário poderiam não me contratar; ser uma mãe jovem e estar grávida de um segundo filho já eram enormes senões contra mim. E um filho com um transtorno severo? Além do mais, faltavam menos de dois meses para o prazo de entrega da tese em Yale e pensei que, se as pessoas da universidade e meus amigos soubessem, a maré de preocupação, compaixão e conselhos tiraria minha concentração e levaria a melhor sobre mim. Então, nada revelei a meus colegas professores, alunos e orientandos sobre o que estava acontecendo com Benj; segui em frente, finalizando e entregando minha tese seis semanas depois do telefonema da escolinha de Nova York. Richard não se abriu com absolutamente ninguém. Eu o pressionei a partilhar parte do que estava acontecendo com seus dois irmãos, suas tias e seus tios, seus primos, mas ele não o fez, até que ficaram sabendo de algumas coisas por minha mãe, quase um ano depois. Ele me pressionou a contar para o menor número possível de pessoas, e, em respeito a seu desejo, nem sequer contei às minhas amigas mais próximas. Por um lado, sua relutância de compartilhar o que fosse se devia a seu acanhamento natural, sua ojeriza a confidências e à intimidade emocional. Mas, por outro lado, seu desejo de manter as coisas não faladas se originava de sua insegurança, uma insegurança que eu partilhava, sobre o que havia *de fato* para contar, uma crença de que não havia uma maneira fácil de definir Benj e nossa situação com ele, que rótulos e bulas levariam a uma noção simplificada de quem Benj era e a uma restrição de possibilidades para sua vida. Não queríamos piedade, não queríamos pânico, não queríamos explicações hipersimplificadas nem conselhos inúteis. Não queríamos que Benj fosse exposto ao "céu intruso".

A genética de transtornos do desenvolvimento dera um severo golpe no âmago de nossa visão para nossa família. Queríamos três ou quatro filhos, mas agora nos perguntávamos não apenas se deveríamos ter mais filhos, mas também qual era o risco que o bebê que já crescia dentro de mim estava correndo de apresentar seus próprios problemas. A boa notícia de que teríamos mais um menino — "É bom ter irmãos com três anos de diferença, porque eles podem ser os melhores amigos e dividir o quarto, e então talvez tenhamos uma menina na próxima vez!", eu escrevera para minha mãe depois do ultrassom no início de janeiro — agora tomava um vislumbre ameaçador, já que descobrimos que a hiperlexia e transtornos de desenvolvimento em geral são bem mais comuns em meninos.

Richard e eu partilhávamos dessa preocupação quanto a futuros filhos, mas também vivenciamos a descoberta sobre a doença de Benj de forma diferente, de maneiras que nos separavam. Obviamente, Richard nunca sentira falta de nada, nem a sensação de desorientação que eu tivera. Nunca sentira que algo estivesse errado em sua relação com Benj. Então, agora ele olhava para essa relação e a questionava, e questionava sua própria ideia de quem Benj era e de quem ele próprio era. O fato de que Richard desprezara minhas preocupações explicando as excentricidades de Benj em relação a ele próprio deve ter apenas intensificado seu horror ao descobrir que havia de fato algo errado. O fato de que todo livro, todo site, todo questionário enfatizava que existia uma qualidade hereditária no distúrbio deve ter sido agudamente doloroso para Richard, embora ele nunca tenha falado disso de forma explícita.

E saber da realidade genética ao mesmo tempo me tranquilizava, tanto sobre Benj como sobre Richard, e aumentava minha ansiedade. Por um lado, as semelhanças entre os dois eram reconfortantes — Richard se saíra bem em boas escolas, tinha amigos, se casara, tinha um filho. Além disso, elas explicavam aspectos de seu comportamento e me ajudava a ter ainda mais compaixão por ele. Seu cérebro funcionava de uma maneira diferente, e, mesmo assim, ele se saíra maravilhosamente bem na vida. Mas eu também me perguntava: será que Richard também era fundamentalmente incapaz de manter uma intimidade prolongada e de trocas emocionais, do tipo de parceria que eu queria num casamento? Era isso que eu sentira todos aqueles anos, sem conseguir admitir? Será que ele nunca superaria seu perfeccionismo, sua reticência, por se tratar de traços de personalidade inatos? Durante muito tempo eu creditara as dificuldades de Richard para concluir trabalhos e seu retraimento emocional à tristeza relacionada à doença e à morte de seus pais. Eu fora dominada pela compaixão por ele e por um desejo de lhe devolver a vida familiar feliz que ele tragicamente perdera. Eu acreditara que, com meu amor e apoio, Richard em algum momento encerraria seu ciclo de luto pelos pais e se exporia mais ao mundo. Mas talvez luto e tristeza tivessem pouco a ver com isso.

Ao mesmo tempo, eu ansiava por confortar aquele homem que eu tanto amava e me sentia impotente para fazê-lo. Eu sabia que Richard estava com medo, bravo, em processo de luto, mas ele não me deixava ver os contornos de seu medo, de sua raiva, de sua tristeza. Eu não conseguia fazê-lo se abrir para mim. Eu sempre fora capaz de chegar até ele, sempre. Mas agora estava me sentindo completamente incapaz. Eu sempre sentira um desejo muito poderoso de endireitar as coisas para as pessoas que me eram queridas, e não sabia como melhorá-las para Richard; isso foi muito duro para mim. Eu também precisava de apoio e de uma oportunidade de dividir meus sentimentos e meus medos, mas não queria sobrecarregá-lo com minha própria tristeza, quando era claro que ele estava sofrendo. De forma que nunca vivenciamos o luto pela perda de nosso sonho comum. Nunca abraçamos um ao outro e choramos.

Em "Michael", um poema sobre a perda do filho único por um pai, que Richard e eu sempre amamos em especial, Words-worth escreve que

> [...] a child, more than all other gifts
> That earth can offer to declining man,
> Brings hope with it, ad forward-looking thoughts.*

Foi a perda da esperança o que tanto me devastou naqueles primeiros dias. "Será que sequer posso ter sonhos e esperanças e anseios quanto à vida dele?", eu me perguntava. Quando foi que a esperança se tornou fantasia, ou negação? E que risco eu estava correndo se me permitisse ter esperança e então essas expectativas não fossem realizadas? Eu não queria condenar meu filho ao fracasso. Não queria tornar minhas metas para seu progresso arrogantes demais, nem meus sonhos para seu futuro im-

---

* "[...] uma criança, mais do que todas as outras dádivas/ Que a terra pode oferecer ao homem decadente/ Traz esperança consigo, e pensamentos quanto ao futuro." (N. T.)

possíveis de ele realizar. Eu não queria esperar demais dele nem pedir que desse o que jamais conseguiria.

Os seguintes versos do hino de Wordsworth sobre a felicidade da infância, "Ode: Vislumbres", não cessavam de correr em minha mente:

Whither is fled the visionary gleam?
Where is it now, the glory and the dream?*

Meu sonho de uma vida feliz para Benj havia desaparecido.

Questions, directions, warnings and advice,
Flowed in upon me from all sides.**

The Prelude, iii

Não há nada menos romântico, literário ou lírico do que a linguagem da patologia, do diagnóstico, da lista de sintomas. À medida que lia essas listas repetidas vezes, eu ficava chocada com a dureza, a crueza da terminologia. E uma vez que o processo de avaliação começou, mais e mais termos claramente não poéticos foram sendo acrescentados à lista, à medida que os problemas rapidamente cresciam em escopo e gravidade.

Embora estivesse na etapa final da preparação de minha tese, grávida de meu segundo filho, lecionando em Yale e me preparando para uma entrevista de emprego em Vassar, eu passava meus dias e minhas noites navegando na internet em busca de informação sobre hiperlexia, autismo, TDP [transtorno de desenvolvimento pervasivo], atraso na fala, dando telefonema após

---

* "Para onde voou o clarão visionário?/ Onde está agora, a glória e o sonho?" (N. T.)
** "Perguntas, orientações, advertências e conselho,/ Jorraram sobre mim por todos os lados." (N. T.)

telefonema para psicólogos e terapeutas, e começando, eu mesma, terapia com Benjamin. Mesmo quando eu estava fazendo esforços incessantes para aprender mais, Richard se retraía em si mesmo, se tornava mais fechado, mais ferozmente acanhado. Tive muitas trocas de e-mails com terapeutas, imprimi artigos, listas, sugestões terapêuticas e encomendei livros, os quais dava para Richard ler, mas nunca tive certeza se ele de fato os leu. Como sempre em momentos de crise, minha mãe foi incrivelmente forte e tranquilizadora. Ela foi minha aliada fiel, e sua determinação e sua energia estavam agora totalmente focadas em me dar apoio em minha empreitada para proporcionar a Benj a ajuda que ele necessitava; ela ligou para todos os amigos e conhecidos em que conseguiu pensar que talvez soubessem de algo ou que pudessem ajudar.

A primeira avaliação de Benj foi feita por uma renomada psicóloga e fonoaudióloga de Nova York, que minha mãe descobrira para nós e a quem visitamos algumas semanas depois de termos sido contatados pela pré-escola. Baseada em uma "sessão de brincadeira" de uma hora de duração com Benj e na informação que lhe fornecemos, sua avaliação foi que ele "sem dúvida" não era autista, mas que tinha um "atraso muito severo de linguagem expressiva e receptiva". "Mas se o atraso é assim tão sério, como foi que o nosso pediatra não viu o problema?", Richard perguntou, um tanto incrédulo. "É natural que ele não o tenha percebido", a dra. G. respondeu. "Ele vê a criança duas vezes por ano, a criança demonstra um alto desempenho e é altamente dotada em várias áreas que provavelmente o cegaram para as áreas de deficiência, e a maior parte dos pediatras não é treinada para avaliar esse tipo de problema." Ela insistiu conosco sobre a necessidade de providenciar para Benj um tratamento de fonoaudiologia três vezes por semana assim que possível. "Vocês têm de fazer o máximo que puderem antes que ele complete cinco anos", ela nos admoestou. A sensação de urgência era palpável, bem como nosso desespero quanto ao tempo já perdido, já desperdiçado.

Cada vez que pensávamos que tínhamos dominado os problemas de Benj, descobríamos a existência de mais um. De início pensamos que o tratamento de fonoaudiologia seria suficiente, mas, por causa do seu "andar peculiar", a fonoaudióloga da área de New Haven que nos visitou para avaliar Benj recomendou a avaliação de uma terapeuta ocupacional. Esta revelou atrasos na motricidade ampla, atrasos moderados na motricidade fina e uma série de problemas sensoriais. Um pequeno consolo para nós foi o fato de que, por causa da severidade de seus déficits, Benj se qualificava para duas sessões por semana de fonoaudiologia, terapia ocupacional e fisioterapia pagas pelo estado de Connecticut. A terapeuta ocupacional nos disse que Benjamin apresentava anormalidades ou déficits em seus sistemas de processamento tátil (noção de tato), vestibular (noção de movimento) e proprioceptivo (noção de posição). Ele tinha transtorno de fala, uma disfunção de integração sensorial, atrasos motores. Era ao mesmo tempo subreativo e hiper-reativo a estímulos sensoriais. Precisava de TO (terapia ocupacional), TF (terapia física), TFL (terapia de fala e linguagem) e TIS (terapia de integração sensorial). Esses termos desagradáveis, feios, e suas abreviações frias e insípidas logo se tornaram familiares para nós como a escova, o pente e o mingau de *Boa noite, lua* em nosso discurso sobre Benj.

Veio-me um sentimento de melancolia:
Um clamor devolveu-me a alegria
*E restaurou-me o vigor:**

"Ode: Vislumbres"

---

* Tradução de Alberto Marsicano e John Milton, p. 45. (N. T.)

Precisávamos falar com nosso pediatra para conseguir um encaminhamento para o Centro de Estudos da Criança de Yale, o qual, segundo todos os relatos, fazia as mais definitivas e abrangentes avaliações de crianças com problemas como os de Benj. Embora já tivéssemos feito avaliações psicológicas e de fala com ele, queríamos uma avaliação de desenvolvimento em geral. Tivemos muita sorte de ao menos contar com essa possibilidade. Sem o encaminhamento, iríamos para a lista de espera de dois anos para obter uma avaliação e precisaríamos pagar do nosso bolso; com ele, entraríamos no sistema em poucos meses e os custos seriam integralmente cobertos. Fui para essa consulta com o pediatra com uma mistura complicada de emoções. Por um lado, estava determinada a defender meu ponto de vista e não deixar o dr. B. me dissuadir das minhas preocupações e me dar, mais uma vez, razões falsas para tranquilidade. Por outro, eu tinha um instinto de proteção e preocupação para com o médico e uma boa dose de angústia quanto à possibilidade de perder uma valiosa relação com ele.

Adorávamos aquele homem e valorizávamos seu papel em nosso desempenho como pais e em nossa vida. Ele nos fora muito bem recomendado por outros pais e mães da comunidade de Yale. Era famoso por sua personalidade dinâmica, sua habilidade de tranquilizar mesmo o pai ou a mãe mais nervoso e de acalmar até o bebê mais agitado, e sobretudo pela maneira como abordava cada criança sob seus cuidados como um indivíduo diferente e precioso e pelo modo como se divertia genuinamente com seus pacientes. E na primeira consulta que tivemos com ele, quando eu estava com mais ou menos seis meses de gravidez, ele nos conquistou completamente. Tinha uma combinação incrível de intensa vitalidade e profunda calma. Respondia a todas as nossas perguntas de futuros pais de primeira viagem com detalhes, paciência, compaixão e bom humor. Falava encantado sobre a mulher com quem era casado havia muitos anos, e com imensa afeição e deleite sobre os próprios filhos, então já no início do ensino superior. Com um brilho no olhar, mas com seriedade na voz, nos disse que estávamos prestes a entrar na parte mais importante e também a mais mágica de nossa vida. Demonstrava muito interesse por nós e entusiasmo conosco. Como leitura para a fase final da gravidez, recomendara um livro chamado *The Magic Years*, e esse título resumia perfeitamente sua atitude em relação à infância e nossa própria experiência com ele. Ele se divertia com Benj cada vez que o via, mesmo quando era necessário dar vacinas ou realizar exames. Riu quando Benj fez cocô em suas mãos enquanto era examinado e amorosamente lhe explicava cada estágio de cada exame. Ele nos ajudou a ver as coisas pela perspectiva do bebê Benj, e partilhava conosco histórias engraçadas e pungentes sobre a infância de seu filho e de sua filha. Atenuava o medo de Benj de ter uma espátula enfiada na garganta e de luzes ofuscantes com abordagens inteligentes — dando-lhe um abaixador de língua para brincar, deixando-o segurar o estetoscópio antes de usá-lo, contar até vinte enquanto examinava cada ouvido. Ele não só adorava como respeitava Benj com muito carinho. Não fora apenas um médico; havia sido uma espécie de "espírito tutelar" de nossa vida como pais. Estivera muito alinhado com nossa ética, filosofia e sensibilidade. Ele nos apoiara quando tivemos de aceitar Benj com todas as suas manias e excentricidades. Realmente gostávamos das consultas com ele, porque sempre nos sentíamos parte de um círculo encantado de amor, apreciação e cuidado com Benj e celebração das maravilhas das crianças e da infância.

No entanto eu não estava nem um pouco bem-disposta para aquela consulta. Estava sofrendo, pensando em como poderia ser firme a agressiva sem deixar de ser gentil. Como poderia conseguir o que eu e Benj precisávamos sem sugerir ou dar a entender que o dr. B. havia falhado de alguma maneira no passado? Eu tinha muito receio de chegar lá, vê-lo e de a mágica de todas as nossas consultas com ele ser levada embora e nossa relação, cortada. Ele se tornaria "aquele que não percebera" — e eu não queria que isso acontecesse. Além do mais, eu ficara sabendo que sua adorada esposa estava gravemente doente, com câncer de mama, e me preocupava muito com a possibilidade de magoá-lo ou de sobrecarregá-lo com culpa, remorso ou tristeza no momento mais difícil de sua vida. Eu não queria parecer que o estava acusando de não ter se dado conta do diagnóstico e também tinha pavor de lhe dar a certamente perturbadora notícia de que seu adorado Benj não era o menininho saudável que ele imaginara. Mas eu precisava que ele acreditasse em mim.

Não víamos o dr. B. sem Benj desde a minha gravidez, e pareceu estranho estar naquela sala familiar sem a criança sobre a qual estávamos lá para falar. Assim que nos sentamos, despejei toda a história: lembrei-lhe de preocupações que eu já havia expressado, informei-o sobre o telefonema da pré-escola de Nova York, descrevi o site sobre hiperlexia e contei-lhe que as fonoaudiólogas e os psiquiatras que consultáramos tinham nos recomendado fazer uma avalição de desenvolvimento completa no Centro de Estudos da Criança de Yale. Ele ouviu pacientemente e não interrompeu nem uma vez sequer. Não parecia de modo algum perturbado, surpreso ou na defensiva. Quando terminei, ele aquiesceu com a cabeça, devagar. "Bem, concordo que ele precisa fazer a avaliação de desenvolvimento completa, não apenas uma avaliação da fala", disse. Eu me senti tão grata por ele estar reconhecendo a gravidade da situação, que deixei escapar um enorme e audível suspiro de alívio.

"O que você acha que há de mais diferente em relação a Benj?", ele perguntou. "Pode me dar um exemplo de algo que você acha que ele deveria ser capaz de fazer, mas não é?" Eu soube na hora como responder. "Bem, por exemplo, enquanto estávamos na sala de espera agora há pouco, uma menininha disse 'Oi, papai!' quando seu pai chegou. Benj jamais faria isso. Simplesmente não faria." Minha voz vacilou e lágrimas brotaram de meus olhos. O dr. B. aquiesceu. Ele entendia.

"Todos nós sabemos que Benjamin é um menininho peculiar, uma pessoinha incrível e fascinante", ele disse. "E também sabemos que às vezes a sociedade é rápida em rotular alguém que é diferente como 'deficiente'. Isso não significa que vocês não devam submetê-lo a essa avaliação. Com certeza é o que devem fazer. E vocês, e Benj, estarão em boas mãos no Centro de Estudos da Criança. Eles fazem ótimas avaliações — relatórios elegantes e eloquentes, na verdade. Não vão se precipitar em rotulá-lo." "É um alívio saber disso", interveio Richard, que estivera em silêncio até então. "Sim", disse o dr. B. "Vai ser difícil, mas tentem encarar todas essas avaliações como uma maneira de entender Benjamin até melhor do que vocês já entendem, como uma oportunidade de aprender mais sobre o seu incrível rapazinho e apreciá-lo." Richard e eu sorrimos um para o outro com os olhos marejados.

"E ter algumas sessões com uma fonoaudióloga vai ser ótimo para ele", o dr. B. continuou. "Ele é tão inteligente e gosta tanto de interagir; está fadado a fazer grandes progressos. Mas, apesar de que obviamente queremos ver esses problemas tratados, também queremos trabalhar para que os outros aceitem Benj como vocês o aceitaram."

O dr. B. se virou para mim mais uma vez. "Qual é seu temor mais profundo e mais sombrio quanto a Benj?", ele perguntou, com a voz mais gentil e mais respeitosa que se pode imaginar. "Que ele seja autista", respondi. "Por que isso a assusta mais do que tudo?", ele prosseguiu, com delicadeza. Mais uma vez senti as lágrimas vindo e o fitei com olhos suplicantes. "Porque

isso significaria que o cérebro dele é fundamentalmente dese-
quilibrado, que ele não poderia melhorar nem ficar bom ou que,
se pudesse, sua vida seria essencialmente pequena e limitada, e
que ele não teria aquilo que, acredito, é o que mais importa na
vida: relações de afeto e íntimas com outras pessoas." O dr. B.
sorriu. "Essa criança foi dada a você, Priscilla, por uma razão",
ele disse, olhando bem dentro de meus olhos com uma expressão de inabalável crença e absoluta confiança. Dei um pulo e
o abracei por muito, muito tempo. Suas palavras soaram como
uma bênção.

O dr. B. não poderia ter me dado um presente mais valioso
do que sua crença intuitiva de que eu seria capaz de ajudar e
fazer diferença na vida de Benj, que simplesmente amá-lo já significava "tratá-lo". Ele não menosprezava a importância de uma
avaliação clínica e expressou sua crença firme de que terapias
poderiam ajudar Benj a viver uma vida mais plena. No entanto,
também deixou claro que o tratamento mais importante para
Benj era amor. Ele encarou o ato da avaliação não como um
processo clínico frio ou como uma admissão de fracasso ou de
doença de parte de Benj, mas ainda como algo pleno de encantamento. Todos os questionários, os testes, as lacunas que eu
preenchera ou teria de preencher, ou listas de checagem que
eu preenchera ou que ainda teria de preencher eram explica-
dos retrospectiva e antecipadamente como formas de entender
Benj, não de dissecá-lo. Isso foi muito importante. Avaliação e
tratamento e intervenção foram definidos não como atos duros,
distanciados e agressivos de interrogação e classificação, mas mais
como investimentos de amor e energia, cuidado e atenção. O dr.
B. ressuscitou nossa visão romântica, mas de uma maneira mais
profunda, em seu consultório. Essa criança vai prosperar em
função do seu cuidado, Priscilla, ele me disse. Não se trata de
um rótulo ou de um diagnóstico. Trata-se ao mesmo tempo de
descobrir e preservar o mistério do self dele.

* * *

A avaliação formal no Centro de Estudos da Criança de Yale estava marcada para dali a dois meses, mas não havia tempo a perder. Ficara claro que a intervenção teria de ser profunda, ampla, e não um conserto rápido. Estávamos naquilo a longo prazo. Não haveria um momento sequer em que poderíamos relaxar ou baixar a guarda. Marcamos sessões de terapia regulares com terapeutas locais que vinham até nossa casa para trabalhar com Benj. Os terapeutas nos disseram que o fato de não o termos forçado a mastigar nem tê-lo deixado sozinho nas escadas era uma coisa positiva; ele precisava de nossos gestos de proteção, nossos abraços, nossos arranjos especiais. "Vocês perceberam intuitivamente que algo estava errado e o protegeram", a terapeuta ocupacional disse. "Claro, teria sido melhor se tivessem procurado ajuda mais cedo, mas não é tarde demais; ainda há um período em que é possível fazer grandes progressos." As dificuldades dele para mastigar foram atribuídas a um baixo tônus muscular oral-motor; ele precisava de tratamento — fazer bolas com chiclete, mastigar "tubos de mastigamento" — para fortalecer os músculos e essencialmente ensiná-lo a mastigar. Na primeira consulta com a terapeuta ocupacional, ela pediu a Benj que subisse uma escada e ele o fez, não sem esforço, segurando-se no corrimão com uma mão e nela com a outra. Mas e descer? Ele não fazia ideia de como fazê-lo. Ela ficou alguns degraus abaixo dele e pediu: "Venha até a Nicole". Ele pareceu profundamente perturbado, então pendeu para a frente e caiu nos braços estendidos dela. Sua dificuldade se devia, ela nos disse, a deficiências em "planejamento motor" e "sequenciamento". Ele provavelmente teria se engasgado, caído, se machucado feio caso o tivéssemos deixado se virar sozinho, se não tivéssemos feito os arranjos que fizemos.

Parte desse sentimento de defesa era partilhada por mim e por Richard; havíamos sido aliados, ainda que apenas privadamente, contra a insistência de minha mãe de que, se havia algo errado com Benj, a culpa era de seus pais. Eu também me sentia justificada diante de Richard. Tanto minha mãe quanto ele haviam menosprezado as inquietações que eu de tempos em tempos expressara quanto a Benj, ainda que por razões de todo opostas: Richard, um romântico cheio de esperanças, porque acolhia a excentricidade (e provavelmente se identificava com Benj em algum nível); minha mãe, uma pragmática racional, porque pensava que a culpa era do modo indulgente como lidávamos com Benj. Mas eu não queria perder tempo com recriminações ou indiretas. Tínhamos muito a fazer. E, por fim, estávamos reconhecendo e fazendo algo a respeito dos problemas de Benj, e isso nos trouxe algum alívio.

Richard e eu começamos a fazer toneladas de "terapia" com Benj — horas e horas de jogos de fala e exercícios físicos. Os terapeutas nos deram listas de atividades recomendadas para serem feitas em casa com Benj e assinalaram itens em catálogos de produtos terapêuticos. Comprei um pequeno trampolim para ele praticar pulos a cada poucas horas, uma grande bola inflável para chutar e jogar e sobre a qual se balançar, a fim de adquirir força muscular, infindáveis tubos de massinha de modelar e frascos de sabão de fazer bolhas, um banquinho para o treino de subir e descer, pinças e prendedores de roupa para prender pequenos objetos, sacos de tecido recheados com grãos para apertar e jogar em alvos. Fiz um "balde sensorial" — um Tupperware cheio de *macaroni* seco, pompons coloridos, feltro, cetim e pedaços quadrados de tecido, animais de borracha pegajosa, moedas e fichas de pôquer; usá-lo ajudava Benj a aprimorar sua motricidade fina de identificação e lhe dava experiências sensoriais de tocar tecidos e texturas diferentes. Richard ou eu ficávamos horas sentados com Benj apanhando pequenos objetos com pinças de plástico, colocando cavilhas em uma prancha furada, fazendo bolhas, bebericando suco com um canudinho. Para desenvolver suas habilidades linguísticas, pedíamos que colocasse objetos atrás, ao lado, na frente, sobre e embaixo da mesa ou da cadeira. Exemplificávamos para ele o processo de fazer escolhas entre alternativas: "Papai, você quer o livro vermelho ou o livro azul?", eu perguntava. "O *vermelho*, mamãe", ele respondia, ostensivamente pegando o livro vermelho de minha mão estendida. Cada vez que falávamos, era como uma intervenção. Eu me tornava hiperconsciente de tudo o que dizia e fazia em volta de Benj, tentando lhe mostrar a frase ou a reação correta, chamando sua atenção para que ele pudesse aprender com meu exemplo. "O livro caiu!", eu gritava; "Estou com fome", eu dizia, escancarando a porta da geladeira com força exagerada.

Minha mãe nos deu todo o apoio, conseguindo que Benj fizesse coisas que ninguém mais conseguia. Ela tinha uma habilidade incrível de convencê-lo a experimentar comidas novas. Formulava regras — "Me chame de vovó, Benj, vovó!" —, expressava-as em frases simples e curtas, e agia de forma coerente com elas. Ele respondia com alegria e as seguia de bom grado. Minha mãe era uma crente fervorosa na ética de trabalho protestante; "Todo mundo pode fazer qualquer coisa se se empenhar", dizia sempre, e o seu "Se você não conseguir de primeira, tente mais uma vez" se tornou um dos mantras mais reconfortantes e efetivos de Benj; ele o repetia para si mesmo com determinação quando se lançava a qualquer empreitada nova e difícil.

Comecei a fazer um "diário da fala" de toda e qualquer coisa que Benj dissesse e em que contexto; datilografava as notas semanalmente e as enviava à sua fonoaudióloga e à psicóloga de Yale que iria avaliá-lo. Eu me esforçava para entender e registrar tudo o que ele murmurava. Toda essa atenção excruciante a todo e qualquer movimento ou expressão de parte dele (e minha) era exaustiva, mas a atenção e a vigilância constante também me mantinham focada e me reconfortavam.

Parte do que eu estava aprendendo com minha própria pesquisa e com os terapeutas de Benj era que, por causa de suas limitações físicas (pouco tônus muscular congênito, fraqueza no tronco e na parte superior do corpo, dificuldade de planejar e executar movimentos complexos) e sua sensibilidade sensorial a barulhos e texturas, Benj não era e nunca seria uma criança leve, graciosa, livre como as de Wordsworth. Em toda a sua obra, o poeta celebra a energia, a graça e a exuberância física juvenis. As crianças de Wordsworth são intrépidas e descuidadas, aventureiras e empreendedoras. A criança Wordsworth "paira" "como um cabrito montês/ [...] sobre as montanhas", "orbita/ orgulhosa e exultante, como um cavalo indômito" e se regozija em seus "movimentos de animal contente". Lucy, a criancinha icônica de Wordsworth, é "esportiva como o gamo/ Que corre de satisfação pela relva,/ ou que salta montanha acima"; "sobre terreno árido e suave" ela "segue adiante" e "nunca olha para trás". A turma de Wordsworth faz um "estrondo" e um "tropel alto"; suas "explosões de alegria [fazem] [...] a montanha inteira ressoar". Benj não teria podido fazer parte do bando de meninos de Wordsworth; aquele "grupo tumultuado", aquela "multidão barulhenta", aquela turma "ruidosa" teria sido rápida demais, barulhenta demais, ousada demais, imprudente demais para o meu filho. Uma das razões que o faziam se movimentar com um equilíbrio tão precário e tropeçar tanto é que ele caminhava na ponta dos dedos do pé, o que, eu agora sabia, era um enorme sinal de alerta para distúrbios do espectro autista e outros transtornos de desenvolvimento. Benj não conseguia dar conta de percorrer um terreno irregular. E ele jamais deixava de olhar com frequência para trás, a fim de se certificar de que alguém estivesse próximo para guiá-lo e ajudá-lo. Ele não conseguia pular, saltitar ou dar cambalhotas. Diferentemente de Wordsworth e seus amigos, que sobem em árvores, patinam sobre lagos congelados e se jogam contra o vento, Benj, aos três anos de idade, tinha um profundo medo de subir em coisas, de se balançar, de escorregar.

E havia mais uma coisa que refreava Benj de se envolver apaixonadamente com a vida. O seguinte parágrafo, de *The Out of Sync Child* [A criança fora de sincronia], de Carol Stock Kranowitz, descreve com perfeição meu filho ansioso e relutante:

> Crianças com disfunção de is [integração sensorial] mostram reações pouco usuais ao toque e a experiências de movimento [...]. Se são hipersensíveis às sensações de toque (defensibilidade tátil), evitarão tocar e ser tocadas e vão se retrair de brincadeiras desordenadas, de contato físico com os demais, animais de estimação, certas texturas de tecidos, muitas comidas [...]. Se as crianças são hipersensíveis ou defensivas em relação a experiências de movimento, seus pés jamais sairão do solo. Rejeitarão brinquedos de playground e se recusarão a andar de carro ou elevador. Podem se recusar a ser pegas no colo [...] [este é] um problema de regulação, ou modulação, de estímulos sensoriais. Se são hiper-reativas a sensações, serão "sensorialmente defensivas" — alertas e sempre vigilantes a fim de proteger-se de riscos reais ou imaginários em um mundo assustador e confuso.

Quando sua terapeuta ocupacional nos deu pela primeira vez material sobre disfunção de integração sensorial, muita coisa sobre Benj começou a fazer sentido. Essa era a razão pela qual ele nunca gostara de ser pego no colo ou aninhado, e pela qual sempre rejeitara aproximações físicas — ele resistia a meus beijos, guardava certa distância de mim enquanto eu lhe lia uma história, sentava-se a certa distância quando assistíamos a um vídeo, e calma e metodicamente removia meu braço quando eu enlaçava seu corpo. Isso tudo me machucara muito; eu tinha levado essas reações para o lado pessoal. Agora, porém, entendia por que ele precisara fazer o que fazia.

A sensibilidade sensorial de Benj, sua necessidade de limpeza e ordem, sua rejeição de algumas texturas e sua ojeriza por sujar-se também explicavam suas ainda presentes dificuldades com comida e sua aversão a trabalhos manuais. Ele gritava "Limpe, limpe!" ou "Toalha de papel!" sempre que derramava qualquer partícula de comida em si mesmo e não relaxava até que tivesse sido completamente limpo. Ele fugia de qualquer coisa relacionada com artes plásticas. "Desenho, não!", gritava quando eu espalhava material de desenho sobre a mesa ou no chão. Muitas caixas de giz de cera de tamanhos variados e canetinhas, lápis de cor, tinta têmpera e rolos de papel-cartão de cores fortes, todos comprados na tentativa de atrair Benj, enchiam as prateleiras, intocados. O tratamento envolvia expô-lo a várias texturas e experiências sensoriais — pintar com as mãos, brincar com espuma de barbear ou cavar na areia ou enfiar a mão em *macaroni* cru. No início ele resistia, vacilava ou recuava, mas insistíamos e o persuadíamos a tentar. Essencialmente, queríamos deixá-lo confortável com a ideia de fazer bagunça e se sujar. De estar, em outras palavras, no mundo.

Além de sua defensividade tátil, outro obstáculo a um intercâmbio completo e fácil com o mundo era sua incrível sensibilidade a certos sons, ou hiperacusia. As atividades de dessensibilização incluíam expô-lo a "brinquedos falantes" e brinquedos que guinchavam ou zumbiam (cada vez que um item novo era introduzido, Benj imediatamente se retirava para o canto da sala), tocando fitas com vários sons (violino, moto, alarme de carro), e ensiná-lo a cobrir as orelhas ao se preparar para ouvir alarmes de elevador e buzinas.

A sensibilidade sensorial de Benj lhe dificultava a interação com outras crianças pequenas, e sua inabilidade de brincar com seus pares era uma das coisas que mais me faziam sofrer por ele. Em sua primeira experiência grupal organizada com outras crianças, uma aula de música e movimento na qual o matriculamos por volta da época em que descobrimos o site de hiperlexia, cada vez que outra criança ia até ele, Benj se enrijecia e/ou se afastava. Ele ficava extremamente apreensivo quanto aos ruídos e às atividades físicas das outras crianças. Os movimentos repentinos e imprevisíveis e os sons inesperados delas, muitas vezes desagradáveis, eram como uma ameaça para ele.

A dificuldade de Benj com a interação recíproca era uma de suas qualidades mais notoriamente "não românticas". Embora falasse sem parar, quando foi avaliado pela primeira vez Benj mostrou-se incapaz de conversar, mesmo que no nível mais básico. Uma das razões primárias para isso era sua inabilidade de entender a diferença entre "eu" e "você". Ele não usara pronomes pessoais corretamente nem dissera "eu" para se referir a si próprio antes dos quatro anos de idade (aprendi com nossa fonoaudióloga que a maior parte das crianças começa a usar pronomes aos dois anos e domina completamente essa habilidade aos três). Quando a terapeuta chegava com uma sacola cheia de brinquedos e jogos, Benj dizia: "O que tem na minha sacola?" ou "Abra a minha sacola". "Abra a sua sacola, Sharon", Sharon mostrava para ele. "Eu, Sharon" (apontando para si mesma), "vou abrir a sacola para você, Benjamin, olhar lá dentro."

Antes de ficarmos sabendo sobre a hiperlexia, Richard e eu jamais teríamos dito que Benj apresentava "problemas para responder a perguntas". Ele conseguia responder facilmente a perguntas como "Que cor é esta?", "O que é isso?" ou "Onde está o pássaro nesta imagem?". E conseguia responder uma fiada de perguntas que teriam confundido, desafiado ou deixado atônitas não apenas a maior parte das crianças de três anos, mas muitos adultos também. Se você lhe perguntasse: "De que época é Mozart/Bach/Tchaikovsky?", no mesmo instante ele responderia: "Clássico/Barroco/Romântico!", e em resposta a "Qual é a capital do estado de Nevada?" ele declararia, triunfalmente: "Carson City!". Ele retirava esse conhecimento de seus livros, enciclopédias, DVDs e de livros e cartuchos interativos/programas Leap Pad. Mas a menos que as perguntas contivessem uma base factual ou estivessem conectadas com seu estoque surpreendente de conhecimento muitas vezes misterioso ("O instrumento mais agudo de uma orquestra é o flautim!", "Plutão é o planeta mais distante do Sol!"), Benj ou ignoraria completamente seu interlocutor ou repetiria a pergunta com um sorriso. Perguntas mais abertas, como "O que você fez hoje?", eram até mais difíceis, e "O que você quer fazer?" e "Como está se sentindo?" lhe eram impossíveis de responder.

As estratégias convencionais para ensinar linguagem a crianças hiperléxicas eram inerentemente não românticas, e o que fomos aconselhados a fazer com Benj ia contra tudo o que eu desejara para a educação de meu filho. Embora, ou talvez justamente porque tivesse frequentado escolas tradicionais, eu pendia fortemente para uma educação progressista para meus próprios filhos. Mas o *Hyperlexia Handbook* [Manual da hiperlexia] me dizia para "esperar por um aprendizado decorado e aceitá-lo", e que "a linguagem da solução de problemas — fazer perguntas e respondê-las — deve ser especificamente ensinada". Em vez de incentivar Benj a falar de forma espontânea, éramos instruídos a "ensinar roteiros para orientar a criança exatamente sobre o que dizer" (*Hyperlexia: Therapy That Works* [Hiperlexia: Terapia que funciona]). Alguns dos roteiros mais importantes envolviam pedidos simples: "Preciso de ajuda", "Tudo certo", "Olhe", "Eu quero", "Quero mais", "Mais, por favor". Que Benj não respondesse a perguntas básicas nos parecera uma recusa imponente de se entregar a conversa fiada; sempre tínhamos achado que ele simplesmente não queria respondê-las — que não queria ser importunado. Mas agora nos dávamos conta de que ele de fato não sabia como responder. Então listamos perguntas frequentes e lhe ensinamos respostas apropriadas:

"Qual é o seu nome?" "*Meu nome é Benjamin.*"

"Quantos anos você tem?" "*Tenho três anos.*"

"Como vai?" "*Vou bem.*"

"Quando é o seu aniversário?" "*Meu aniversário é no dia 16 de março.*"

"Você é menino ou menina?" "*Sou menino.*"

Anotávamos as perguntas e as respostas em cartões que ele carregava consigo e lia para si mesmo. Como sua memória era extraordinária, ele conseguiu aprendê-las muito rapidamente. O problema era que memorizava tanto a pergunta quanto a resposta, e as memorizava em sequência. Demorou bastante tempo até que ele deixasse de lado a parte da pergunta!

Eu sabia que essa abordagem roteirizada funcionaria com Benj, mas ainda assim era muito difícil para mim aceitar que o fluxo espontâneo de uma conversa nunca seria natural para ele. Assim, mesmo enquanto ele fazia grandes progressos, memorizando respostas adequadas e começando a responder de forma apropriada, eu muitas vezes me perguntava: sim, ele está aprendendo a "funcionar", mas será que está de fato aprendendo a se relacionar profunda, flexível e autenticamente com os outros? Ou será que estamos apenas o ajudando a "se virar", a chamar menos atenção? Será que ele algum dia vai experimentar a intimidade genuína? Será que algum dia ele vai ser real?

Essa preocupação foi uma das razões pelas quais, ao mesmo

tempo que usávamos roteiros e linguagem padrão, gravitávamos na direção da abordagem de Stanley Greenspan, um psiquiatra que foi pioneiro na noção de tempo *floor time* (ir para o chão com seu filho e seguir suas orientações) e na terapia por meio de jogos como tratamento para crianças com distúrbios de desenvolvimento. Abracei com alegria os princípios de Greenspan: focar nas emoções, ajudar a criança a expressar seus sentimentos, incentivar a exploração imaginativa e a criatividade.

A fonoaudióloga de Benjamin, que recomendara Greenspan para nós, nos disse que ele apresentava um déficit em brincadeiras de faz de conta, ou "habilidades lúdicas deficientes". Eu não havia pensado em jogos e brincadeiras como uma habilidade, mas, assim que mencionou isso, eu soube que ela tinha razão. A maior parte das crianças se fantasia com as roupas dos pais, faz de conta que está falando no telefone, que está cozinhando, que está fazendo as tarefas domésticas, que está alimentando alguém, abraça e coloca um bicho de pelúcia ou uma boneca para dormir. Benj nunca se interessou por brincadeiras de faz de conta desse tipo. Quando começou o tratamento, suas "brincadeiras" favoritas eram cutucar várias superfícies — a máquina de lavar roupa, vidros, maçanetas — com uma caneta ou uma baqueta de xilofone para extrair o que para ele era uma série fascinante de sons, recitar com perfeita entonação e expressão um esquete de dez minutos de um vídeo de *Vila Sésamo* e arrumar seus Legos e cubos em uma sequência numérica complicada. Desde que começara a ler, nomes de marcas eram mais importantes do que o brinquedo em si. "Fisher-Price!" "Playskool!", ele gritava, agitando seus bonequinhos no ar. Ele os tratava como objetos, da mesma maneira como tratava os cubos. Não os punha para fazer coisas, conversar, beijar, se movimentar. Mas eu pensara que era porque ele não queria, não que o fato de não fazê-lo sinalizasse um déficit ou problema. E descobrir que sua falta de interesse em minhas iniciativas de brincar não era algo que ele pudesse superar era ao mesmo tempo tranquilizador — eu nunca mais levaria isso para o lado pessoal — e entristecedor. Porém, muito mais forte do que minha tristeza de perder a relação que, eu havia imaginado, teria com meu filho era a minha tristeza por ele. Eu sentia muita tristeza por ele. Quanto ele não perderia! A imersão em ficções e brincadeiras de faz de conta que minha irmã e eu tivéramos fora um descanso e um amortecedor contra a dor e a perda. Ao mesmo tempo criara e sustentara a profunda relação entre nós. E fora nesse reino que nos sentimos mais inteiramente vivas, felizes e livres. O que Benj faria sem essa alegria e esse apoio?

De início, a ideia de ludoterapia pareceu absurda para mim. Em última análise, o próprio termo é um oximoro. Mas logo descobri que brincadeiras e jogos imaginativos eram possíveis para Benj apenas se organizados de forma estruturada. Ele precisava que lhe mostrassem como construir com cubos ou Lego, fazer um piquenique, situações de faz de conta com pequenos bonecos. Uma vez que tivesse aprendido uma rotina básica, nós tentávamos incentivar ligeiras mudanças ou ampliações. Por exemplo, a brincadeira do piquenique envolvia distribuir pratos e talheres para os "convidados", geralmente seu Garibaldo, Elmo e Come-Come de pelúcia, perguntar o que gostariam de comer e beber, servi-los e arrumar as coisas. Alterações poderiam consistir em oferecer tipos diferentes de comida ou convidados diferentes, e em todas elas Benj demonstrava muita resistência. Em outras ocasiões, eu o punha sentado com um conjunto da Fisher-Price: um zoológico, um ônibus escolar, uma fazenda. De início, era agonizantemente difícil conseguir que ele fizesse qualquer coisa além de murmurar consigo mesmo ou alinhar as peças. Benj resistia com teimosia a esse tipo de tarefa, e eu oscilava entre me sentir frustrada por sua falta de cooperação — eu o abordava com tanto entusiasmo e animação e não vinha nada, absolutamente nada, de volta — e me perguntar por que ele precisava fazer exatamente aquilo que não lhe interessava. Mas aos poucos ele começou, ao menos, a repetir situações que eu lhe havia indicado (como fazer com que o fazendeiro recolhesse os animais para a noite ou os alimentasse com feno), e às vezes surgiam algumas faíscas de criatividade: um porco acorda mais cedo! O fazendeiro vai dormir em sua cama. Não demorou até que essas pequenas faíscas passassem a parecer grandes avanços.

No geral, as coisas estavam caminhando bem. Os resultados da avaliação de Yale, conduzida por uma psicóloga durante três semanas de abril, eram promissores: Benjamin não se enquadrava "no critério para diagnóstico de um transtorno do espectro autista" — sobretudo porque era tão "animado" e "ligado" —, e o transtorno de linguagem e os atrasos de motricidade fina e ampla que a avaliadora identificou já haviam progredido significativamente desde quando o relatório fora redigido. Em 1º de julho, eu seria professora assistente de literatura de língua inglesa em Vassar. Embora um ano antes estivesse prestes a começar uma nova carreira e uma nova vida em Nova York, na sequência do Onze de Setembro e de minhas descobertas sobre Benjamin eu me afastei da ideia de mudança e de riscos. Quando Vassar fez à nossa família uma oferta extremamente tentadora — uma atraente vaga de professora de carreira para mim e um cargo de meio período garantido para Richard, em um lugar que ficava a uma hora e meia da cidade de Nova York, mas em uma região segura, rural e de preços razoáveis —, não hesitei. Usamos parte da herança que Richard recebera dos pais para dar de entrada na compra de uma casa grande e adorável a pouco mais de dois quilômetros do campus. Já que tanto Richard quanto eu iríamos fazer parte do corpo docente, Benjamin foi aceito na excelente pré-escola experimental de Vassar sem precisar fazer visitas ou ser entrevistado, e recebemos um desconto significativo para sua mensalidade. Nós nos sentimos muito afortunados e aliviados. Mas agora um novo e enorme desafio pairava sobre Benj, e sobre nossa família: a chegada iminente de seu irmãozinho.

She's happy here, is happy there,
*She is uneasy every where.**
Wordsworth, *"The Idiot Boy"*, sobre uma mãe

A ansiedade normal de uma mãe à medida que o nascimento de seu segundo filho se aproxima — Como o filho mais velho vai lidar com o mais novo? Como ela vai conseguir amar o novo tanto quanto o primeiro? — foi ainda maior para mim pelo fato de que o meu mais velho acabara de ser diagnosticado como tendo necessidades especiais, que faziam com que fosse especialmente difícil para ele lidar com um bebezinho. Eu sabia que o caos e o rebuliço que um recém-nascido traz seriam um grande problema para Benj, ordeiro e ligado à rotina por natureza. Como ele, com sua sensibilidade acústica, contornaria o barulho do choro? Como eu daria conta das horas de trabalho terapêutico com ele quando estivesse dormindo pouco e amamentando

---

* "Ela é feliz aqui, é feliz ali,/ Em nenhum lugar se sente confortável." (N. T.)

24 horas por dia? Como eu faria para continuar a lhe dar o tempo, a atenção, a dedicação ilimitada de que ele precisaria para se desenvolver quando havia outra criança para cuidar? Uma vez que o bebê chegasse, Benj não seria mais "o único [...] brilhando no céu" da nossa família ("No caminho ermo morava"). E como eu poderia dar ao novo bebê o olhar e o cuidado atento que ele merecia, o respeito às suas necessidades individuais, se estava tão envolvida nos cuidados com Benjamin?

Tentei preparar Benj com livros como *I'm a Big Brother* e *The New Baby*, de Rogers.* Mostrei-lhe as roupinhas que ele uma vez usara e o fiz me ajudar a lavá-las, secá-las e dobrá-las. Nós o levamos conosco para comprar uma cadeirinha para o carro e fraldas. Também o levamos para uma "aula de irmão" no hospital Yale-New Haven. Eu não sabia dizer quanto disso era registrado por Benj, se é que algo o era.

E então, no último trimestre de minha gravidez, recebemos notícias alarmantes. Um ultrassom mostrou um "estômago fetal aumentado" e nos disseram que o bebê talvez tivesse uma obstrução intestinal que requereria cirurgia imediatamente após o nascimento. Os médicos chegaram mesmo a mencionar a possibilidade de haver outras anomalias associadas (do coração ou urinárias), e também surgiu a preocupação quanto ao desenvolvimento do bebê. Eu deveria ser monitorada com atenção durante o restante da gravidez. No oitavo mês, fiquei de repouso quando minha pressão subiu e fiz com que Benj se juntasse a mim na cama para leitura e atividades terapêuticas. Meu diploma de doutorado me foi enviado pelo correio, já que não tive condições de ir à formatura em Yale. Algumas semanas antes da data prevista para o parto, nossa babá foi hospitalizada com um

---

* Fred Rogers (1928-2003): pedagogo, escritor e apresentador de programas infantojuvenis americano. (N. T.)

coágulo próximo ao coração, e daquele ponto em diante Benj precisou nos acompanhar à maior parte de minhas consultas — três vezes por semana — ao médico. Enquanto eu era examinada, Richard passeava com Benjamin pelo consultório do médico e pelo hospital, contando portas, lendo placas, em uma tentativa de tranquilizá-lo. Benj começou a acordar no meio da noite (coisa que não fazia mais desde que era bebezinho) e repetições de falas de vídeos tornaram-se mais frequentes.

No entanto, uma semana antes da data prevista para o parto, nossa rede de apoio voltou à ativa: nossa babá foi liberada pelo médico, e minha mãe retornou de uma longa viagem à Europa e ficou a postos para vir assim que eu entrasse em trabalho de parto. E, para nosso enorme alívio, o trabalho de parto e o nascimento de James foram relativamente rápidos e fáceis, e ele nasceu rosado, saudável e chorando com energia.

A partir do momento em que ouvi seu primeiro choro, me senti conectada a ele. Depois que ele foi lavado e então enrolado nos cobertores do hospital, a enfermeira o entregou para mim e ele imediatamente se aconchegou em meu peito. Quando eu acariciava sua bochecha, ele mamava vigorosamente. Quando o aninhava, ele parava de chorar. Ele me fitava com enormes olhos azul-escuros, "sorvendo os sentimentos dos olhos de sua mãe", mantendo "diálogos silenciosos com o coração de sua mãe" (Wordsworth, "Blest Babe" [Abençoado bebê]). A primeira meia hora depois de amamentá-lo foi um período tenso, e a equipe de pediatras estava a postos, esperando para ver se ele iria ou não vomitar (o que corroboraria a tese de uma possível obstrução intestinal e a necessidade de uma tomografia). Mas quando ele foi capaz de absorver aquela primeira mamada, houve uma onda de gratidão e alívio. E quando ele foi levado para tomar seu primeiro banho, ou à noite, para o berçário, para que Richard e eu pudéssemos dormir um pouco, senti uma falta terrível dele, e sempre sabia quando ele estava prestes a voltar; eu acordava e sentava num minuto ao ouvir seu choro — instantaneamente reconhecível entre a cacofonia de choros de uma ala de maternidade enquanto ele era trazido pelo corredor até meu quarto. Aquele era o tipo de conexão mãe-filho que eu sempre havia imaginado.

Mas assim que chegamos em casa, surgiu um aspecto mais complicado da necessidade de James por mim. Ele era o que pediatras politicamente corretos chamam de "bebê com altas demandas". Era chorão, e chorava alto; era difícil suportar seus faniquitos agudos. Ele ansiava pelo toque e pela voz humana. Não conseguia dormir no berço, porque havia espaço demais à sua volta; ele se inquietava e se mexia, claramente procurando alguma segurança contra o vazio. A única maneira de fazê-lo relaxar o suficiente para poder pegar no sono era amarrá-lo bem apertado na sua cadeirinha de carro e preencher cada centímetro de espaço entre seu corpo e a estrutura com cobertorzinhos enrolados. Eu tinha que carregá-lo comigo para toda parte. Ele precisava estar bem apertado, acariciado, beijado e aninhado virtualmente o tempo todo. Nós o chamávamos de "nossa criaturazinha da floresta", de tanto que ele ansiava por grutas, tocas, ninhos. Sua carência, seu eterno aconchegar-se eram adoráveis, ainda mais considerando-se o alheamento de Benj quando bebê, mas também eram exaustivos. Três semanas depois de seu nascimento, desenvolvi uma mastite severa e tive de lutar contra a febre alta, tremores e calafrios.

Benj, porém, nos surpreendeu ajustando-se de forma resiliente àquele novo ser estranho entre nós. Depois de ouvir minha mãe exclamar "Ele é tão pequenininho!" ao conhecer o minúsculo James, Benj dizia "Ele é tão pequenininho" vezes sem conta, com frequência como uma espécie de mantra quando James se mostrava especialmente difícil. Ele também recitava frases de livros sobre recém-nascidos — "Bebês choram muito", "Mamães precisam de tempo para cuidar dos bebês", "Bebês choram para se comunicar" — a fim de fazê-lo superar os momentos penosos. E ao mesmo tempo que a instabilidade de James o deixava assustado, ele também era verdadeiramente fascinado pelo irmão. Ajoelhava-se ao lado do bebê em sua cadeirinha de carro ou então ficava próximo de mim enquanto eu o segurava e estudava James com um maravilhamento contemplativo. Um mero bocejo, gemido ou movimento provocavam nele uma reação divertida: "Ele bocejou!"; "Ele fez um barulho!"; "Ele está se mexendo!". Dei-lhe tarefas que o fizessem se sentir útil e conectado com o irmão: transportar fraldas e cantar para ele junto comigo. Quando lhe contei que havia escolhido o nome de James por causa da música "Sweet Baby James", e que podíamos cantar essa canção para ele, Benj ficou maravilhado por ter um bebê para quem poderíamos usar as palavras corretas — ele sempre resistira quando eu trocava "James" por "Benj" ao cantá-la. Cada vez que chegávamos ao verso *"sweet baby James"*, ele dava uma ênfase sorridente ao "James".

O bebê parecia sempre se acalmar quando Benjamin falava. Então, uma tarde, levei um James especialmente inquieto para o quarto do irmão e me sentei com ele na cadeira de balanço na qual eu amamentara Benj. A este, que acabara de acordar de sua soneca, dei uma pilha de livros e perguntei: "Quer ler para o James?". Benj disse: "Ler para o James", abriu o primeiro livro e começou a ler, dando uma olhada de tempos em tempos para se certificar de que o bebê e eu estávamos ouvindo. Quase no mesmo instante em que Benj começou a ler, James se acalmou. Havia uma estabilidade extraordinária no ar enquanto Benj lia livros familiares com seu cicio gutural. Se ele fizesse uma pausa longa demais de uma página a outra ou entre um livro e outro, James começava a choramingar. "Ele adora quando você lê, Benji.

Acho que ele quer mais", eu lhe dizia gentilmente. "Quer mais", Benj replicava, e continuava lendo. Richard ficava em silêncio junto à porta, gravando a cena. Olhando para Benj através das ripas do berço, sentindo o peso morno de James em meus braços, eu tinha uma incrível sensação de paz e alegria:

Love, now a universal birth,
From heart to heart is stealing,
From earth to man, from man to earth:
— It is the hour of feeling.*

Wordsworth, "To My Sister"

Quatro meses depois do início de tratamentos profissionais e seis a oito horas por dia de "terapia" com os pais, Benj estava de acordo com sua idade no que dizia respeito às habilidades de motricidade fina e quase de acordo com sua idade para habilidades de motricidade ampla, e tinha conseguido progressos incríveis com a fala. Estava cortando com tesouras, amarrando contas e subindo e descendo escadas sem ajuda. Havia dominado todos os tipos de solicitação — "Eu quero" e "Por favor me ajude" eram as mais importantes — e até começara a inventar novas frases (frases que ele criava, em vez de apenas repetir). Com frequência vinha perguntando "O que é isso?", e entendia e estava começando a usar "Porque", "Se..., então" e "Como?". Também estava começando a dizer "Sim" em vez de responder com ecolalia para expressar sua aprovação ou seu consentimento, e a ecolalia em geral havia despencado dramaticamente. Ele tinha se tornado muito mais capaz de escolhas entre alternativas. Richard e eu estávamos nas nuvens.

---

* "Amor, agora um nascimento universal/ De coração para coração está roubando/ Da terra ao homem, do homem à terra/ — É a hora do sentimento." (N. T.)

Mas no final daquele verão nos mudamos para Pough-keepsie, onde eu começaria em meu novo emprego em Vassar, e Benj precisou se adaptar a um novo lar, começar a trabalhar com novos terapeutas e a ir para a escola pela primeira vez — tudo isso no período de uma semana. Entrevistei muitos terapeutas em potencial e morri de agonia quanto à decisão. A falta que sentíamos das terapeutas antigas era terrível e nos preocupávamos com o fato de Benj perder aquelas pessoas, às quais se tornara fortemente ligado. Não tínhamos certeza se nossas explicações sobre por que tivéramos de sair de New Haven faziam sentido para ele. Quão confuso e desorientado estaria se sentindo? Continuaria a fazer os mesmos progressos incríveis sem aquelas duas magníficas terapeutas que haviam se conectado profundamente com ele e entendiam tão bem como motivá-lo e inspirá-lo? E se todo o progresso dos últimos seis meses fosse revertido? E se seu desenvolvimento empacasse, e ele não fizesse mais os grandes avanços que vinha fazendo? Será que eu tinha tomado a decisão certa de mudar a família para Poughkeepsie e não para a cidade de Nova York, onde haveria uma variedade muito maior de escolas, médicos e terapeutas para escolher?

Tínhamos agora uma nova pediatra, a dra. P., que era muito menos agradável do que o dr. B. Essa médica, que nos fora muito bem recomendada por outra professora de Vassar cujo filho tinha diagnóstico de síndrome de Asperger, nos advertiu severamente contra a pré-escola na qual já havíamos matriculado Benj — "Nunca vão aceitá-lo nem farão vocês se sentirem confortáveis", ela disse — e nos submeteu a um bombardeio de perguntas rápidas cujas respostas ela parecia já saber, em sua presunçosa certeza: "Ele gosta de trens?"; "Ele detesta doces, certo?"; "Ele tem medo de supermercados?". Ela acertou menos de metade das perguntas. Também fez pronunciamentos soberbos sobre o que "crianças como Benjamin" (uma frase que sempre nos deixava arrepiados) fazem, temem, no que se transformam. Assim que foi possível, passamos a consultar outra médica da clínica.

Nós nos mudamos para nossa casa dois dias antes de as aulas de Benjamin começarem. James estava com dois meses e quase não dormia à noite. Nos dias que antecederam a mudança, eu havia escrito para Benj uma historinha sobre se mudar, e ele a lia e se referia a ela com frequência, repetindo frases tranquilizadoras para si mesmo: "Vamos levar todos os nossos livros e brinquedos, nossos desenhos e móveis para a nova casa". No dia da mudança, e nos primeiros dias na casa nova, ele nos surpreendeu com sua atitude alegre e descontraída. Lia os nomes nos crachás dos funcionários da empresa de mudanças e contava as caixas. Ao chegarmos, demonstrou muito entusiasmo e curiosidade quanto ao novo ambiente. Adorou a casa nova, grande e com vários cômodos a serem explorados e uma cozinha integrada à sala de estar e à copa com mais de oito metros quadrados onde dava para correr de um lado para o outro, e o fato de que ele e James tinham cada um seu próprio quarto (no apartamento, James dormia no nosso).

Mas assim que começaram as aulas, começaram também os problemas. Eu conversara com a diretora da escolinha sobre o histórico de desenvolvimento de Benj e entregara à sua professora um relatório do Centro de Estudos da Criança de Yale, além de relatórios feitos por sua terapeuta ocupacional e por sua fonoaudióloga. Mas mesmo com toda essa preparação as primeiras semanas na escola foram torturantes. Todos os dias me eram relatadas as dificuldades que os membros da equipe estavam tendo com Benjamin, que era incapaz de lhes expressar seus sentimentos de forma clara e resistia muito a várias atividades ou então se fechava, em silêncio. Benj abordava outra criança lendo o logotipo no seu boné de beisebol ou recitando uma sequência de diálogo de um episódio de *Vila Sésamo*, e o coleguinha ficava olhando atônito para ele. Benj, por sua vez, olhava atônito quando outra criança o cumprimentava com um entusiasmado "Oi!" ou "Como você se chama?". "Quer brincar?", convidava uma criança e, quando Benj a ignorava ou eventualmente respondia "Quer brincar?", ela, perplexa, perguntava de novo: "Não, VOCÊ quer brincar?" e acabava se afastando, confusa e frustrada. As professoras também pareciam perplexas: não sabiam como abordar ou ajudar Benj. Quando já haviam se passado duas semanas do ano letivo, fomos chamados para uma reunião com as professoras e a diretora, e pareceu que havia uma boa chance de ele ser convidado a se retirar da escola. Será que a dra. P. estava certa?

Mas, graças a detalhadas discussões, conversas e trocas de e-mails diárias com a equipe, e com o apoio da nova terapeuta ocupacional e da nova fonoaudióloga, que eram maravilhosas e trabalhavam com Benj na escola assim como em casa, as professoras acabaram encontrando maneiras engenhosas de lidar com ele, lançando mão de seus potenciais e de usar esses potenciais para tratar ou mesmo superar suas fraquezas. Uma das professoras conseguiu vencer sua resistência a usar um guarda-pó na aula de arte ao bolar um jogo que desmembrava o ato de vesti-lo em uma série divertida de ações rítmicas e rimas musicais. As professoras facilitavam a interação de Benjamin com os colegas ao lhe pedir que lesse histórias para eles, distribuísse crachás com nomes, anunciasse os números na hora do bingo e cuidasse do caixa na lojinha de faz de conta. Durante um módulo em que o tema era o cérebro, elas fizeram as crianças formar uma longa linha com Benj no final: cada aluno era um neurônio e Benj era o cérebro. Deram um bilhete para a primeira criança da fila, esta passou o bilhete para a próxima, que passou para a seguinte, e assim por diante. Quando o bilhete chegou a Benj, ele recebeu a instrução de abri-lo e lê-lo para os outros.

Ainda assim, as preocupações persistiam; Benj era muito reticente, se recolhia em si mesmo e se distraía com muita frequência, ficava inacessível em momentos cruciais. A meu pedido, a psicóloga de Yale conversou com as professoras da escolinha e no final de outubro me mandou o seguinte relatório sobre as conversas que tivera:

> Elas viram melhoras significativas em Benjamin desde o começo do ano, mas continuam preocupadas com sua tendência a se recolher e a se distrair quando alguém não pode ficar com ele [...]. Eu disse a elas que acho que Ben poderia aprender a escolher atividades quando começa a se distrair [...]. Eu também disse que não achava que era a pior coisa do mundo Ben sair caminhando distraído em algum momento do dia. [Elas] me perguntaram que metas deveriam ter para Ben. Eu disse: formar relações com suas principais professoras, continuar a desenvolver habilidades de brincar e jogar, e sentir e expressar seus sentimentos de maneiras que as professoras possam compreendê-lo.

Fiquei muito grata por sua defesa, e suas palavras me lembraram um dos poemas mais famosos de Wordsworth:

> *Solitário qual nuvem vaguei*
> *Pairando sobre vales e prados,*
> *De repente a multidão avistei*
> *Miríade de narcisos dourados;**

São os passeios solitários do poeta que o capacitam a se surpreender com a beleza natural, e sua descoberta o sustém e o inspira em futuros momentos de solidão:

---

* Tradução de Alberto Marsicano e John Milton, p. 85. (N. T.)

[...] quando me deito num torpor,
Estado de vaga suspensão,
Eles refulgem em meu olho interior
Que é para a solitude uma bênção;
Então meu coração começa a se alegrar,
E com os narcisos põe-se a bailar. *

Era verdade que, se ficava só, entregue completamente a fazer o que quisesse, Benj costumava se perder, no mau sentido, e de tempos em tempos precisava ser puxado para uma atitude de real interação. Ele podia passar o dia sozinho tranquilamente, perdido em atividades aparentemente "improdutivas" — tamborilando os móveis, recitando ou murmurando consigo mesmo, fazendo uma bola ou uma gude rolar pelo chão. Mas, ao mesmo tempo que eu sabia que as professoras estavam certas de pressioná-lo em direção ao grupo, também sentia que às vezes Benj precisava simplesmente ficar só. E eu pressentia que muitas de suas atividades ostensivamente perseverantes eram na verdade mecanismos que o ajudavam a vencer desafios ou explorações interessantes. Fiz com que sua terapeuta ocupacional o observasse na classe, e ela concordou comigo que às vezes ele só precisava de um pouco de tempo sozinho para "se reorganizar" e que aquilo que podia parecer um devaneio ou uma atividade sem propósito era, na verdade, útil para ele. Ela escreveu para as professoras:

Benj às vezes pareceu hiperestimulado na sala de aula. Ele saía de uma área estabelecida para a atividade e devaneava. Esses intervalos são, provavelmente, uma maneira de ele se organizar e se preparar para tomar parte nas tarefas propostas [...]. Esses intervalos à parte dão a Benj tempo para processar a atividade e o preparam para participar.

* Tradução de Alberto Marsicano e John Milton, p. 85. (N. T.)

Embora a terapeuta ocupacional não o tenha dito, eu também sabia que nos momentos em que se distanciava Benj estava investigando, realmente explorando, os sons que as coisas faziam, brincando com andamento, ritmo e volume — que aquilo que, aos olhos de um professor ou de um pai, parecia mera distração ou perda de tempo podia na verdade encerrar algum significado ou propósito mais profundo para ele.

Com orientação e apoio da terapeuta ocupacional, e com minhas sugestões, as professoras acabaram encontrando um bom ponto de equilíbrio entre tentar integrar Benjamin ao grande grupo e lhe dar o espaço que ele precisava para ficar sozinho:

Not seldom from the uproar I retired
Into a silent bay, or sportively
Glanced sideway, leaving the tumultuous throng,
To cut across the image of a star
That gleamed upon the ice*
The Prelude, I (Wordsworth sobre si mesmo quando menino, deixando seu grupo de amigos)

Ao ouvir histórias sobre ele de suas professoras e terapeutas e ao observá-lo, eu me vi frequentemente tomada de admiração por Benj. Por sua coragem, sua perseverança e determinação, sua abertura e seu conhecimento. Como as professoras apontaram no relatório de novembro, pela "maneira corajosa como ele aceita os pequenos desafios que lhe são dados todos os dias (pendurar o casaco em um gancho ou pedir a um amigo para ajudá-lo a tirar o guarda-pó)". Pela maneira como ele enfrentava

---

* "Muitas vezes do alvoroço me afastava/ Até um recanto silencioso, ou/ Olhava ao redor, deixando o grupo,/ Para atravessar o reflexo de uma estrela/ Que refulgia sobre o gelo." (Exceto pelo último verso, a tradução é de John Milton e Alberto Marsicano, p. 39.) (N. T.)

todos os novos desafios que suas terapeutas lhe apresentavam: um brinquedo barulhento, uma xícara da qual beber, um jogo cujas regras ele não conseguia entender. Pela maneira diligente como trabalhava para dominar a linguagem conversacional (sua fonoaudióloga nos disse que ele estava aprendendo a falar do mesmo jeito que uma pessoa não nativa aprenderia — estava tendo que decifrar tudo). Quando eu pensava sobre o que na verdade se passava no cérebro e no sistema nervoso de Benj, seu desempenho parecia incrível. Como cada dia deve ser difícil para ele! Tantas demandas com que lutar, tantas novas situações às quais responder. Que extraordinário ele ser tão exuberante e otimista! Ele sempre se mostrava disposto a aprender e a tentar. E quando estava feliz, ninguém era mais incandescente.

Graças aos céus a escolinha vinha funcionando melhor para Benj, pois eu estava por um fio, tentando gerenciar todos os detalhes e preencher todas as exigências de nossa nova vida. Tanto Richard quanto eu começamos a lecionar apenas três dias após a mudança, e aquelas primeiras semanas foram cheias de uma série aparentemente infindável de reuniões, festas, sessões de orientação, cafés ou almoços para conhecer os colegas. Estávamos pegando o jeito não apenas de Vassar, mas também de Poughkeepsie: descobrindo onde comprar comida, tênis para Benj e material de escritório, pesquisando novos dentistas e médicos, procurando uma lavanderia, uma loja de *bagels*, uma farmácia. Mal tivemos tempo de desencaixotar o essencial, e eu vivia cavoucando as caixas para encontrar um livro de que necessitava para a aula, cartões para mandar bilhetes de agradecimento, registros médicos para nossos novos médicos. A casa fora construída fazia pouco tempo, e havia muitas coisinhas para resolver: vazamentos, problemas com o esgoto, eletrodomésticos e tomadas que não funcionavam, uma infestação de vespas no deque. Todas as noites eu olhava para as caixas por abrir, os quadros ainda por pendurar, os espaços vazios onde novos móveis seriam necessários e pensava: "Vai demorar pelo menos um ano até que estejamos instalados aqui". Não havia tempo para descansar.

O final daquele outono e aquele inverno foram como uma grande e esmagadora mancha de cansaço e doença. Richard e eu estávamos dando aula para calouros do curso de inglês e tínhamos toneladas de redações para corrigir, e três de minhas cinco disciplinas daquele ano eu nunca havia lecionado antes, de forma que estava elaborando programas de conteúdo e planos de aula a partir do zero. Benj ficou com a garganta inflamada e pegou dois resfriados no primeiro mês de aula, e toda a família foi acometida por uma gripe (apesar de termos tido o cuidado de tomar a vacina) — ficamos incapacitados de nos mexer durante semanas. James acordava pelo menos três vezes por noite, e Richard e eu estávamos exaustos. A visão wordsworthiana de êxtase maternal e alegria do recém-nascido nunca me pareceu tão idealizada ou imprecisa. Nunca vi meu inquieto e pequeno James como um filósofo ou profeta. Um anjo, talvez, mas também, sobretudo depois da terceira acordada da madrugada, como um demoniozinho! Eu estava tão cansada que delirava no meio da noite, emergindo do sono para xingar Richard — "Você deixou James sobre a escrivaninha, tem que pegá-lo antes que ele caia!". Cada dia era uma luta para providenciar todos os detalhes. Coordenei debates com os olhos ardendo por causa de apenas duas horas de sono, empurrando o cansaço com a barriga durante dias enquanto a sala cheia de rostos pairava diante de meus olhos, fungando e crocitando ao mesmo tempo que me debatia com resfriados intermináveis dos meninos, indo correndo para casa entre uma aula e outra para amamentar. Os alunos viam as manchas na lapela de meu blazer, um disco de algodão caindo de minha blusa sobre a mesa da sala de aula, meu cabelo molhado porque tivera de tomar uma segunda ducha minutos antes de sair para o trabalho depois de James ter vomitado no meu cabelo. E embora eles fossem normalmente muito gentis e compreensivos, eu me sentia atormentada e atrapalhada o tempo todo.

Uma noite, em meados de novembro, saí correndo da aula e fui para casa amamentar James, então com quatro meses e meio, antes de ir para um evento do departamento de inglês: uma leitura com um autor visitante seguida por jantar em um restaurante local. Eu estava sentada no balanço da varanda, bebendo um chocolate quente — a única fonte de cafeína que eu me permitia — e, quando James de repente se mexeu, derrubei um pouco em seu braço. Ele emitiu um grito agudo; no mesmo instante seu braço ficou vermelho-vivo e se enrugou; a pele ficou pendurada, em folhas. Benj veio correndo e, quando viu a pele queimada de James, gritou repetidas vezes, angustiado: "O braço do James vai cair?".

Entramos correndo no carro para levar o bebê ao pediatra, a vinte minutos de distância. Eu me torturava de culpa: como podia ter sido tão atrapalhada ou tão burra de segurar uma bebida quente ao mesmo tempo que estava com o pequeno James no colo? Eu tentara fazer duas coisas ao mesmo tempo e o machucara. Não pude ir ao evento do departamento; liguei para a organizadora do meu telefone celular e deixei uma mensagem explicando o que havia acontecido. Felizmente um unguento diminuiu a dor de James, e a queimadura não deixou nenhuma cicatriz visível. Mas meu sentimento de culpa e de estar sobrecarregada continuou.

Embora às vezes fosse inevitável, em geral tentávamos proteger Benj tanto quanto possível dos choros e das necessidades de James e acabávamos, muitas vezes, cada um de nós com uma criança em quartos separados. Cerca de seis meses depois do nascimento de James, quando o colocamos em seu próprio quarto, Richard e eu paramos de dormir juntos. O bebê acordava tantas vezes à noite — e ao acordar chorava com toda a força dos seus pulmões até que o pegássemos no colo —, que eu ou o levava para a cama comigo enquanto Richard tirava um muito necessário cochilo no sofá, ou Richard dormia num saco de dormir no chão do quarto dele de forma que pudesse rapidamente se levantar e colocar a chupeta em sua boca antes que seu choro acordasse Benjamin. Nossa principal preocupação era Benj; fazíamos qualquer coisa para lhe garantir uma boa noite de sono. Estávamos doentes, desgastados, exaustos, alquebrados. Mas na sua presença quase nunca demonstrávamos cansaço ou estresse. Ficávamos tomados de alívio que as coisas estivessem correndo bem com ele e absolutamente determinados a mantê-las em equilíbrio.

E as coisas estavam, sem dúvida alguma, fluindo melhor. Porém, à medida que o tempo passava, Richard e eu também estávamos tomando mais consciência da onipresença e da persistência dos problemas de Benj, e cada vez mais nos questionávamos sobre seu "diagnóstico" ou "rótulo". A recitação e a ecolalia haviam diminuído dramaticamente, mas ele ainda tinha muita dificuldade com reversão pronominal. Sua capacidade de brincar de faz de conta ainda era muito limitada. As professoras de uma pré-escola especializada em linguagem criada pelo Estado, à qual o estávamos mandando três vezes por semana, o descreviam como "aspérgico".

À medida que a linguagem de Benj se tornava mais funcional, e que sutis déficits sociais e pragmáticos entraram em questão, sua fonoaudióloga escreveu em um cartão regras de conversação que ele carregava consigo. A ficha dizia:

REGRAS DE KARYN PARA CONVERSAR:

— Fique parado num só lugar

— Olhe nos olhos da outra pessoa

— Escute o que a outra pessoa está dizendo

— Quando a outra pessoa terminar de falar, então você pode falar

— Responda à pergunta

— Se você não sabe a resposta, diga "Não sei" ou "Não entendo"

Embora a internalização dessas regras o ajudasse a participar de conversas de forma mais apropriada, ele às vezes deixava escapar uma delas no meio do que devia ser um bate-papo descontraído, deixando seu interlocutor estarrecido e me fazendo lembrar da natureza programática até de intercâmbios aparentemente espontâneos.

Mais do que isso, com todo o progresso vinha também, cada vez mais, uma noção dos limites contra os quais qualquer progresso acabaria batendo de frente, a natureza intratável da química profunda de seu cérebro. Não era, eu agora compreendia, que ele fosse meramente atrasado e iria "se pôr em dia" com os tratamentos; ficava cada vez mais claro que ele tinha um transtorno e que precisaria de ajuda especial para poder enfrentar qualquer novo desafio. Em outras palavras, não se tratava de riscar itens de uma lista de atividades que ele precisava dominar e pronto; tratava-se de aceitar que tudo que era um obstáculo para qualquer criança seria um obstáculo ainda maior para ele, e para nós.

E, embora após alguns meses depois de começar a frequentar a escola Benj estivesse conseguindo se integrar e tivesse desenvolvido uma relação calorosa e afetuosa com suas professoras, ele, ainda assim, não brincava muito, se é que o fazia, com as outras crianças. Ele ficava feliz de estar com as demais crianças, comentava sobre as brincadeiras delas e interagia graças à facilitação das professoras e a roteiros verbais, mas raramente tomava a iniciativa de uma brincadeira e não conseguia sustentar a interação durante muito tempo. Embora continuasse a melhorar, seus problemas com a linguagem social-pragmática (intercâmbio conversacional, sentido literal versus figurado, expressão de sentimentos, inferência, abstração e expressões idiomáticas) também estavam entrando mais claramente em foco. Ele começava a parecer ainda mais "diferente" das outras crianças à medida que as brincadeiras de faz de conta delas se desenvolviam e que elas começavam a formar verdadeiras amizades.

Eu tinha iniciado um diário das atividades de Benj e de meus sentimentos sobre elas, e numa noite escrevi:

> Será que Benj poderá um dia ser uma criança de verdade? Será que algum dia ele vai ter um amigo? Não consigo imaginá-lo desempenhando um papel numa pecinha teatral, querendo sorvete ou ansioso pelo Halloween. Não consigo imaginá-lo dormindo na casa de um amigo, acampando sob as estrelas ou partilhando uma risada cúmplice com um companheiro. Não o imagino dizendo "Eu te amo" de maneira espontânea, sincera.

Às vezes eu me sentia triste porque temia que Benj não quisesse ou não precisasse se relacionar do jeito como eu e outras pessoas gostaríamos e precisávamos nos relacionar com ele. Mas às vezes ficava triste por sentir muito fortemente seu desejo de se relacionar, de se comunicar, e pensava sobre todos os obstáculos que o impediam de fazer isso de forma efetiva. Pois eu acreditava de verdade que ele não era essencialmente desconectado. Sua fonoaudióloga e eu concordávamos que conseguíamos ver e sentir de maneira vívida suas ideias e seus pensamentos em suas expressões faciais e ações, e podíamos afirmar que ele queria que os outros as entendessem. Ele só precisava de uma ajudazinha para organizar esses pensamentos e então expressá-los de forma verbal. E precisava que os outros lhe expressassem seus pensamentos e sentimentos de uma forma que lhe fosse acessível e confortável.

Embora, aos dois anos, Benj fosse capaz de ficar sentado, deliciado, durante horas enquanto líamos para ele, à medida que cresceu passou a não gostar tanto disso — diante de qualquer narrativa complicada, ele começava a devanear, a murmurar ou a ler o próprio livro. Assim, agora eu me conectava com ele mais fácil e fortemente por meio da música. Todos os dias eu tocava canções para ele no meu computador. "Rocket Man", de Elton John, "We've Got the Beat", da Go-Go's, "You Better You Bet", do The Who, e "Franklin's Tower", do Grateful Dead, eram algumas de suas favoritas. Dançávamos ao som dessas músicas, acompanhávamos seu ritmo tamborilando lápis na minha mesa ou em livros grandes que Benj tirava das prateleiras e cantávamos juntos com o auxílio de letras que eu encontrava on-line.

Naquele primeiro outono em Poughkeepsie, inventei um ritual diário das "frases da mamãe e do Benj". Eu sentava e as digitava; ele ficava bem paradinho a meu lado e observava, mesmerizado, e, à medida que as palavras se materializavam magicamente na tela, ele as lia em voz alta. Cada dia eu usava uma estrutura frasal similar com ligeiras variações para ajudá-lo a aprender a sintaxe, e às vezes começava a frase — "Hoje na escola Benjamin…" — e o incentivava a terminá-la: "… brincou na mesa de água", "… construiu uma torre com blocos", "… aprendeu sobre maçãs", "… fez cozido de abóbora". Benj quase nunca oferecia informações pessoais ou respondia a perguntas sobre o que fizera ou gostaria de fazer, mas de alguma maneira esse formato ajudava a extrair dele mais detalhes e me dava um pouco mais de acesso ao que ele estava sentindo ou pensando.

Depois de certo número de frases, era "hora de imprimir as frases". Benj esperava pela página impressa com muita expectativa, e uma vez que era impressa e lhe era entregue, tirada ainda quente da impressora para sua mão, ele lia as frases vezes sem conta para si mesmo e depois para o pai e a babá. Ele guardava as frases em uma grande pilha em sua estante de livros e com frequência lia e relia frases antigas. Acabei furando as folhas e fazendo um caderno para ele.

Eu queria que as frases fossem uma espécie de terapia da linguagem para Benj, mas também tinha esperanças de que elas o ajudassem a adquirir certa ideia de controle sobre a própria experiência e dessem a seus dias, e à sua vida, contorno e forma, significado e definição. Às vezes recapitulávamos o que Benj fizera naquele dia, às vezes antecipávamos coisas especialmente desafiadoras (como a consulta com um médico, a cama nova, uma mudança de rotina) que estavam no horizonte. Outras vezes eu usava as frases para tratar de dinâmicas emocionais, como a rivalidade entre irmãos, ou para salientar para Benj a importância de nossa família.

FRASES DA MAMÃE E DE BENJ

22 de outubro

Eu amo muito o Benjamin.
Benjamin é meu filho.
Ele tem três anos.
James tem três meses.
Ele ama muito o seu irmão Benjamin.
James é só um bebê.
Ele não sabe responder a perguntas.

Ele não pode comer Cheerios.

Ele não sabe dançar nem cantar.

Benjamin sabe responder a perguntas, pode comer Cheerios e sabe dançar e cantar.

Papai é um homem maravilhoso.

Todos nós amamos papai.

Ele é muito alto e tem cabelo preto e olhos azuis.

Ele é uma pessoa muito bondosa e gentil.

Ele ama muito Benjamin e James.

Nós temos uma família maravilhosa!

Agora é hora de imprimir as frases.

Eu também via as frases como talvez o veículo mais poderoso que eu tinha para expressar meu amor por Benj. Quando dizia que o amava, coisa que fazia várias vezes por dia, eu nunca tinha certeza de que ele ao menos ouvia ou se as palavras tinham muito significado, se é que tinham algum, para ele. Uma noite escrevi em meu diário: "Será que Benj sabe quanto eu o amo? Será que algum dia vai saber??". Eu me perguntava se ele entenderia e internalizaria melhor meu amor se fosse expresso por escrito. Então todas as semanas eu escrevia uma versão do seguinte:

FRASES DA MAMÃE E DE BENJ

17 de novembro

Oi, Benjamin!

Eu amo muito você!

Você é meu menininho.

Você é a minha criança de três anos favorita, do mundo inteiro.

Adoro passar tempo com você.
Adoro jogar jogos com você.
Adoro ler livros com você.
Adoro cantar músicas para você.
Adoro escrever frases com você.
Você é uma pessoa maravilhosa.
Você é doce e gentil e afetuoso.
Tenho muita sorte de ter você como filho.
Eu sou sua mamãe!
Vou sempre ser sua mamãe e sempre vou amar você.
Sempre vou estar aqui para você.
Amo você, Benji!
Agora é hora de imprimir as frases.

Ao escrever frases como essas, eu pensava nas expectativas de Wordsworth quanto a sua irmã mais nova à medida que ela crescia, sua crença de que seu amor por ela lhe daria segurança e a tranquilizaria em anos futuros:

[...] *e tua alma*
Tornar-se morada das belas formas,
E tua memória amparar
Todas as doces harmonias e sonoridades;
Oh! Aí, se a solidão, o temor, a dor e o pesar
Te afligirem, lembrar-te-ás de mim
Com pensamentos benéficos de terna alegria
*E de minhas encorajadoras palavras!**
"Abadia Tintern"

Minhas palavras encorajadoras curariam e sustentariam Benj

---

* Tradução de Alberto Marsicano e John Milton, p. 99. (N. T.)

em meio à solidão, ao medo, à dor e ao pesar? Se eu estivesse com ele no momento, poderia ajudá-lo e apoiá-lo, mas será que ele se lembrava do que eu dissera, será que o internalizara, que poderia generalizar a partir disso? Minhas lições ficariam com ele? Quando ele não mais estivesse comigo, será que eu estaria com ele?

And we are put on Earth a little space
*That we may learn to bear the beams of love.**

William Blake, *Canções*
da inocência e canções da experiência

Era sempre a indiferença de Benj para com os outros o que mais me preocupava. Talvez isso explique, em parte, por que a notícia da morte de Mr. Rogers no final do inverno de 2003 me chocou com uma força tão surpreendente. Quando crianças, minha irmã e eu adorávamos o gentil e simpático Mr. Rogers e o mundo fantasioso e cheio de imaginação que ele criara. Ao assistir-lhe de novo com Benj, renovei minha avaliação de quão à frente de seu tempo ele estava em sua ênfase na inteligência emocional e em seu respeito pela singularidade de cada criança.

---

* "E somos colocados na Terra num pequeno espaço/ Para aprender a suportar as vigas do amor." (N. T.)

Descobrir que ele tinha 74 anos e que morrera de câncer um ano depois de ter sido diagnosticado apenas intensificou meu pesar — meu próprio pai havia sido diagnosticado com câncer pulmonar estágio IV aos 74, embora, seis anos depois, ainda estivesse segurando as pontas. Quando sentei diante de meu computador, navegando pelos tributos e elogios, com lágrimas escorrendo pelo rosto, de alguma maneira senti como se a morte de minha infância, a inevitável morte de meu pai e a morte de meu sonho romântico de maternidade estivessem me atingindo todos ao mesmo tempo.

Durante o noticiário, retirei-me para meu quarto para assistir às homenagens na TV e acabei me deparando com um trecho de uma entrevista que Mr. Rogers dera a Charlie Rose. A certa altura, ele dissera: "O maior presente que você pode dar a uma pessoa é ser um bom receptor", e meu coração se apertou. Era isso, pensei. Benj não era um bom receptor. Ele não retribuía beijos nem abraços. Não compreendia o ato de presentear — na verdade, ele sempre, com muita calma, entregava os presentes de volta às pessoas que os haviam dado ("Não, Benj, isso é para você guardar!", elas diziam). Raramente dizia obrigado, não reagia de forma apropriada a abordagens amigáveis por parte dos colegas de classe. Pensei em quantas vezes uma criança magoada ou perplexa me perguntara "Por que o Benjamin não me ouve?" ou "Por que o Benjamin nunca me responde?". Vezes sem conta eu ouvia uma variante do refrão: "A gente fala com ele, mas ele não fala com a gente". Será que as pessoas continuariam a lhe dar, eu me perguntava, se ele parecia não tomar conhecimento, aquilo que vinham lhe dando? Em que momento as outras crianças iriam desistir dele? Será que ele era capaz de receber todo o amor, cuidado e lições que queríamos dar e partilhar com ele? Será que o que lhe dávamos era em vão? Talvez o mais insuportável fosse o pensamento de que, não importava quanto amor, afeição e ternura eu despejasse sobre ele, isso não ficaria, não teria impacto, não o sustentaria nem lhe serviria de apoio.

Algumas semanas depois, comemoramos o quarto aniversário de Benjamin no Museu Infantil Mid-Hudson, em Poughkeepsie. Essa foi sua primeira festa que envolveu outras crianças, e todos os seus colegas de classe da escolinha foram convidados. Como Benj já conhecia e adorava esse pequeno museu interativo cheio de aparelhos interessantes, e como a festa seria em sua maior parte livre — as crianças poderiam passear à vontade pelas exposições, juntando-se como um grupo apenas no final —, pensei que isso não exigiria muito dele em termos de novidade ou interação. Achei que era a nossa melhor aposta na busca de um evento bem-sucedido.

Benj estava incrivelmente empolgado e feliz no carro a caminho do museu e, embora não pegasse os presentes jogados sobre ele pelas crianças que chegavam nem respondesse muito aos seus cumprimentos, sorria amplamente e saiu trotando, alegre, com o pai, os demais familiares e os coleguinhas para explorar o museu. Depois de mais ou menos uma hora, que passei sozinha no andar térreo na área da festa, arrumando a mesa comprida com pratos, chapéus, guardanapos, copos e línguas de sogra, recebendo a entrega de pizza e fazendo saquinhos de guloseimas, as crianças chegaram correndo para comer e para o bolo. Seus gritos felizes e rostos alegres indicavam para mim que estavam se divertindo. Aliviada, servi suco de maçã em seus copos, perguntei se queriam pizza só de queijo ou de calabresa, passei tigelas de pipoca e *pretzels*. Quando começaram a comer, olhei e vi Benj sentado sozinho em uma das extremidades da mesa e todos os seus colegas amontoados na outra ponta. Lá estava ele, empoleirado em seu "trono" de aniversariante (uma cadeira dourada grande com espaldar alto, à qual balões de festa haviam sido amarrados), a coroa de aniversário na cabeça, com pelo menos um metro de espaço livre e cadeiras vazias nos dois lados. O mais perturbador era que ele nem sequer parecia se dar conta disso. Senti uma pancada de culpa e me amaldiçoei por ter arrumado a mesa com tantos lugares. Não que as crianças tivessem necessariamente escolhido de forma deliberada se sentar longe dele — elas haviam se atirado nos primeiros lugares disponíveis e a cadeira dele estava no outro extremo da mesa —, mas isso não tornava a coisa menos terrível. Enquanto elas conversavam, riam e cutucavam umas às outras e assopravam suas línguas de sogra umas na cara das outras, Benj estava sozinho com um olhar distraído no rosto, batendo com sua língua de sogra na mesa, murmurando consigo mesmo. Imediatamente sentei a seu lado e fiz um gesto para Richard se sentar no outro lado; os demais familiares logo nos seguiram e rapidamente ocuparam as cadeiras vagas, preenchendo o espaço entre Benj e as demais crianças. Benj mostrou-se muito tratável, sob vários aspectos: com algum incentivo meu, colocou seu chapéu de Pistas de Blue (a primeira vez que conseguiu suportar o cordão sob o queixo); com alguma ajuda do pai, assoprou as velinhas. Ele até comeu um pedaço de bolo, coisa que normalmente teria se recusado a fazer. Mas eu não conseguia tirar da cabeça aquela imagem do pequeno Benj — empoleirado em seu trono, resplandecente em seu papel especial de menino aniversariante, mas essencial e inteiramente sozinho.

E então lá estava eu, agitada, distribuindo saquinhos de lembrancinhas, trocando comentários lisonjeiros com todos os outros pais e crianças enquanto eles se preparavam para ir embora. A última família partiu, e deixei escapar um audível suspiro de alívio por termos sobrevivido sem nenhum momento de maior ansiedade ou estranheza. Juntamos os presentes em sacos, colocamos tudo em um carrinho de supermercado grande e saímos para a varanda que contornava o prédio. Abaixo de nós, as outras crianças e seus pais estavam se espremendo nos carros, virando-se para gritar um último obrigado e um tchau e para acenar para nós. Benj foi até a rampa, pela qual comecei a descer com o carrinho cheio de presentes, e estacou. Começou a choramingar e gemer: "Rampa não, rampa não". Vi seu rosto ficar vermelho e ouvi sua voz se elevar. Enquanto eu tratava de abrir um amplo sorriso e acenava alegremente para os últimos carros que se afastavam, agarrei a mão de Benj com força e sussurrei, por entre os dentes: "Está tudo bem, querido, vou segurar a sua mão, você não vai cair, por favor não se preocupe, você consegue fazer isso, Benji". Rezei para que seu ataque não fosse perceptível demais para as crianças e os pais que acenavam para nós do estacionamento logo abaixo ou de seus carros. No caminho até nossa casa, ouvi Benj recitando as instruções de um jogo de tabuleiro que ele adorava e pensei comigo mesma: "Por quanto tempo mais Benj consegue 'passar' ou sobreviver entre os demais?".

Desde que nos demos conta de que Benj tinha algumas necessidades especiais, sua vida escolar se tornou nossa principal preocupação, e a experiência em sua festa de aniversário intensificou, e muito, nossa ansiedade. Suas professoras, os terapeutas e os médicos haviam nos dito várias vezes que, dadas as suas dificuldades com ambientes ou grupos grandes e suas excentricidades, nenhuma classe de escola pública convencional conseguiria trabalhar com ele. Temíamos que numa escola pública ele acabasse perdido, sobrecarregado e sofrendo *bullying* em uma sala de aula tradicional ou isolado em uma turma de educação especial. Além disso, Richard tinha uma aversão muito forte a escolas públicas; ele as frequentara durante a maior parte de sua infância e sempre se sentira como um estranho ou um *nerd*. "Eu me sentia entediado e era incompreendido", ele dizia. "Benj tem de ir para algum lugar onde não façam troça dele por gostar de matemática, onde ele possa encontrar amigos com mente semelhante à sua." Mas alguma escola particular se arriscaria com ele?

Quanto mais informações eu reunia naquela primavera — conversei ou troquei e-mails com todo mundo em quem consegui pensar que pudesse nos ajudar a entender as opções de escola para Benj —, mais me dava conta de que a escola distrital que nos caberia simplesmente não funcionaria para Benj: sua educação infantil era pouco refinada e as séries intermediárias e o secundário eram grandes demais. Depois de morar em uma série de apartamentos alugados pequenos e impessoais desde que começamos o doutorado, tínhamos ficado muito felizes de encontrar nossa casa, uma casa pouco comum de três andares estilo *arts and crafts* numa área arborizada de dois acres e meio; ficava a cinco minutos de carro do efervescente campus de Vassar, mas era tranquila e interiorana. "Um equilíbrio perfeito entre P., a rata de cidade, e R., o rato do interior!", dissemos para nossos amigos e nossas famílias quando a encontramos. A ideia de vendê-la e nos mudarmos mais uma vez era ao mesmo tempo triste e assustadora, mas eu queria ter certeza de que Benj iria para uma escola apropriada. Nunca chegamos a nos estabelecer nela para valer nem nos dedicamos a arrumá-la — nunca penduramos os quadros, nunca desfizemos todas as caixas, nunca mandamos fazer as estantes ou armários embutidos que planejáramos — porque simplesmente não tínhamos certeza de que poderia ser nosso lar a longo prazo. Uma vez tendo identificado o bairro mais promissor, vasculhei listagens de imobiliárias em busca de uma casa para nossa família com a qual pudéssemos nos comprometer. Algumas semanas após a festa de aniversário de Benj, fomos visitar a supostamente melhor escola pública da região, mas ela nos pareceu fria e estéril, com muita ênfase em notas e pouco desenvolvimento socioafetivo. Os imóveis naquele bairro também eram mais caros do que podíamos pagar, mas em um momento de muita ansiedade demos entrada por uma casa, que mais tarde perdemos quando percebemos que simplesmente ainda não sabíamos se aquela escola pública seria o lugar certo para Benj.

Naquela primavera, enquanto me preocupava com Benj, eu também estava muito preocupada com o pai dele, e os problemas em nosso casamento se agravaram. Virtualmente todo o nosso casamento havia sido consumido pelos cuidados com quem estava morrendo ou com recém-nascidos ou muito jovens, com muitíssimo pouco tempo de vida comum em que pudéssemos ser um casal (relativamente) despreocupado. Então havia os rigores da vida com um recém-nascido e o turbilhão que se seguiu quando os problemas de Benjamin foram identificados. E agora era raro que Richard e eu passássemos algum tempo juntos durante o qual não estivéssemos cuidando das crianças ou conversando sobre elas. Nunca fazíamos um programa de casal; não achávamos que uma babá pudesse dar conta dos dois meninos, e Benj, especialmente, precisava de um de nós para gerenciar suas complicadas rotinas noturnas. O pouco tempo que tínhamos juntos, passávamos assistindo a esportes ou filmes na televisão, e mesmo então Richard sempre tinha um livro ou o computador sobre o colo.

Mas os problemas eram muito mais graves do que os do jovem casal típico exausto e atarantado com duas crianças pequenas, ou mesmo do estresse conjugal geralmente causado por um filho com necessidades especiais. Depois da morte de sua mãe e ainda mais depois da descoberta dos problemas de Benj, o perfeccionismo de Richard e sua tendência a se isolar e se recolher emocionalmente haviam piorado de forma impressionante. Sobretudo depois que nos mudamos para Poughkeepsie, o ritmo de trabalho em sua tese diminuiu, à medida que livros de bibliotecas e fichas se amontoavam e frases e páginas deixavam de ser escritas. Ele ficava sentado à escrivaninha o dia inteiro, fazendo anotações, lendo mais, sem nunca realmente colocar seus pensamentos e suas ideias em frases, parágrafos, páginas, capítulos. À medida que se tornava cada vez menos produtivo (um a um, todos os nossos colegas de doutorado tinham abandonado a academia ou entregado suas teses e conseguido empregos acadêmicos, e ele era o único que não havia feito nem um nem outro), Richard se retraía ainda mais do mundo e das pessoas que o amavam. Ele deixava sem resposta telefonemas e e-mails de amigos, irmãos, tias, tios e orientadores, então eu mantinha vínculos com eles, por ele. Assim como havia evitado a interação social e saía correndo depois da aula naqueles primeiros tempos de doutorado, agora ele tratava de ir correndo para seus livros ou para a tela de seu computador no momento em que seus deveres com os meninos acabavam e que os tivesse colocado para dormir. Raramente sorria, a menos que estivesse com as crianças, que sempre traziam à tona o calor, a alegria, as profundas reservas de amor dentro dele.

Fiz tudo o que consegui pensar para ajudá-lo e protegê-lo dos julgamentos e das frustrações dos outros. Eu me oferecia para fazer brainstorming com ele, editar páginas ou tomar notas, mas ele nunca aceitava as minhas ofertas; ele relutava em abrir mão de qualquer controle sobre seu trabalho, em delegar, e talvez em me deixar ver quão pouco na verdade estava sendo feito. Richard nunca fora de expressar muito seus sentimentos, mas sempre respondera a meus gestos de afeto com calor e receptividade; agora mal parecia registrá-los. E eu sentia muita falta de nossas trocas intelectuais, nossas discussões sobre trabalho; ele não falava sobre seu trabalho, nem sobre quase nada mais, nem para mim nem para ninguém. Eu afastava as preocupações

de membros de sua família, alunos, amigos: "Onde está ele?";
"Por que ele não me respondeu?"; "Você pode fazer com que
ele cuide disso, ligue para tal pessoa, mande este cartão?". Eu o
defendia vigorosamente de pessoas que estivessem feridas ou surpresas com sua aparente falta de atenção. Ainda mais depois da
descoberta dos problemas de Benj, eu via os lapsos de Richard
como algo oriundo não de falhas de caráter, mas de diferenças
cerebrais. Eu sabia que ele me amava, à sua família e a seus
velhos amigos. Ainda assim, estava muito preocupada, mas ele
continuou negando que houvesse qualquer problema. Seu comportamento imperturbável, sua inabalável insistência de que estava bem me deixavam ainda mais ansiosa.

Não falei a ninguém, nem mesmo à minha mãe ou à minha irmã, sobre o que estava acontecendo com ele e com nosso
casamento. Eu temia muito expor Richard ao "céu intruso", à
impiedosa e severa luz do escrutínio e da reprovação do mundo.
Sentia que permitir que os outros soubessem da extensão de seus
problemas seria traí-lo. Meu papel, conforme eu via, era suavi-
zar as coisas para ele e abrir caminho para que tivesse êxito do
jeito que eu sabia que ele era capaz e merecia. Eu nunca quis
reclamar ou de qualquer maneira admitir publicamente que ele
fosse qualquer outra coisa que não alegria para mim. Nenhum
de seus problemas era culpa sua. Richard era um tesouro, assim
como Benj. E eu era muito ligada à ideia e à promessa de nosso
casamento feliz e de nossa família feliz, e dizer a qualquer pessoa que ele não era feliz seria, de alguma forma, quebrá-lo ou
manchá-lo, maculá-lo. Eu queria preservá-lo em sua pureza e
beleza, não manchá-lo com palavras negativas ou dúvidas trans-
mitidas a alguém de fora. E, claro, a situação de Benj ainda era
muito precária, e talvez quando ele se estabelecesse e melho-
rasse, e quando nos sentíssemos seguros quanto a seu futuro, o
isolamento, a procrastinação e o retraimento de Richard iriam,

por fim, amainar. Eu queria ser paciente e lhe dar tempo. Mas estava muito preocupada, e me sentindo muito, muito sozinha.

À medida que o ano letivo se encerrava, porém, avanços maravilhosos com Benj me distraíram, ainda que apenas temporariamente, de minhas preocupações com seu pai. Comecei a ouvir sobre grandes progressos nas suas interações com as outras crianças e em sua habilidade de se comunicar, relatados a mim ou a Richard na hora de deixá-lo na escola ou apanhá-lo. Benj começara a querer sentar-se no penico na escola, numa imitação de seus coleguinhas. Ziguezagueava no playground em um triciclo, gritando "É muito legal!" ao passar. Sua professora relatou, muito feliz, que ele estava começando a tentar se juntar a algumas brincadeiras de faz de conta de meninas pequenas no playground. A brincadeira envolvia uma família de dinossauros recolhendo espinhos para o jantar; ele ficara observando as meninas durante alguns dias, memorizou a brincadeira e um dia anunciou "Dino pega espinhos", e trouxe alguns gravetos para elas, que os receberam sorridentes e deleitadas. Ainda mais gratificante, Benj havia começado a usar "mim", "meu" e "eu" para se referir a si mesmo! Richard e eu mal podíamos acreditar.

E algumas semanas depois ficamos ainda mais felizes ao receber um relatório de final de ano muito positivo de suas professoras:

Benjamin fez progressos surpreendentes ao longo deste ano letivo. Foi capaz de atingir muitas das metas que estabelecemos para ele em períodos incrivelmente curtos. Continuamos a lhe oferecer novos desafios e ficamos felizes de ver quanto ele já alcançou. A ecolalia, que era seu meio de comunicação verbal no início das aulas, se foi há muito. Ele não apenas responde a perguntas como comenta sobre coisas que estão acontecendo ao seu redor e transmite suas necessidades com clareza. Ele também se sente muito à vontade com os colegas. Ele não fica mais assustado quando outra criança se aproxima, ao contrário, consegue se entregar a um abraço ocasional e a frequentes interações com os amigos. Não vemos mais muitos dos comportamentos que costumavam confortá-lo (por exemplo, tamborilar coisas). Ele ocasionalmente demonstra uma recaída quanto a velhos hábitos, esquecendo que dominou uma nova habilidade (abrir e fechar torneiras, por exemplo). Às vezes se mostra resistente quando o lembramos de que ele pode fazê-lo, mas logo se recupera. Foi extremamente gratificante sermos professoras de Benjamin este ano. Admiramos sua incrível determinação e coragem. Essas qualidades sem dúvida vão continuar a ajudá-lo no futuro!

Imediatamente transcrevi esse relatório num e-mail e enviei para os parentes e amigos mais próximos, a todos os seus médicos e terapeutas, atuais e anteriores, para todos que haviam trabalhado com Benj e o tinham amado. A psicóloga que o avaliou no Centro de Estudos da Criança de Yale me respondeu: "Estou com lágrimas nos olhos; estou muito orgulhosa". Eu tinha lágrimas nos olhos todo santo dia. Viver com Benj era como testemunhar um milagre gradual.

Nossa gratidão pela sua experiência escolar e pelo seu desenvolvimento era incomensurável. Na festa de fim de ano da escola, demos às suas três professoras três livros infantis — nossos livros favoritos e de Benj — com dedicatórias e agradecimentos. No primeiro, *Louisa May and Mr. Thoreau's Flute* [Louisa May e a flauta do sr. Thoreau], escrevemos: "Para Amy, muito obrigado por ajudar Benj a descobrir sua própria 'música interior'". Em *Walking With Henry* [Caminhando com Henry] e *Henry Builds a Cabin* [Henry constrói uma cabana], dois livros de uma série sobre um urso chamado Henry Thoreau que minha tia dera para Richard num Natal, escrevemos: "Para Gwenn, obri-

gado por caminhar junto com Benj todos os passos do caminho"
e "Para Joanie, obrigado por construir a confiança de Benj".

Then did the boy his tongue unlock,
And eased his mind with this reply [...]*
"Anecdote for Fathers", um pai sobre seu filho

A partir desse ponto, cada semana trazia um novo avanço
na habilidade de Benj expressar suas necessidades e seus sentimentos e em seu desenvolvimento emocional. Somente uma ou
duas semanas antes de entrar na escola no outono anterior ele
começara a dizer "sim", e nessa época mal demonstrava qualquer
expressão espontânea mais complexa. Benj estava finalmente
dizendo coisas como "Meu ouvido está doendo", "Estou com
fome" e "Gostei disso"; essas afirmações ostensivamente simples
tiveram a força de uma revelação para nós. Ele pedia lindamente: em vez de um urgente "Abre! Abre", agora era "Eu preciso
que você me ajude a abrir o canudo, mamãe", em vez de um
veemente "Arruma!", agora era "Papai, por favor você pode ali-
sar a minha folha?". Agora, quando ele quase chorava ao pensar
que não conseguiria fazer algo, em vez de ter um faniquito completo, ele dizia: "Estou preocupado", ou perguntava com voz
trêmula: "E se eu não conseguir?".

Aprender ou recordar uma frase ou expressão útil ou tranquilizadora fazia toda a diferença em conter sua ansiedade; ter
frases ou expressões assim a seu alcance o ajudava a lidar com
todo tipo de situação e preocupação. Uma vez, ao comer ravióli,
Benj estava ficando um pouco frustrado por não conseguir pegá-lo com o garfo. Olhei para ele e disse: "Se no início você não

---

* "E então o menino destravou a língua/ E tranquilizou sua mente com esta
resposta [...]." (N. T.)

conseguir...", e ele imediatamente se iluminou, sua boca estava cheia e ele estava mastigando e sorrindo, e mal pôde esperar até engolir e completar: "Tente, tente outra vez!". E ele tentou mais uma vez, e conseguiu pôr aquele ravióli na boca. Alguns dias depois, a fonoaudióloga relatou em um e-mail:

> Benj e eu conversamos um pouco sobre o que dizer quando esquecemos de uma coisa. A certa altura ele não conseguia lembrar o que bebera no almoço e começou a ficar chateado (parecia prestes a chorar). Eu disse: "Parece que você esqueceu. Não tem problema. Diga apenas: 'Ih, esqueci' ou 'Não lembro o que bebi'". Ele ficou aliviado e no mesmo instante voltou à sua atitude feliz e entusiasmada de sempre.

Era maravilhoso para mim e Richard ver o desenvolvimento em câmera lenta da habilidade de Benj de colocar seus pensamentos na forma de linguagem. Conseguíamos vê-lo tentando pensar na regra, na convenção, na palavra certa ou na frase certa, na informação necessária, e então ele se lembrava, juntava tudo e ficava muito feliz quando conseguia expressar o que estava sentindo ou pensando. Isso fazia com que nós, dois professores de inglês para quem a linguagem era algo que não requeria esforço, apreciássemos de uma forma inteiramente nova as maravilhas da aquisição de linguagem. Ficávamos maravilhados a cada pequeno passo dado, ríamos dos hábitos e das manias engraçadas de Benj, traçávamos estratégias tanto de curto quanto de longo prazo, e isso nos mantinha ligados.

Uma vez tendo aprendido as convenções da interação social, Benj se tornou, de fato, extremamente polido e afável. Agora jamais deixava de dizer "oi", "tchau", "com licença" e "bom dia", sempre com uma espontaneidade radiante. Nunca esquecia de "por favor" ou "obrigado" e nos fazia dizê-lo quando esquecíamos. Sempre elogiava os outros por seus esforços. "Boa jogada, James!", gritava quando o bebê lançava canhestramente uma bola em sua direção. Também o ajudamos a desenvolver formas mais efetivas de acessar e expressar a simpatia que víamos que ele sentia, mas que não conseguia exprimir de forma produtiva. Benj sempre se mostrara sensível quando outras crianças ficavam chateadas. Uma de suas professoras chamava isso de imitação "Howard Cosell", quando, como um locutor de rádio, ele narrava a cena da criança que estava chateada: "Oh, não! Hannah se machucou! Hannah está chorando!". Agora ele estava aprendendo a canalizar esse sentimento de coleguismo em expressões de preocupação e ofertas de ajuda e apoio. Dissemos a ele que, se alguém chorava ou dizia que estava machucado, ele podia perguntar "Você está bem?" ou abraçar a pessoa ou beijar o lugar machucado para fazê-lo sarar.

Naquele mês de junho, à medida que se aproximava o primeiro aniversário de James, comecei a me sentir receosa por seu desenvolvimento. Embora já tivesse começado a andar e seu desenvolvimento motor parecesse bem adequado para a idade, ele não apontava nem acenava, e não parecia entender muito do que eu falava para ele. Uma tarde eu estava no telefone com minha mãe, chorando de preocupação quanto a James, e Benj, que eu achava que estava lendo no outro quarto, de repente surgiu na minha frente, disse: "Você está bem, mamãe? Não chore, mamãe", pousou a mão em meu ombro e então se deitou em cima de mim no sofá e me envolveu com seus braços. Comecei a chorar ainda mais, mas desta vez de alegria. Expliquei a Benj o conceito de "chorar de felicidade". Alguns dias depois, James disse suas primeiras palavras — "copo" e "Bej" (Benj) — e seu desenvolvimento linguístico fluiu tranquilo a partir daquele ponto. Logo ele estava caminhando com desenvoltura, trepando em tudo, subindo e descendo escadas.

E Benj continuou a nos surpreender com seus progressos. Seu trabalho na terapia ocupacional o tornara muito mais capaz de tolerar ruídos altos e as brincadeiras e jogos barulhentos de seus colegas, muito mais aberto a comidas diferentes e experiências sensoriais, muito mais apto a participar de jogos mais vigorosos e espontâneos com outras crianças. Na festa de aniversário de um colega, ele se empanturrou com prazer de pizza, batata *chips*, bolo e chocolate, ficou de pé na piscininha, com calma e bom humor suportou guinchos horrendos e esguichadas de uma menininha especialmente vivaz e brincou de dar tacadas em balões com duas ou três outras crianças. A certa altura, correu até um menininho que estivera ausente da escola na semana anterior e disse, entusiasmado: "Lincoln, você voltou!" e "Onde você estava, Lincoln?". À medida que os *eus* e *vocês* finalmente se endireitavam, interações verbais espontâneas com os colegas estavam se tornando possíveis.

Quando retornou à escola naquele mês de setembro, Benj estava falando muito fluida e fluentemente, com estruturas frasais complexas e lógica, e sem cometer erros graves, exceto por misturar "ele" e "ela" de tempos em tempos. Desenvolvera a habilidade de falar com relativa facilidade sobre as próprias emoções e sobre as de outras pessoas: "Não quero subir", "O papai parece confuso", "Mamãe, você está me incomodando!" (adorei essa!), "James parece preocupado!". Certa atitude espirituosamente brincalhona também começou a aparecer quanto às convenções da linguagem. Passando por uma placa que dizia CROSSWALK [faixa de pedestres], Benj perguntou, em tom de gozação: "O que é um *cross-run*?".* Ele pegou o suco de caixinha e leu INSIRA [INSERT] O CANUDO AQUI, então perguntou, com

---

* Trocadilho com *walk* (literalmente, caminhar) e *run* (literalmente, correr). (N. T.)

um sorriso maroto: "O que significa *outsert?*". Certa manhã, ao deixá-lo na escola, Richard disse: "O.k., Benj, vou dar a partida agora", e Benj perguntou: "O que significa dar a partida?". "Ir embora", Richard respondeu. "Bem", Benj disse, sorridente, "então eu vou dar entrada!" E se virou e correu na direção de um grupo de colegas.

Benj estava começando a ter grande prazer com sua capacidade de se expressar, lançando mão de adjetivos e expressões com um contentamento autoconsciente. Um dia, em meados de setembro, perguntei: "Como foi o seu dia?", e ele respondeu: "Meu dia foi *demais!*". Isso era tão extraordinariamente comum que era extraordinário para Benj. "Legal" era uma palavra de que ele gostava especialmente. Naquele Halloween, ele gritou: "É tão legal estar usando um boné dos Giants!". Liguei para meu pai no Japão e fiz minha madrasta segurar o telefone junto à sua orelha para que ele pudesse escutar Benj. Algumas semanas depois, sua terapeuta ocupacional trouxe um joguinho Lite-Brites,* e à medida que as luzinhas se acendiam Benj dizia, entusiasmado: "Isso é tão legal!"; "Isso é demais!"; "Isso é incrível!". Depois de encontrá-la num livro, "pular de alegria" se tornou uma de suas expressões favoritas. No jantar de Ação de Graças, deliciado com a atmosfera festiva, ele me perguntou: "Posso pular de alegria e você pular de alegria?". Pular sempre fora um desafio; ele não suportava ficar com os dois pés no ar. Mas naquele dia pulamos juntos, de mãos dadas.

> *Graças ao coração, razão de nosso viver*
> *À sua ternura, temores e encanto,*
> *As mais singelas flores vêm me oferecer*
> *Pensares profundos demais para o pranto.***
>
> "Ode: Vislumbres", estrofe final

---

*Jogo infantil no qual minúsculas luzes coloridas compõem desenhos. (N. T.)
** Tradução de Alberto Marsicano e John Milton, p. 59. (N. T.)

As crianças colocam tudo em perspectiva, nos relembram o que é importante, vemos o mundo como novo através de seus olhos — Benj de repente estava fazendo todos esses lugares-comuns sentimentais adquirir uma ressonância ainda mais profunda. Ele dizia "Estou feliz" quando eu lhe dava uma guloseima de chocolate, "Que bonita" quando colhíamos uma flor próximo à entrada de nossa garagem, ou "Mal posso esperar" na noite anterior ao dia do pijama na escola, e cada pequena expressão significava muito. Era um triunfo que ele estivesse fazendo e falando tudo isso; um ano antes, seria inimaginável. Em nossa vida com Benj, as coisas mais simples — um "sim", um abraço, uma troca de olhares — e as ações mais comuns — subir escadas, bebericar suco de um copo normal, desenhar um boneco de pauzinho — tinham um significado extraordinário. Eu sentia com frequência o quão wordsworthiano Benj era; ele extraía enorme prazer de "simples frutos de um dia comum" (Wordsworth, "Prospectus to 'The Recluse'" [Prospecto para "O recluso"], p. 55). E ouvir que ele era feliz, saber que sentia entusiasmo e alegria, significava muito para mim.

Benj também começou a fazer perguntas quase metafísicas sobre identidade, a passagem do tempo e a natureza do futuro, perguntas que seriam insondáveis vindo dele apenas três meses antes. Fazendo um lanche certa tarde, perguntou: "Vou ser a mesma pessoa quando eu for um homem?". Uma noite, quando eu o estava pondo para dormir, ele de repente me perguntou: "Quantos minutos demora para chegar até a primeira série, mamãe?". Conversamos sobre o número de minutos em uma hora e o número de horas em um dia, o número de dias em um ano e quantos anos mais demoraria até que ele entrasse na primeira série. Ele então prosseguiu: "O que vem depois da primeira série?". "A segunda série", respondi. "O que vem depois da segunda série?", ele perguntou, rindo. "A terceira", e assim por diante, até que chegamos ao ensino médio e então à faculdade e então... "O que vem depois da faculdade?", ele perguntou. Hesitei por um momento e finalmente respondi: "A vida". "E o que vem depois da vida, mamãe? O que vem depois da vida?" Fiquei sem fala:

> — A SIMPLE Child,
> That lightly draws its breath,
> And feels its life in every limb,
> What should it know of death?*
> Wordsworth, "We Are Seven"

À medida que desenvolveu uma linguagem mais sofisticada, Benj se tornou, de uma maneira curiosa, cioso quanto a sua identidade e experiência. No outono em que fez quatro anos, começou a se interessar por um jogo de adivinhação. Nós o chamávamos de "jogo de faz de conta". Os cenários eram normalmente bem simples: eu fazia de conta que mexia uma panela e que a colocava no forno — "Cozinheiro!"; seu pai chorava e estendia os braços para ser pego no colo — "James!". Ele adorava adivinhar quem éramos, mas não entendia muito bem os requisitos do faz de conta. Quando era sua vez de fazer de conta, ele corria de um lado para o outro ao longo de seu quarto e, deliciado, exclamava: "Corredor!", ou pulava em torno dando risada: "Coelho!", antes mesmo de termos tempo de tentar adivinhar. Depois que o "fingidor" havia desempenhado seu papel e alguém acertava a adivinhação, Benj sempre dizia, feliz e com um suspiro de alívio: "Oh, agora você voltou a ser uma mamãe" ou "Agora eu voltei a ser um Benji". Quando fazíamos de conta

---

* "Uma simples criança/ Que com leveza respira/ E sente sua vida em todos os membros/ O que deveria ela saber sobre a morte?" (N. T.)

que éramos personagens diferentes, se eu insistisse muito que éramos alguma outra coisa que não nós mesmos, ele dizia: "E agora a gente volta: eu sou uma criança e você é uma mamãe". Ele era sempre muito cuidadoso ao traçar os limites, sinalizando quando queria que as associações livres chegassem a um fim. Certa vez, quando seu pai estava fazendo de conta que o estava comendo, como um gorila que devora uma banana, ele gritou: "Não, papai, eu ainda estou no mundo!".

Benj também resistia a qualquer tipo de apelido brincalhão: se Richard ou eu dizíamos "Até, jacaré", ele replicava: "Não sou um jacaré!". Se nós ou uma professora ou alguém em uma loja nos referíssemos a ele de forma bem-humorada como "garotão" ou "senhor", ele gritava: "Não me chame de 'garotão/senhor'!". Isso, é claro, tinha origem em parte na sua necessidade de controle e em sua insistência em levar as coisas ao pé da letra. No entanto, também exemplificava sua habilidade de articular o que muitas crianças sentem, mas não expressam. Na infância, muitas vezes eu me ressentia ou maldizia intimamente adultos que me chamavam de "senhorita" ou "moleca", mas sempre engolia minha amargura e sorria educadamente para eles. A franqueza de Benj, sua falta de filtro ou censura, significava que ele estava expressando o que as crianças com frequência desejariam poder dizer a adultos: "Me veja como um indivíduo, não como um moleque ou uma senhorita ou um garotão ou um senhor". Benj punha em palavras o que elas muitas vezes sentem quando os adultos usam frases ou locuções enlatadas, impessoais e genéricas com elas; ele refutava e dizia "não". Fazia isso sem meias palavras, muitas vezes sem tato, mas havia uma honestidade corajosa em sua atitude. "Meu nome é Benj", dizia sempre. "Benjamin."

My former thoughts returned: the fear that kills;
*And hope that is unwilling to be fed;**
Wordsworth, "Resolution and Independence"

Apesar do incrível progresso de Benj naquele outono, restaram alguns temores e novos problemas surgiram. Tínhamos alguma dificuldade com suas professoras de maternal na escolinha experimental de Vassar, que, embora perfeitamente amigáveis, eram um pouco menos preparadas quanto a diferenças de desenvolvimento e aprendizado e um pouco mais preocupadas com quão fácil e suavemente Benj podia se encaixar no grupo do que suas professoras no primeiro ano da mesma escola haviam sido. Na nossa reunião de novembro, elas expressaram impaciência com o que viam como sua "preguiça" de tirar e colocar o casaco e os sapatos. "Ele atrasa os demais", uma delas disse; "Ele atrapalha a rotina", acrescentou a outra. Eu as olhei bem nos olhos e, com voz clara e firme, disse: "Vocês sabiam que há um ano ele não conseguia segurar um lápis direito? Comer sozinho com um garfo ou uma colher? Beber num copo normal? Vocês se dão conta do quão incrível é que ele consiga calçar os sapatos, considerando-se seus profundos atrasos motores?". Elas se apressaram em responder: "Não, não tínhamos nos dado conta de quão severos eram seus atrasos; uau, então ele fez grandes progressos". Eu prossegui, com calma: "Sempre que ficarem frustradas ou irritadas com Benj, tentem se lembrar do tanto que ele já avançou em vez do quanto mais vocês querem ou precisam que ele avance. Isso ajuda. Nos ajudou". Elas aquiesceram.

As professoras também viam problemas no fato de Benj se desvencilhar de alguns projetos de artes. "Ele simplesmente se

---

* "Meus velhos pensamentos voltaram: o medo que mata;/ E a esperança que não se deixa alimentar;" (N. T.)

fecha e se recusa a fazer a atividade", disse uma delas. "Ele pode ser muito negativo; se pelo menos se esforçasse mais", a outra suspirou. Ao mesmo tempo que eu partilhava a crença delas de que Benj podia fazer mais do que pensava poder, pensei comigo mesma: ele precisava mesmo fazer todo e qualquer projeto de arte? Até onde devíamos "normalizá-lo"? Quanto devíamos fazê-lo se conformar?

Quando criança, eu era muito espontânea e sociável, e meu tempo de escola foi relativamente tranquilo, mas havia algumas coisas nas quais eu era péssima. Lembro de uma terrível aula de educação física em que tivemos de dar cambalhotas — o que me assustava —, e que alguns colegas fizeram troça de mim por causa de minha hesitação e levei um empurrão da minha pouco simpática professora. Acho que completei o movimento, mas será que isso fora de fato uma vitória? Nunca mais dei outra cambalhota na vida e a mera ideia de fazê-lo me dá arrepios. Lembro que na segunda série tive uma dificuldade incrível com trabalhos artísticos, pois me faltava a destreza necessária para alguns dos projetos (ainda não consigo enfiar linha numa agulha), e que minha professora chamou minha mãe para uma reunião especial a fim de discutir minha "atitude negativa". "Priscilla é desobediente e preguiçosa", ela disse; "Não, mamãe, eu não consigo!", insisti quando minha mãe me contou sobre as observações da professora. Pensei sobre como me teria sido útil fazer um pouco de terapia ocupacional, e ter um pouco de compreensão de que havia algumas coisas nas quais eu simplesmente não era boa e das quais não gostava. Espera-se que as crianças sejam generalistas, mas aos adultos é permitido que se especializem e que não executem toda e qualquer atividade. É muito difícil ser criança!

No início de janeiro, tentamos um "programa de audição terapêutica" que a terapeuta ocupacional de Benj vinha nos instando a fazer havia meses, com resultados desastrosos. Consistia na audição de música especialmente orquestrada e calibrada em um walkman com fones de ouvido várias vezes ao dia; o propósito era acabar com qualquer sensibilidade acústica remanescente, melhorar o foco de Benj e diminuir seus problemas sensoriais. Mas em vez de ajudar, o programa piorou muito as coisas — muito. Sua sensibilidade acústica se acentuou a ponto de ele não suportar o assovio de uma chaleira, o toque dos nossos telefones celulares, a conversa em tom agudo de outras crianças. Ele ficou mais distraído na escola, não parava de murmurar consigo mesmo, ficou mais alheio, menos acessível.

Mesmo nos períodos de seus maiores progressos, sempre houve momentos ruins, dias, fases em que Benj se punha a recitar mais e demonstrava mais tiques e ansiedade, mas dessa vez a regressão foi muito mais dramática e assustadora. Os piores e mais problemáticos dentre seus antigos comportamentos voltaram. Ele começou a repetir mais o que dizíamos. E estava recitando muito mais — a mensagem na secretária eletrônica da avó, desenhos do canal *PBS Kids*, trechos de um livro ou programa de TV favorito, com um sorriso meio apatetado no rosto. Às vezes ele falava numa voz de autômato e monótona, uma voz que nunca tínhamos ouvido muito e que não tínhamos ouvido nos últimos meses, e que sempre detestamos (Richard ralhava com ele: "Voz de computador não!", "Voz de TV não!"). Ele não respondia a muitas perguntas. Misturava os *eu* e *você*, algo que havia dominado completamente, para nossa grande alegria e alívio, seis meses antes. Seu caminhar na ponta dos pés era muito mais evidente. Ele demonstrava alguma ansiedade em relação a brinquedos que faziam barulho, coisa que não fizera mais em uns bons nove meses. Foi uma regressão enorme. Ficamos mortificados de pensar que algo que tínhamos feito com o intuito de ajudá-lo talvez o tivesse feito regredir. Temíamos que a sensibilidade acústica extrema e a compulsão de repetir não fossem mais embora, e que a regressão linguística pudesse ser difícil de ser revertida.

Mas assim que interrompemos o programa de audição, apenas uma semana depois a repetição se reduziu a quase nada, a ansiedade diminuiu em grande parte e teve início um incrível avanço de Benj na leitura e em seu crescimento em geral.

*May books and Nature be their early joy!**
The Prelude, v (sobre crianças)

À medida que se aproximava o seu quinto aniversário, Benj começou a levar aquilo que aprendia nos livros para sua vida cotidiana de formas úteis e maravilhosas. Desde os dois anos ele adorava identificar os vários estados no mapa, e países e continentes no globo, e agora estava usando esse conhecimento de maneira funcional. "Tio Sam vai nadar no oceano Atlântico!", gritou quando o irmão de Richard mencionou uma iminente viagem ao Maine; "Seu pai vive num continente chamado Ásia!", ele me dizia quando eu mandava uma carta ou um pacote para meu pai, no Japão. "Agora estou a caminho do oeste!", anunciava, entusiasmado, ao mesmo tempo que apontava para a bússola que costumava pendurar no pescoço com a ajuda de um barbante. Ele dava mostras de uma nova compreensão e apreciação de expressões idiomáticas, gírias, metáforas, e usava em situações apropriadas da vida real termos que havia encontrado em livros: dizia "Bacana, não?" quando um jogador de futebol americano fazia uma corrida especialmente boa e "Vá direto ao ponto!" quando queria que seu pai respondesse a uma pergunta sua.

Ainda mais alentador, Benj começou a se referir a personagens de histórias e a suas aventuras e ações para explicar seus próprios sentimentos e experiências. Ele sempre tivera muito medo de simulações de incêndio, então o levávamos para a escola

---

* "Sejam os livros e a natureza as suas primeiras alegrias!" (N. T.)

somente depois que elas terminavam ou então o tirávamos de lá durante o treinamento. Um dia naquele inverno, quando Benj e Richard estavam no estacionamento da escolinha ouvindo o alarme de incêndio ao longe, Benj exclamou: "Papai, não estou com medo! Bem como o Sapo e a Rã!" — uma referência à história chamada "Dragons and Giants", na qual o Sapo e a Rã enfrentam algumas experiências assustadoras dizendo a si mesmos: "Não estou com medo". Noutro dia, no carro, no caminho da escola para casa, Benj disse: "Mamãe, eu não tinha certeza se ia conseguir abrir o sorvete. Por isso falei para a professora: 'Não consigo'. Mas eu consegui! Então agora eu sei que consigo! Como o George!". Eu recentemente estivera lendo para ele os livros de George e Martha — dois hipopótamos que são melhores amigos —, e algumas noites antes tínhamos lido uma história em que George está numa corda bamba e se sai muito bem quando se sente confiante, mas quando Martha sabota sua confiança ele começa a cair. Então Benj disse: "Mamãe, às vezes eu não confio nos meus dedos". Eu lhe disse: "Kristen [a terapeuta ocupacional] ajuda você com seus dedos para que eles possam ficar bem fortes e para que você possa confiar neles", e ele disse: "Quanto mais prática, mais confiança posso ter!".

Benj também estava desenvolvendo grande apreço e sensibilidade pela natureza e pelo mundo das ciências naturais. Como a criança Wordsworth, ele era:

Um amante dos pastos e dos bosques
E dos montes e tudo que vislumbramos
Nesta terra verde [...]*

"Abadia Tintern"

---

* Tradução de Alberto Marsicano e John Milton, p. 97. (N. T.)

Através das grandes janelas de nossa sala, ele observava os pássaros, as marmotas e um veadinho no quintal atrás da casa com uma atenção silenciosa. Estudava folhas intensamente, juntava pedras e galhos, e meditava sem parar sobre seus animais, pássaros, sobre o clima, pedras e enciclopédias marítimas. Como um poeta romântico, Benj de fato via "um mundo em um grão de areia" (Blake) e uma vida "em flores e árvores, em todo e qualquer pedregulho" (Wordsworth, *The Excursion*, 9).

Diligente e entusiasticamente, Benj acompanhava a troca de estações, meses e padrões de clima. Certo dia, exclamou: "Março é um mês *entre*, entre inverno e primavera. Em março, o inverno empalidece e a primavera está próxima!". Richard e eu olhamos um para o outro, deliciados e surpresos — não fazíamos ideia de onde ele tirara a citação! Ele gostava de identificar o tipo de chuva quando saíamos — garoa, chuvisco, pé-d'água ou tempestade — e especificar a natureza exata de um dia frio: "Precisei pôr gorro, luvas e botas porque hoje vai ser mais do que frio, vai ser *glacial*!".

A curiosidade intelectual de Benj estava encontrando mais e mais formas de escape e expressão, e ele ia atrás de seus interesses com foco e fervor. Às vezes, demonstrava seu entusiasmo de maneira idiossincrática — citando rapidamente os nomes dos sete continentes e dos países em cada um deles, explicando com detalhes a diferença entre um cirro e um cúmulo, ou explicando movimentos difíceis de xadrez a pais estupefatos mas seduzidos no playground —, porém o entusiasmo era enorme e enternecedor.

Mas era também precisamente sua paixão gloriosa, seu intenso entusiasmo por coisas que outros podiam ignorar ou desprezar, o que me deixava ansiosa por Benj. Em parte por causa de sua inabilidade de captar detalhes sutis e nuances em situações sociais, ele parecia extremamente inocente e vulnerável. Era alheio a qualquer pressão por parte de seus colegas. Não compreendia os conceitos de mentir, manipular, ser malvado com outra pessoa. Era totalmente desinibido ao se expressar, e nem um pouco autocensurador. Ficava chateadíssimo se achasse que tinha feito algo errado e não entendia quando os outros faziam troça dele. Suas professoras e terapeutas sempre comentavam sobre como ele era inocente e doce; uma delas escreveu num relatório: "Clichês como 'Ele é incapaz de fazer mal a uma formiga' e 'Ele tem um coração de ouro' de fato são descrições acuradas de Benj". Eu morria de medo que, como muitas crianças peculiares, Benj fosse especialmente suscetível a *bullying*. "To H. C., Six Years Old", poema que Wordsworth escreveu para seu amigo e colaborador Hartley, o filho de S. T. Coleridge, muitas vezes me vinha à mente quando eu ficava deitada acordada à noite, receando os tormentos que outras crianças poderiam infligir a meu filho inocente e totalmente desprovido de malícia:

What hast thou to do with sorrow,
Or the injuries of to-morrow?
Thou art a dew-drop, which the morn brings forth,
Ill fitted to sustain unkindly shocks,
Or to be trailed along the soiling earth;
A gem that glitters while it lives,
And no forewarning gives;
But, at the touch of wrong, without a strife
*Slips in a moment out of life.**

---

* "O que tens a ver com tristeza,/ Ou com os reveses de amanhã?/ És uma gota de orvalho, que a manhã traz/ Inadequada para suportar golpes/ Ou para ser levada para a terra suja;/ Uma gema que brilha enquanto vive,/ E que não dá nenhum aviso;/ Mas, no toque do mal,/ sem luta/ Num momento deixa a vida." (N. T.)

Mas por ora Benj estava num lugar seguro, uma escola pequena e adorável que cuidava bem dele e o protegia de "golpes" e do "toque do mal".

E na primavera daquele ano, logo depois de completar cinco anos, tivemos a sorte de nos deparar com uma escolha maravilhosa: Benj havia sido aceito no jardim de infância das duas principais escolas particulares na região de Poughkeepsie — uma muito próxima, progressista, e a outra uma boa escola tradicional. Tudo o que ele conseguira! Benj passou a ser conhecido como o triunfo pré-escolar de Vassar, prova de que crianças com necessidades especiais podem se desenvolver junto com as demais, que um progresso surpreendente é possível com a abordagem e a atenção adequadas. E uma tarde naquela primavera, Benj, depois de um longo dia de escola, voltou para casa bronzeado, imundo — com manchas de poeira, areia e grama cobrindo todas as suas roupas, tinta não apenas nos dedos mas também nos braços e nos cotovelos —, com joelhos esfolados e canelas roxas, exausto e incrivelmente feliz. Talvez não estivesse trepando em árvores, esquiando despreocupadamente sobre lagos congelados ou se jogando ao vento, mas estava deslizando pelo escorregador e pintando com as mãos, estava se sentindo mais à vontade com a bagunça e a desarrumação. E estava aprendendo a expressar seus sentimentos e a se conectar às pessoas que mais o amavam. "Eu me diverti na escola", contou, inclinando o corpo contra o meu por um segundo, "mas senti falta de *você*, mamãe!"

> *Our childhood sits,*
> *Our simple childhood, sits upon a throne*
> *That hath more power than all the elements.* *
> *The Prelude,* v

---

* "Nossa infância,/ Nossa simples infância repousa sobre um trono/ Que detém mais poder do que todos os elementos." (N. T.)

Alguns dias depois das boas notícias das escolas, a diretora da escolinha de Vassar e eu fizemos o que se tornou uma série de apresentações conjuntas, conversas chamadas "Intervenção precoce: Perspectivas de uma equipe diretora-mãe" ou "Colaboração pais-cuidador com uma criança com necessidades especiais". Foi uma maneira maravilhosa de atingir outras pessoas e partilhar minhas experiências. Em conferências sobre a primeira infância, em listas de discussões, em interações diárias, tive muitos encontros emocionantes e esclarecedores com educadores, terapeutas, médicos e outros pais, e ficava com uma sensação de um trabalho produtivo e vital. Cheguei a considerar a possibilidade de voltar a estudar para me tornar psicóloga infantil. Sonhei em abrir uma escola para crianças prodígio/com problemas de aprendizado, ou uma escola para menores de doze anos que recebesse crianças com diferenças de aprendizado e enfatizasse o desenvolvimento da pessoa como um todo, não apenas o programa ou o currículo.

Eu me sentia mais confortável e mais viva na escolinha ou nas conferências sobre educação na primeira infância do que no departamento de inglês ou em conferências profissionais sobre literatura. Além disso, a ênfase na literatura de desenvolvimento psicológico sobre a importância das brincadeiras e da inteligência emocional me ajudou a ver quão estreitos a mentalidade acadêmica e os modelos tradicionais de educação poderiam ser. E, repetidas vezes, em minhas interações com crianças, em minhas leituras sobre crianças ou em meu trabalho diário em prol de Benj, eu pensava nos seguintes versos de Wordsworth: "Um momento agora pode nos dar mais/ Do que anos de esforçado raciocínio" ("To My Sister").

Vassar era uma excelente instituição de ensino superior, mas minhas dúvidas, minhas insatisfações com o mundo acadêmico permaneciam. Eu me surpreendia alertando meus alunos para não seguirem meu caminho; eu não poderia, em sã consciência, incentivá-los a fazer doutorado quando eles haviam dito que queriam ler livros incríveis o tempo todo e dar aula para alunos incríveis, como eu fazia. Eles eram tão idealistas; tinham olhos brilhantes e grandes esperanças. Eu gostaria de que pelo menos um dos meus professores tivesse sido mais honesto e direto comigo desde o início; gostaria de ter sabido onde estava me metendo, que ter um diploma em inglês tinha pouca ou nenhuma relação com ser professora de inglês. Eu estava lendo muito menos literatura, sobretudo literatura estrangeira, agora que era professora universitária. Tinha que ler infinitos artigos acadêmicos, resenhas de livros e redações de alunos. Tinha que mergulhar nos escritores menos importantes do meu período de especialização. E, claro, praticamente não havia emprego; minha carreira era uma aberração, não um modelo que pudesse ser facilmente replicável.

Eu tinha ótimos colegas — pessoas realmente inteligentes, interessantes e simpáticas de verdade —, mas muitos deles pareciam infelizes ou insatisfeitos também, e com frequência em conflito uns com os outros. Pois, como muitos outros departamentos de inglês, o de Vassar era fragmentado, cheio de disputas e tensões. Eu ficava sentada em intermináveis reuniões departamentais ou mesmo da faculdade em que minúcias eram debatidas durante horas, as pessoas ficavam enraivecidas por causa das coisas mais insignificantes, e tanto a disputa mesquinha quanto a maledicência não tinham qualquer relação com o que de fato estava em jogo. O que estava em jogo, todos os dias, era muito, no caso de Benj — Seria ele algum dia capaz de cuidar de si mesmo? Permitiriam que permanecesse na escola? Algum dia teria uma conversa, um amigo? —, e isso me ajudava a ver quão baixo eles estavam na academia. Sempre que eu levantava a possibilidade de deixar a vida acadêmica de uma vez por todas, o refrão era o mesmo: mas você estaria jogando fora todos aqueles anos de estudo e dedicação e sacrifício para forjar sua carreira, você estaria abrindo mão do prestígio pelo qual tantas pessoas almejam. Mas nada disso me importava mais, nem um pouco.

Além disso, eu sentia cada vez mais que não podia estar em busca de uma vaga de professora titular — que demandava publicar artigos com regularidade, viajar para assistir a conferências e terminar um livro em seis anos — e ser a mãe que precisava ser. Os primeiros anos após a descoberta dos problemas de Benj coincidiram com os primeiros três anos da carreira rumo a uma vaga de professora titular. Durante esse tempo, dei tudo de mim do ponto de vista profissional às minhas aulas e tudo de mim do ponto de vista pessoal a Benj e ao bebê James. Transformar minha tese em um livro me parecia um empreendimento enorme que exigiria um nível de foco e concentração, dedicação e tempo que eu não tinha, dadas as enormes necessidades dos meninos e meu inarredável compromisso com meus alunos.

Uma vez em Vassar, eu não tinha mais a ansiedade em relação ao desconhecido, mas um novo problema surgiu; percebi que estivera tão fixada no reluzente anel de bronze de professora titular que não havia encarado de verdade o fato de que simplesmente não era feita para a vida acadêmica. Eu sempre receara o estágio de redação acadêmica em que precisava fazer notas de rodapé; detestava me alinhar com isso e atacar aquilo. E agora a ideia de abrandar os problemas de minha tese e reforçar seus argumentos com mais pesquisa e/ou mais aparato teórico (minha banca de doutorado em Yale havia reclamado da escassez de notas de rodapé da tese e da falta de uma "metodologia consistente") me deixava exausta de antemão e me dava um pouco de repulsa. Eu sabia o que precisava fazer para obter uma vaga de professora titular, mas não conseguia me convencer a fazê-lo. E então:

I lived henceforth
More to myself, read more, reflected more,
Felt more, and settled daily into habits
More promising.
[...]
Who knows what thus may have been gained, both then
And at a later season, or preserved —
What love of Nature, what original strength
Of contemplation, what intuitive truths,
The deepest and the best, and what research
Unbiassed, unbewildered, and unawed? *

The Prelude, VI (em que Words-
worth escreve sobre si mesmo quando, entre dezoito e vinte anos,
abandonou a atribulada carreira acadêmica)

Eu não queria ler nem estudar nada árido ou muito distante
da vida real, argumentar só por argumentar, me jogar em análises intrincadas ou exibicionistas com pouco sentimento ou pouca motivação real por trás. Eu queria ajuda prática e ansiava por
algum insight penetrante, por alguma ressonância emocional e
por uma espontaneidade criativa. E então o que eu devorava —
pelo que tinha um apetite insaciável — eram livros de não ficção
escritos por pediatras, psicólogos do desenvolvimento, neurolo-
gistas, terapeutas (Stanley Greenspan, Howard Gardner, Oliver
Sacks, Mel Levine, Antonio Damásio, T. Berry Brazelton, Pema
Chodron, Jon Kabat-Zinn) e pura literatura — não textos *sobre*

---

* "Vivi daí em diante/ Mais para mim, li mais, refleti mais,/ Senti mais, e me
acostumei a hábitos diários/ Mais promissores.// Quem sabe o que assim pode
ter sido ganho, tanto na época/ Quanto num período mais tardio, ou preserva-
do —/ Que amor pela natureza, que força primordial/ De contemplação, que
verdades intuitivas,/ As mais profundas e melhores, e que pesquisa/ Imparcial,
tranquila e sem receios?" (N. T.)

literatura. Yeats e Ishiguro, *Gilead* e *Grandes esperanças*, Shakespeare e Austen e Toni Morrison, Rilke e Nabokov e sobretudo Wordsworth me fizeram passar por esse período difícil. Eu lia enquanto estava em pé em filas no banco ou no supermercado, sentada no saguão da escola de Benj, na sala de espera de consultórios de médicos e terapeutas, enquanto amamentava (muito enquanto amamentava), enquanto aguardava com o telefone na mão. Eu carregava livros comigo para toda parte e aproveitava qualquer oportunidade para ler. Isso me fez seguir adiante.

Que a literatura tem o poder de confortar e dar apoio, poderia parecer óbvio, mas, como professora especialista em literatura, me haviam feito sentir que ela era algo a ser analisado, debatido ou "trabalhado", não algo a se buscar para consolo, conforto ou inspiração. Em uma parte de sua autobiografia chamada "uma crise em minha história mental", John Stuart Mill afirma que os poemas de Wordsworth "provaram ser exatamente a coisa certa para minhas necessidades mentais naquela conjuntura específica [...] um remédio para meu estado de espírito". Essas observações são muitas vezes citadas de forma depreciativa por acadêmicos, mas eu sempre concordara com Mill, e jamais tanto quanto naquele momento.

Por intermédio de Wordsworth, eu estava ensinando valores, posturas e ideias que estavam em oposição aos valores, posturas e ideias de minha profissão, e fazê-lo me ajudou a entender melhor meus problemas com a vida acadêmica. Um poema de Wordsworth em especial, "Virando a mesa", que foi tema de minhas aulas numa disciplina sobre literatura do final do século XVIII chamada Razão e Sentimento exemplificava o que eu sentia:

Ergue-te amigo, alegre te quero ver,
Estás em tantos problemas absorto?
Ergue-te e deixa de ler,

Pois assim ficarás torto.

[...]

Livros! Tédio e labor sem fim;
Escuta o pintarroxo na pradaria,
Quão suave é seu canto, e assim,
Vejo nele maior sabedoria.

[...]

À Ciência e à Arte digas não;
Cerra as folhas um instante,
Vem e traz contigo um coração
Que fita e recebe, constante. *

Entre outras coisas, esse poema me lembrou da afirmação de Mr. Roger sobre a importância de "ser um bom receptor". Ser receptivo dessa maneira — empaticamente sensível aos sentimentos dos outros — era algo com que Benj tinha especial dificuldade, mas também era um modo de ser que era particularmente difícil de sustentar na competitiva arena acadêmica, onde tudo o que importava era projetar-se, afirmar suas ideias e postura teórica, intervir no discurso. Em meu desejo de abandonar a corrida por uma vaga de professora titular, eu ansiava por escolher, explicitamente, o meu "coração/ que fita e recebe" em detrimento de tudo o mais.

Wordsworth, sobretudo, foi meu companheiro constante durante esse período, e, ao passo que me ajudou a lidar com minha situação, da mesma forma minha situação me fez olhar para ele de forma nova, com um olhar diferente, com um entendimento mais profundo. Li não apenas seus poemas (incluindo muitos que jamais lera), mas também suas cartas, incluindo uma linda coletânea de cartas de amor trocadas por ele e a mulher, editada

---

* Tradução de Alberto Marsicano e John Milton, pp. 113-5. (N. T.)

por um de meus colegas preferidos de Vassar, que se tornaria analista junguiano. Tudo fazia muito mais sentido para mim agora. À medida que lia sobre a situação familiar de Wordsworth, compreendi que nunca na verdade o considerara como filho e como pai, nunca refletira sobre as perdas terríveis que ele sofrera. Pensei várias vezes, enquanto aprendia sobre sua vida — sozinha —, que isso jamais acontecera em uma aula: Como era possível que eu tivesse escrito tantos ensaios na faculdade e no doutorado, meu trabalho de conclusão e um capítulo de tese sobre Wordsworth e nunca até agora houvesse me dado conta completamente de que ele perdera os pais muito jovem, dois filhos (que morreram em 1812) e o irmão? Wordsworth se tornou não apenas um poeta, mas uma pessoa para mim — foi humanizado para mim —, e eu chorei lendo "Surprised by Joy" [Surpreendido pela alegria], sobre a morte de sua filha mais nova, e "Peele Castle", sobre a morte de seu irmão em um naufrágio:

> So once it would have been, — 'tis so no more;
> I have submitted to a new control:
> A power is gone, which nothing can restore;
> A deep distress hath humanised my Soul.
>
> Not for a moment could I now behold
> A smiling sea, and be what I have been:
> The feeling of my loss will ne'er be old;
> This, which I know, I speak with mind serene.
> [...]
> Farewell, farewell the heart that lives alone,
> Housed in a dream, at distance from the Kind!
> Such happiness, wherever it be known,
> Is to be pitied; for 'tis surely blind.

But welcome fortitude, and patient cheer,
And frequent sights of what is to be borne!
Such sights, or worse, as are before me here. —
Not without hope we suffer and we mourn. *

Estrofes de "Peele Castle"

Eu tinha pouco tempo, energia e inclinação para a escrita crítica ou acadêmica. Mas o que de fato escrevi — começando quase imediatamente quando descobrimos a hiperlexia — foram anotações sobre o que Benj estava fazendo e sobre o que eu estava sentindo — esses apontamentos noturnos foram absolutamente necessários para minha sobrevivência emocional. O que eu estava fazendo com Benj era o oposto do que eu fazia como acadêmica. Eu estava fazendo tudo o que podia para aceitá-lo como ele era, para me desvencilhar da necessidade de rótulos, teorias, jargões, para não me importar com o que o establishment dizia, para desenvolver meus sentimentos e minhas atitudes baseada na experiência pessoal, na intuição e no que estava presente bem diante de mim. Eu ansiava por fazer isso com a literatura também.

Eu tinha um emprego promissor em uma faculdade de ciências humanas de primeira linha, mas ainda me sentia inquieta e insatisfeita nos dias bons, impostora e enojada nos dias ruins. E

---

* "Então certa vez teria sido — não mais é assim;/ Fui submetido a um novo controle:/ Uma força se foi, que nada pode restaurar;/ Uma profunda tristeza humanizou minha Alma.// Nem por um momento eu poderia agora admirar/ Um mar sorridente, e ser o que fui:/ O sentimento de minha perda nunca envelhecerá;/ Isso, que sei, digo com mente serena.// Adeus, adeus ao coração que vive sozinho,/ Morando em um sonho, longe da sua espécie!/ Tal felicidade, seja onde for conhecida,/ Deve suscitar piedade; pois certamente é cega.// Mas sejam bem-vindos, fortaleza e ânimo paciente,/ E frequentes vislumbres do que ainda será suportado!/ Vislumbres tais, ou piores, como estão diante de mim aqui. —/ Não sem esperanças padecemos e pranteamos." (N. T.)

me sentia culpada por me sentir assim, já que meu próprio marido queria ardentemente aquilo que eu tinha. Richard não conseguia entender minha insatisfação. Às vezes, quando eu expressava minha frustração com algum texto acadêmico hermético, ou com uma reunião de departamento exaustiva e desagradável, com a necessidade de colocar notas de rodapé em tudo, ele suspirava e dizia: "Ainda assim é o melhor emprego que alguém poderia ter". Ele ainda queria muito ser professor de uma universidade, mas à medida que os meses e os anos passavam, e ele continuava sem conseguir terminar sua tese de doutorado, ficava cada vez mais claro que, se ele quisesse permanecer no mundo acadêmico, provavelmente teria de ser graças à minha influência — como "cônjuge contratado". Então, embora ansiasse por abandonar o mundo acadêmico, eu permanecia ali, em grande parte para possibilitar a permanência dele. Tudo isso impôs uma enorme tensão ao nosso casamento.

E a vida emocional complicada de Richard estava se tornando extremamente árdua e exaustiva de lidar. Suas afirmações e respostas eram com frequência tão rebuscadas e opacas que eu não conseguia entender o que ele queria dizer. Outras vezes, meus esforços para me comunicar, para fazer qualquer tipo de contato com ele, esbarravam em uma ausência completa de respostas. Eu tentava tocar com uma "mão gentil", mas as árvores, a essa altura, estavam tão excessivamente grandes que eu não conseguia mais chegar ao espírito. Eu fora a única pessoa com a qual ele se abrira. Mas agora ele não conseguia mais se abrir, nem mesmo comigo. Ou, para dizer de outra forma, eu fora a única pessoa capaz e disposta a aguentar a "mata fechada", de abrir caminho pelo matagal, e "me mover junto [às] [...] sombras/ Com coração gentil" para encontrar seu espírito. Mas dessa vez os espinheiros ricocheteavam em mim, as árvores eram altas demais, renitentes demais. O caminho estava bloqueado.

Frustrada e com medo, tentei chamar sua atenção e acessá-lo de todas as maneiras. Acabei perdendo minha gentileza, e falava com ele de forma histriônica ou ríspida, mas isso tampouco surtiu qualquer efeito.

Durante esses anos difíceis, não acho que ele tenha alguma vez me perguntado "Como foi o seu dia?", "Como você está se sentindo?" ou "Como posso ajudá-la?". Acho que não lhe ocorreu perguntar, como teria ocorrido a Benj. Não tínhamos intimidade física — nem mesmo beijos — desde que concebemos James, quase dois anos e meio antes, e ele parecia não ter qualquer interesse de voltar a tê-la. Mas mesmo quando eu lhe disse que não suportava mais as coisas daquele jeito, que o casamento estava correndo sério risco, ele se manteve em silêncio, inexpressivo, completamente sem reação. Eu não conseguia enxergar nenhuma saída para aquela vida árida, vazia e estéril. Sentia meu viço, meu dinamismo, meu otimismo se esvaindo. Percebia minha própria natureza ensolarada, meu "brilhante esplendor" se obscurecendo.

Mas as hesitações e os medos típicos que todo pai ou mãe tem quando pensa em divórcio pareciam ainda mais agudos no meu caso, tanto por causa de minha própria experiência quando criança quanto por causa da dupla específica de filhos e marido que eu tinha. Eu não conseguia tolerar a ideia de desmanchar uma família, de fazer a meus filhos o que meus pais fizeram comigo e com minha irmã; eu não conseguia suportar a ideia de causar tanto sofrimento. Eu jamais quis que meus filhos vivessem a desorientação, o instinto de proteção para com a vulnerabilidade do pai, o sentimento de ser responsável pelo bem-estar de um pai que tanto pesara sobre mim quando pequena. E eu havia sido uma menina de dez anos emocionalmente sofisticada e resiliente, com muitos amigos e um espírito destemido. Benj era uma criança singular, isolada, especialmente vulnerável, para quem a novidade era o maior desafio; ele era uma criança que requeria estabilidade, certeza e confiança muito mais do que eu precisara. Ele adorava e precisava desesperadamente do pai. Richard, além de tudo, era muito mais frágil do que meu pai fora. Meu pai era um homem gregário, encantador, com uma rede social ampla; Richard era solitário, e nossa família constituía todo o seu universo social. Sua solidão e sua dor eram justamente aquilo para cuja atenuação eu entrara em sua vida. Agora eu o estaria condenando à solidão, inflingindo-lhe dor. Fiquei atormentada pela ideia de abandoná-lo. E eu sabia que ele sentiria falta das crianças quase mais do que poderia suportar; seus filhos eram "seu Coração e a alegria de seu Coração" (Wordsworth, "Michael").

Enquanto agonizava sem saber o que fazer, eu era assombrada por uma observação que a mãe de Richard fizera em seu leito de morte. "Eu me preocupo tanto em deixar os meus meninos", ela dissera. "Anthony e Sam sobretudo, eles são tão jovens, e ainda não sei o que vai ser deles, não tenho como ter certeza de que ficarão bem. Mas estou tão aliviada por não precisar me preocupar com Richard", ela prosseguira, apertando minha mão com tanta força quanto possível, "porque ele tem VOCÊ." Cada vez que eu relembrava suas palavras, elas me golpeavam. Agora eu sabia, muito mais do que soubera antes, o que significava o amor de uma mãe e a preocupação de alguém por seu filho, e eu estava dominada por uma vontade de honrar o desejo de minha sogra, assim como eu gostaria que meu filho fosse cuidado por sua parceira.

Por mais ilógico ou confuso que fosse, eu sentia que rejeitar ou abandonar Richard seria de alguma forma também rejeitar ou abandonar Benj. Pois, sob vários aspectos, meu filho era alguém que viria a ser o homem com o qual eu não mais conseguia estar casada. O perfeccionismo doentio, a inabilidade social, a rigidez quanto às rotinas, a dificuldade com demonstrações físicas de afeto e com a proximidade emocional, a flexibilidade cognitiva — todos esses traços e qualidades Richard partilhava com Benj. Eu temia que me divorciar dele equivalesse a enviar um recado a Benj, por mais obliquamente que fosse, sobre não ser desejado. Meu próprio filho seria uma pessoa com quem seria difícil manter uma relação romântica — será que eu ia querer que uma mulher lhe desse as costas? Será que eu não estaria, na verdade, dizendo que Richard e Benj não eram dignos da persistência de alguém, de se segurar as pontas com eles, ser paciente, perdoar e compreender suas manias e limitações? Será que eu não estaria dando a entender que eles não valiam a pena a despeito de seus problemas, que não eram merecedores de amor incondicional e infinito? Assim como eu desejara isso para Richard, eu queria um coração e um toque gentil para com Benj. Queria que Benj tivesse seu espírito reconhecido na floresta densa de suas dificuldades e opacidades. Queria que as pessoas olhassem mais além das bizarrices superficiais e dos comportamentos potencialmente frustrantes e confusos, que se empenhassem, mas com ternura, paciência e perseverança, para entendê-lo e levar luz à sua sombra. Será que "desistir" de Richard seria de alguma forma uma admissão de que tal empenho fora, era ou seria em vão?

O fracasso de nosso casamento, que outrora encerrara tanta esperança e promessas quanto um bálsamo, uma força restauradora, era algo devastador de admitir. A fantasia que eu acalentara a vida inteira de conseguir compensar os sentimentos de vulnerabilidade e dor que caracterizaram minha infância com uma família toda minha, segura, amorosa, intacta, se desfez em mil pedaços. Eu me senti como se tudo com o que contara tivesse sido posto em dúvida, e havia uma sensação desconcertante de que tudo caía aos pedaços. Tive uma angústia muito profunda; sentia que estaria traindo meus valores mais arraigados e infligindo um grande dano a três pessoas que eu amava.

209

Mas isso era um lado da moeda. O outro lado era minha forte convicção de que, se fosse para nós dois algum dia sermos capazes de amar um ao outro novamente e ser os pais, e as pessoas, que queríamos e precisávamos ser para nossos adorados filhos, então precisávamos de uma mudança dramática, uma reconfiguração dramática de nossa relação. Eu precisava vencer o ressentimento, a frustração e o desapontamento, e reencontrar a afeição por Richard. Sabia que se ele não fosse meu marido, se eu não tivesse qualquer expectativa quanto ao que ele poderia ou deveria me dar, eu conseguiria apreciá-lo e amá-lo de novo. E então, depois de anos refletindo, agonizando e hesitando, enfim tomei a decisão de acabar com o casamento de uma vez por todas. Richard disse que estava arrasado, mas não chorou nem protestou; aceitou minha decisão como final e a compreendeu.

Richard e eu continuamos a viver juntos na casa de Poughkeepsie; ele dormia dois andares abaixo, em seu escritório. Não falamos para quase ninguém sobre a nossa separação — se em Vassar ficassem sabendo, eliminariam seu cargo de professor. Tomamos a decisão de nos mudar para Nova York dali a um ano: teríamos uma rede de apoio mais ampla e mais forte de família e amigos, Richard teria muito mais oportunidades de emprego e lá as oportunidades educacionais eram melhores para Benj e James. O plano era eu viajar três dias por semana para Vassar, mas eu tinha quase certeza de que não conseguiria aguentar isso muito tempo; não queria ficar longe de Benj com tanta frequência e pensei que provavelmente precisaria aceitar um emprego que pagasse melhor e que me possibilitasse sustentar as crianças sozinha. Trabalhar em uma agência literária ainda era uma possibilidade para mim, e, apesar de a perspectiva de deixar de lecionar ser muito triste, a chance de me libertar do confinamento da academia era emocionante. Além do mais, eu estava me dando conta de que não precisava fazer as coisas porque meus pais, meus pais simbólicos (meus professores) ou meu marido queriam que eu fizesse, nem porque eu sempre as fizera, ou porque fazê-las me parecia fácil e familiar.

Jurei fazer tudo o que estivesse a meu alcance para proteger tanto Richard quanto as crianças. Partilharíamos a guarda e continuaríamos a passar bastante tempo juntos como uma família. A felicidade e o bem-estar dos meninos seriam sempre nossa preocupação maior. E continuaríamos a trabalhar juntos como pais, buscando a melhor vida para nossos filhos.

[...] a child, more than all other gifts
That earth can offer to declining man,
Brings hope with it, and forward-looking thoughts,
And stirrings of inquietude, when they
By tendency of nature needs must fail. *

Wordsworth, *"Michael"*

No final do verão, levamos Benj à dra. G., a mesma fonoaudióloga e psicóloga de Nova York que primeiro o avaliara quando
ele não tinha nem três anos. Após a comemoração inicial quanto
à admissão de Benj nas duas escolas particulares da região de
Poughkeepsie, ficamos remoendo várias vezes qual seria o melhor cenário: a escola experimental, que seria ao mesmo tempo

---

* "[...] uma criança, mais do que todas as outras dádivas/ Que a terra pode
oferecer a homens decadentes,/ Traz consigo esperança, e pensamentos futuros,/ E buliços de inquietude, quando esses/ Por tendência das necessidades da
natureza têm de falhar." (N. T.)

mais tolerante e mais confusa para ele, ou a escola tradicional, mais estruturada mas também mais rígida. Acabamos resolvendo o dilema entre dois estilos de educação decidindo mantê-lo na escola experimental de Vassar para o jardim de infância; uma vez que tínhamos nos comprometido a voltar para a cidade em um ano, queríamos mantê-lo onde ele estava com o intuito de eliminar o estresse de duas transições de escola num só ano. A questão quanto a se a educação progressista ou tradicional era mais apropriada para Benj continuava em aberto. Esperávamos que a dra. G. pudesse nos ajudar a entender que tipo de escola em geral e qual escola particular em Nova York seriam melhores para nosso filho brilhante porém peculiar. Mas o que aconteceu foi que a possibilidade de qualquer escola regular aceitá-lo parecia cada vez mais exígua.

A consulta começou bem. Benjamin se lembrava da dra. G. de dois anos e meio antes, e a cumprimentou com entusiasmo. Mas logo começou a dar mostras de uma extrema ansiedade, expressando medo de barulhos fora do consultório, do cronômetro dela e da situação em geral. Nós o deixamos no consultório com ela e fomos para a sala de espera, onde nos sentamos um ao lado do outro sobre cadeiras duras de madeira e folheamos os nossos livros. Apesar do ruído de aparelhos tanto do lado de dentro quanto de fora da porta que dava para o consultório, podíamos claramente ouvir Benjamin falando sem parar, exclamando com regularidade "Oh, não!" ou "Não consigo!" e chorando.

Ouvir meu filho chorar enquanto eu estava do outro lado da porta, impotente, foi um lembrete doloroso dos limites de minha capacidade de garantir seu bem-estar. Ele estava tendo um ótimo verão no interior e se mostrara alegre e exuberante no carro no caminho até Nova York, mas em uma nova situação, confrontado com novos desafios, ele entrou em desespero e capitulou. Sentada na sala de espera, ouvindo-o chorar ou protestar ou não conseguir fazer coisas que estavam lhe pedindo, vi a grande vulnerabilidade de Benj de uma maneira muito pungente. Eu não podia estar lá com ele, e ele estava lutando intensamente, sozinho.

"Vocês ouviram, certo?", a dra. G. perguntou, de forma um tanto sombria, quando enfim abriu a porta, chamando-nos para sua sala com um gesto. Ela despachou Benj para a sala de espera para brincar enquanto nos relatava o que acontecera. Nós nos sentamos em um sofá à sua frente enquanto ela explicava todos os aspectos segundo os quais ele era deficiente ou problemático. "Bem, para começar, ele é extremamente lábil." "O que a senhora quer dizer com lábil?", perguntei. "Ele vai de um polo emocional a outro, é frágil, é ansioso, é rígido, tem pensamentos catastróficos."

"Pensamentos catastróficos?"

"Ele imagina os piores cenários; pode ficar paralisado de ansiedade se as coisas não estão claras para ele ou se um desenlace é incerto."

Com rispidez, ela então enumerou todos os outros problemas que notara em Benj. "Ele não sabia começar a contar uma história." "Ele não sabia que eu estava fazendo de conta que chorava. Ele é capaz de muita empatia, mas não entendeu que eu não estava chorando, na verdade. Ficou muito tenso com meu choro e não percebeu que estávamos fingindo/desempenhando papéis." "Vocês sabem que ele é péssimo com quebra-cabeças, certo?"

Depois de listar todos os seus pontos fracos e problemas, ela suspirou e disse: "Bem, não preciso lhes dizer, vocês já sabem tudo isso, certo?". O que podíamos responder? Nós dois sabíamos e não sabíamos.

De tempos em tempos Benj enfiava a cabeça pela porta para nos mostrar um livro ou um brinquedo que encontrara. Estava sempre sorrindo e parecia alheio à tensão e à ansiedade na sala. A dra. G. dizia: "Oi, querido, só mais um pouquinho", e ele voltava alegremente para suas atividades lá fora. Não fazia ideia de que se saíra "mal". Não tinha a mais pálida ideia. O fato era que ele não havia se dado conta de que precisava causar uma impressão positiva ou dar o melhor de si. Apenas reagira. Não fazia ideia de que estava sendo julgado ou avaliado, se havia se saído bem ou falhado. Sua inocência em relação ao próprio desempenho o protegia de ficar sem graça ou se sentir envergonhado, mas para mim foi penoso ver sua falta de percepção ao longo de todo esse processo.

"O.k., então de que maneira isso influencia a sua percepção de qual escola seria ideal para ele?", perguntei.

"Em termos de escolas, Benjamin tem dois obstáculos contra ele. Por um lado, sua labilidade emocional. Por outro, seu perfil neuropsicológico peculiar. Por causa de seus atrasos motores, ele não se sai bem em muitas tarefas. Em algumas tarefas verbais, como vocabulário, ele alcança um desempenho de 99%, mas em outras, como raciocínio social, fica muito abaixo disso. Ele se distrai. Vai ter bons desempenhos esparsos, e isso pode ser um enorme sinal vermelho para as escolas."

No trajeto de volta para casa, com Benj no banco traseiro alegremente absorto num livro de atividades com labirintos, suspirávamos e nos preocupávamos. Todas as desculpas que encontramos para explicar seu fraco desempenho — ele ficara confuso com a movimentação e o burburinho de Nova York, a sessão de fotos do início da consulta o assustara, a novidade da situação trouxera à tona o pior nele — não mudavam o fato de que a dra. G. identificara e dera nomes e rótulos negativos para comportamentos e características de Benj que nós reconhecíamos e dos quais tínhamos consciência. Ela articulara em linguagem clínica todas as coisas que nós mesmos sentíamos, suspeitávamos, adivinhávamos que eram características de seu temperamento e de sua personalidade.

Um dia ou dois depois, em uma conversa pelo telefone, a dra. G. foi ainda mais direta. "Não se pode ser mediano e não se pode ser difícil ou problemático para ser admitido em uma escola particular de Nova York", ela disse. "As escolas nova-iorquinas não querem crianças medianas, e também não querem crianças que gritam e têm ataques, não querem crianças frágeis. É necessário pelo menos uma nota composta de 84% nas provas ERBs [o exame-padrão usado para admissão em escolas privadas de Nova York]. Vocês realmente deveriam considerar uma escola especial. Vocês precisam dar a ele auxílio psicológico profissional e precisam colocá-lo num grupo para desenvolver habilidades sociais o quanto antes."

Comecei a pesquisar na internet sobre escolas especiais em Nova York. Pude ver quão maravilhosas elas podiam ser para meu menino. Vendo aquelas escolas e percebendo quão bem Benj poderia se sair nelas, senti realmente que talvez eu não tivesse feito o melhor por ele no passado. Será que deveria tê-lo colocado em uma pré-escola de educação especial onde ele pudesse ter recebido mais atenção e apoio direcionados para seus problemas específicos? Pensei em dois filhos de amigos de minha família que haviam se esforçado para acompanhar escolas tradicionais e que nunca tiveram seus problemas de aprendizado específicos identificados. Esses dois meninos tinham ido para escolas progressistas, flexíveis, amorosas, e haviam se sentido à deriva, sem apoio, incompreendidos. Apenas na idade adulta eles foram rotulados (com síndrome de Asperger e transtorno bipolar), o que foi um alívio para eles e para seus pais. Eu não buscara um médico que desse um rótulo a Benj. Queríamos tanto que ele fosse considerado pelo o que era, que fosse amado e apreciado por quem era de verdade, que fosse festejado e não visto como alguém incapaz de amar, sentir e ter empatia. "Ele é muito empático", eu pensava comigo mesma. "É muito gentil e amoroso. E é muito jovem — como podemos saber se vai superar certos comportamentos ou superar muitas de suas 'fraquezas'? Desde que ele esteja recebendo tratamento, por que aprisioná-lo com um rótulo que possa estigmatizá-lo, limitar suas opções, limitá-lo, em sua própria vida?" Estávamos nos saindo bem, com pessoas que o conheciam como Benj, que gostavam dele e que o apoiavam, mas será que ele estivera simplesmente flanando? Estaria se desenvolvendo tanto quanto possível? Seria esse o ponto em que teríamos de encarar o fato de que Benj jamais seria capaz de consegui-lo e de que talvez não fosse mais bem servido por uma escola regular? Seria uma dessas escolas especiais o lugar certo para Benj, um lugar em que ele poderia ser devidamente apoiado e nutrido? Onde não teria de ser o "esquisitão" ou o menino "difícil"?

Mas eu sabia que a ideia de matriculá-lo em uma escola especial seria uma condenação para Richard, para quem muito do ímpeto por trás dos tratamentos sempre fora "acelerar Benj até a velocidade certa" para que pudesse frequentar uma escola "normal", como uma criança "normal". Richard resistia fortemente à ideia de ele talvez não conseguir se sair bem em uma escola como as que nós frequentáramos. Na verdade, seu desejo de que Benj fosse para uma escola regular forte foi uma das primeiras razões pelas quais ele guardava segredo sobre detalhes da situação de Benj e insistia que eu também o fizesse; ele não queria indispor as pessoas contra Benj e arruinar suas chances de ser aceito.

Pedi a Richard que desse uma olhada nas escolas especiais pela internet — "Você vai ficar muito agradavelmente surpreso e impressionado, estupefato, na verdade!", eu lhe disse —, mas ele permaneceu impassível. Na semana seguinte à consulta com a dra. G., ele recuara da preocupação que sentimos de volta para sua postura inabalável de que Benj poderia ir para uma escola regular. "Realmente não acho que Benj precise de uma escola especial. Ele está indo tão bem agora. Foi aceito nas duas escolas regulares daqui. Por que não seria aceito em escolas similares a essas em Nova York?" "Bem, o processo de inscrição é muito mais difícil na cidade", argumentei. "Mas, mais do que isso, só porque ele foi aceito não quer dizer que teria de fato se saído bem nessas escolas. Eles o viram por meia hora apenas. Não tenho certeza de que elas teriam sido capazes de apoiá-lo em suas crises de ansiedade ou fazer os arranjos de que ele precisa." "Mas ele é capaz", Richard disse. "Eu sei que é."

Toda vez que Benj se comportava de forma estranha ou problemática em uma situação social ou na escola, Richard dizia uma versão do seguinte: "É muito frustrante. Ele é tão esperto e capaz, só é um pouco diferente. Se ele apenas conseguisse dar conta! Por que ele simplesmente não consegue? Por que simplesmente não consegue segurar as pontas?". Eu sabia que sua frustração tinha origem em seu profundo amor por Benj e numa crença inabalável nele — sua fé de que ele era capaz. Mas eu achava que Benj parecia cada vez mais precisar de uma turma pequena, atenção individualizada e aceitação de suas manias que apenas uma escola especial poderia oferecer, e a opinião da dra. G. calou fundo em mim. Então, apesar das objeções de Richard, insisti que acrescentássemos escolas especiais à nossa lista e que pedíssemos os formulários de inscrição. Com relutância ele concordou em assiná-los.

Em uma reunião com a dra. G. seis semanas mais tarde, Benj estava notoriamente menos ansioso e mais cooperativo, e ela nos disse que pensava que havia, na verdade, esperança de que ele pudesse ser aceito e se sair bem em uma escola regular. Mas, então, como ela previra de início, seu exame ERB voltou com notas esparsas e um grande abismo entre sua pontuação verbal e de desempenho. Então, tanto para maximizar suas chances de aceitação quanto as nossas de encontrar o que fosse mais adequado para ele, jogamos uma rede extremamente grande e nos inscrevemos para vinte escolas de ensino básico públicas e particulares (doze regulares e oito especiais) na área de Nova York. Apesar de nossa separação, Richard e eu fomos a quase todas as escolas e fizemos todas as entrevistas juntos. Ao mesmo tempo que dava aulas em tempo integral em Vassar, viajei pelo menos quarenta vezes em três meses para intermináveis visitas, entrevistas e encontros para brincar.

Essa foi a minha primeira incursão no mundo hipercompetitivo das escolas de Nova York desde o desapontamento anterior com minha pré-escola, e eu era continuamente desestimulada pelo ambiente agressivo e hostil no qual apenas crianças "perfeitas", "dóceis" e estáveis eram bem recebidas. Esse processo foi cheio de momentos agonizantes e muitas vezes enternecedoramente hilários. Como a vez em que Benj saiu de uma "avaliação" para nos encontrar no saguão e disse em voz alta: "Não me diverti aqui nesta escola, mamãe". Ou a vez em que ele falou em alto e bom som, ao alcance dos ouvidos da diretora de admissões: "Esta escola é a número sete da minha lista". A realizadora do exame em uma escola particular supostamente mais descontraída e acolhedora insistiu que a letra minúscula *j* de Benj era na verdade um *u* e o fez chorar. Em outra escola, a examinadora saiu da sala de avaliação e me disse, sem rodeios: "Sinto muito, mas ele não conseguiu copiar as formas rápido o bastante". E em uma visita que parecia estar fluindo às mil maravilhas, tudo foi pelos ares depois que ele ficou choroso quando sua equipe perdeu um jogo informal de basquete e a professora me disse numa voz severa e reprovadora: "Ele não lida bem o suficiente com frustrações para esta escola; queremos crianças duronas, resilientes".

Richard e eu ficamos especialmente atraídos por uma escola

pequena, estruturada e acolhedora, conhecida por ser aberta a crianças com "perfis de aprendizado especiais". Adoramos seu calor humano, sua diversidade, suas turmas pequenas e a atenção individualizada. Em um espírito de otimismo cauteloso, levamos Benj lá para uma visita numa manhã de sábado no início de dezembro. Havia umas cem crianças, pais e professores reunidos na grande cafeteria. As crianças foram divididas em pequenos grupos e conduzidas para o andar superior por uma professora até as salas de aula para a "dinâmica lúdica". Vi Benj ficar nervoso, tirar o cabelo de cima dos olhos, caminhar na ponta dos pés, ficar um pouco vermelho, mas ele estava sorrindo e seguiu entusiasmado a professora enquanto ela conduzia o grupo para fora da cafeteria.

Tomamos assento em fileiras semicirculares dispostas atrás da diretora. Sentada à frente da sala, ela pediu aos pais reunidos que lhe dissessem por que estavam interessados na escola. Algumas mães, ansiosas, riram nervosas enquanto os maridos divagavam, davam nomes ou lançavam mão de piadas um tanto inapropriadas. Enquanto um pai falava sobre como a escola era perfeitamente adequada para sua filha, ouvi um gemido familiar, quase um assovio, de início baixinho, então mais e mais alto. Uma figura surgiu na porta: a diretora assistente de admissões. Todas as cabeças se voltaram na mesma direção. Ela tentou fazer um gesto sutil para mim. Noventa por cento dos pais deram um suspiro de alívio audível e alguns pareceram mesmo se deleitar. "Um candidato a menos", eu podia vê-los pensar. Umas poucas almas gentis me olharam com simpatia.

Levantei e caminhei até a porta. Benj estava sentado em um banco em um grande saguão, o rosto vermelho, as bochechas marcadas por trilhas de lágrimas, e sua expressão era de desconsolo. A professora que coordenava seu grupo estava em pé junto a ele, parecendo, alternadamente, lamentosa e irritada. A história emergiu aos pedaços. Benj não quisera subir a escada até a sala de aula porque ela era muito íngreme e o corrimão terminava bruscamente, mas a professora insistira para que ele caminhasse de um certo jeito quando estivesse se sentindo assustado. Então fizeram com que todas as crianças se sentassem a mesas e copiassem formas — algo que Benj, com seu atraso de motricidade fina, considerou uma tarefa especialmente difícil. A equipe de admissão havia realmente simpatizado comigo durante o tour pela escola e estava disposta a lhe dar outra chance, mas decidi não fazê-lo passar por aquilo de novo. Eu simplesmente não sentia que eles seriam capazes de ser flexíveis a ponto de recebê-lo bem e suprir suas necessidades.

Então, muitas vezes ao longo desse difícil e doloroso processo de busca por escolas, procurei consolo nos relatos de Wordsworth sobre suas próprias experiências escolares, sua resistência à conformidade, sua recusa de formas tradicionais de avaliação:

Examinations, when the man was weighed
As in the balance;
[...]
                    Things they were which then
I did not love, nor do I love them now:
Such glory was but little sought by me,
And little won. *

                                        The Prelude, iii

Talvez porque eu desse aulas para alunos que tinham necessidade especial de incentivo ou correção, talvez porque eu

---

* "Exames, quando pesavam o homem/ Como se numa balança;/ [...] Coisas tais que eu então/ Não amava, como tampouco amo agora:/ Tal glória foi pouco buscada por mim,/ E pouco conquistada." (N. T.)

mesma precisasse desse tipo de lembrete, sempre me atraíram as passagens de O *prelúdio* que rejeitam noções estreitas e convencionais de realizações, que celebram a liberdade das brincadeiras infantis e o valor de atividades aparentemente fortuitas. Esse aspecto do poema havia se tornado especialmente poderoso e pungente para mim à medida que eu observava Benjamin ser testado ou avaliado incontáveis vezes por incontáveis terapeutas e psicólogos e agora por professoras e comitês de admissão escolar. Encontrei muito conforto no lembrete de Wordsworth de que a essência de meu filho não estava sendo medida na balança, e na sua crença em seu próprio valor, a despeito do fato de que ele não era um aluno convencional, tampouco uma pessoa convencional:

> Not of outward things
> Done visibly for other minds — words, signs,
> Symbols or actions — but of my own heart
> Have I been speaking, and my youthful mind.*
> The Prelude, III

Eram o "próprio coração" de Benj e sua "mente jovial" que importavam, eu disse a mim mesma, não sua proficiência em "coisas externas".

Das vinte escolas às quais nos candidatamos, Benj acabou sendo aceito por apenas uma: uma escola de necessidades especiais que só existia havia dois anos e, portanto, tinha mais vagas e mais abertura para crianças peculiares e desafiadoras. Era projetada para crianças inteligentes com todo tipo de questão —

---

* "Não sobre coisas externas/ Feitas visivelmente para outras mentes — palavras, sinais/ Símbolos ou ações — mas sobre meu próprio coração/ Estive falando, e minha mente jovial." (N. T.)

transtorno de déficit de atenção, dislexia, transtornos sensoriais. Tinha um ginásio sensorial de primeira linha e um currículo sensível do ponto de vista do desenvolvimento, ousado e individualizado. Benj ficaria numa classe de doze alunos com duas professoras e receberia terapia ocupacional, sessões de fonoaudiologia e treinamento em habilidades sociais. Ficamos muito gratos por ter essa opção, embora Richard ainda lamentasse que Benj não houvesse sido aceito por uma escola "normal".

Em contraste com nossa saga excruciante com o processo de admissão de escola de Benj, James, com dois anos e meio, foi logo admitido na pré-escola que eu frequentara, aquela que primeiro me alertara para preocupações sérias quanto a Benj. O pequeno James agora falava "eu", "mim" e "meu" o tempo todo — incrível quão natural isso era para ele, comparado a Benj, que só com quatro anos conseguiu dominar esses termos. Todas as manhãs depois de assistir a *Vila Sésamo* James corria para vir me contar tudo o que tinha acontecido: "Eu vi Elmo! Elmo dança com sr. Noodle. Oscar fecha lata de lixo e diz 'ARRRGGGHH!'. Super Grover vai pra África e vê elefante!". Ele não recitava falas nem cantava as músicas; em vez disso, relatava, entusiasmado, em sua própria fala quebrada de bebê, o que vira. E James rasgava livros, mascava livros, jogava livros longe — fazia tudo, menos lê-los. Toda vez que eu o observava correr, pular e saltar ou o ouvia conversar com seus bichinhos de pelúcia, toda vez que ele gritava "mamãe!" e jogava os braços em volta de mim, eu via muito mais claramente quão "anormal" Benj fora e me dava conta de que teria me preocupado muito mais cedo e muito mais intensamente se ele tivesse sido meu segundo filho.

Chamarei o mundo de uma escola instituída com o propósito de ensinar crianças pequenas a ler — chamarei de coração humano a cartilha usada nessa escola — e chamarei de criança capaz de ler a alma produzida a partir dessa escola e sua cartilha. Não percebes quão necessário é um Mundo de Dores e atribulações para instruir a inteligência e fazer dela uma alma? Um Lugar onde o coração tem de sentir e sofrer em mil maneiras diferentes!

John Keats

Naquela primavera, bem quando as aulas em Vassar estavam chegando ao fim, planejei uma viagem ao Japão para ver meu pai, que não falava havia mais de um ano, cujo nível de consciência não era claro e que não parecia ter muito mais tempo de vida. Eu estava um pouco nervosa e muito triste por deixar os meninos por um período tão longo e por ir para tão longe deles, mas confortada pelo fato de que Benj estava indo muito bem em sua escolinha e aproveitando com o maior entusiasmo suas últimas semanas lá. Eu voltaria do Japão a tempo para sua formatura no jardim de infância após três maravilhosos anos naquela escola.

Na tarde anterior ao dia de minha partida, peguei um trem Metro-North de Poughkeepsie para Manhattan, onde passaria a noite no apartamento de minha mãe antes do voo, de manhã cedo. Eu me sentei encolhida junto à janela, absorta com um livro, quando de repente ouvi "Priscilla?". Levantei os olhos e vi Peter, o professor do jardim de infância de Benj, sentado na mesma fileira que eu, do outro lado do corredor. Eu nunca o vira fora da escola, e era agradável, bem como estranho, encontrá-lo no trem. Ele me apresentou seu filho, um adolescente de cabelo desgrenhado sentado a seu lado. "Essa é a mãe do *Ben*", Peter disse ao filho, que pareceu se empertigar com a notícia; ele com certeza ouvira o pai falar muito em Benj. Ele apertou minha mão, deu um "olá" amigável e então colocou seus fones de ouvido e afundou na poltrona. Contei a Peter que estava indo visitar meu pai no Japão, e ele, que estavam indo ao encontro de seu filho mais velho em Nova York. "Vamos ao show de Brian Wilson hoje à noite", ele disse, entusiasmado. "Você gosta de Brian Wilson!", exclamei. "*Pet Sounds* é um dos meus discos favoritos de todos os tempos!" Concordamos que Benj e Brian Wilson eram parecidos sob muitos aspectos: os dois tinham ouvido absoluto, ansiedades estranhas, uma bela voz para o canto e uma fragilidade atraente.

O próprio Peter era músico. Depois de uma carreira na música, voltara a estudar com quarenta e poucos anos a fim de obter um diploma duplo de educação especial e educação infantil. Tocava violão e banjo para as crianças em suas aulas e em todos os eventos da escola, e Benj sempre fora fascinado por ele. Desde que Benj começara na escola, aos três anos, sua voz especialmente poderosa e acurada se elevava acima de todas as demais em todos os eventos escolares e em apresentações de música, conduzidas por Peter. E ele também se fizera notar pelo professor de outras maneiras menos convencionais ou socialmente apropriadas. Quando Peter começava a tocar, Benj saía de seu lugar, ou então se separava do grupo de colegas e se aproximava para olhar e ouvir mais de perto. Com frequência ele esticava uns dedos curiosos para tocar o violão de Peter, e este, com paciência mas firmeza, estabelecia regras para o manuseio do instrumento, regras claras e consistentes que Benj respeitava. Na apresentação ao final do primeiro ano de Benj na escola, Peter começara a tocar uma canção que vinha ensaiando com as crianças, e Benj, que estava sentado em meu colo, gritou: "Tom errado! Fá sustenido! Fá sustenido!". Peter pensou por um segundo, olhou para baixo para o violão e disse: "Ele está certo. Ensaiei com eles em fá!". Ele começou a tocar de novo, e dessa vez Benj sorriu em aprovação e cantou até não poder mais. As inocentes correções de Benj em relação a Peter — "Afinação! Afinação!", "Tom errado!" ou "Rápido demais!", ele gritava — se tornaram acompanhamentos divertidos e adoráveis das cantorias e apresentações do grupo. Benj protestava ou então expressava uma preocupação; Peter ria, "Benj me mantém na linha!", dizia — e ajustava sua música de acordo. Naquele ano, Peter era professor da turma de Benj, e poucas semanas após o início das aulas ele nos pediu permissão para aplicar nele alguns testes de inteligência. Embora normalmente fôssemos muito prudentes quanto a qualquer pessoa ou coisa que fosse muito fixado na precocidade de Benj, como confiávamos nas suas intenções e sabíamos que Benj não se importaria de fazer testes com ele, concordamos. Peter ficou estupefato com sua proficiência. "Não consegui estabelecer um teto com ele", falou. "Quando chegamos ao nível de sexta série para ortografia, ele disse que queria parar. Eu podia tê-lo pressionado para continuar, mas não quis forçá-lo."

Peter não apenas ficava maravilhado com as habilidades de Benj como também se divertia a valer com seus trejeitos engraçados. Quando íamos deixá-lo ou pegá-lo na escola, Peter muitas vezes relatava para nós, divertido, as coisas que Benj dissera ou fizera aquele dia. Agora, com um tanto de trajeto à nossa frente, eu esperava uma conversa mais informal e detalhada sobre momentos engraçados e tocantes. Mas naquele dia Peter estava num humor inesperadamente reflexivo e sério.

"Deve ser muito difícil ser mãe de Benj", ele disse, solidário. "Você parece sempre tão animada e cheia de energia, mas sei que deve estar cansada. Ele deve deixá-la exausta."

Fiz que sim com a cabeça e sorri educadamente, mas no íntimo estava desconcertada e confusa. Seria Benj assim tão difícil para seus professores? Estaria deixando-os exaustos? Senti um forte instinto de proteção quanto a Benj, um desejo de defendê-lo contra o que parecia, por melhores que fossem as intenções de Peter, uma crítica. "Ele não me deixa exausta", eu quis gritar, muito embora às vezes deixasse.

Peter continuou falando, como se estivesse se desfazendo de pensamentos difíceis que estivera carregando consigo e que desejava dividir. "Ben simplesmente não sabe ficar tranquilo e relaxar. Ele vive a vida como se estivesse jogando xadrez. Está sempre doze passos à frente do que está acontecendo. Está sempre se antecipando, sempre planejando, se certificando de que não seja pego de surpresa ou surpreendido. E isso é muito exaustivo para ele, e para as pessoas à sua volta."

As palavras de Peter tinham a intenção de se solidarizar comigo, mas de início fiquei tão surpresa com a imagem impiedosa que ele estava pintando do funcionamento de Benj que não consegui tomar seu gesto no sentido pretendido. "Eu achava que ele estava tendo um ótimo ano. Não é esse o caso?", perguntei.

"Ele está cada vez mais instável. Tem um dia ótimo e então

um dia muito ruim — quando seu nível de ansiedade fica alto e sua tolerância a frustrações, baixa. Simplesmente não há como prever. Eu sempre me pergunto: 'O que se passa nessa cabecinha?'."

"Sim, entendo o que você quer dizer", eu disse. E entendia mesmo.

"Com algumas coisas, por exemplo, ele progrediu muito." Peter prosseguiu em suas reflexões. "A caligrafia está muito melhor, e ele está se saindo muito melhor nos jogos de sexta-feira. Mas tem muita dificuldade em conversar. Eu pergunto: 'O que você fez ontem à noite?', e ele ou vai me ignorar ou vai ficar preocupado se não conseguir pensar em uma resposta. Sua maior dificuldade é o problema com a Hora do Círculo — ter que ficar sentado parado e prestar atenção durante algum tempo é realmente muito duro para ele. Sua mente divaga e ele murmura para si mesmo ou se impacienta. Na verdade, começou a fazer coisas para ser expulso do Círculo, mas não o deixo ir embora."

"Uau, eu realmente não fazia ideia de que as coisas fossem assim tão difíceis para ele", eu disse.

"Bem, somos mais exigentes com as crianças do jardim de infância. Precisamos ser, para ajudá-las a se prepararem para o ensino fundamental, sobretudo porque muitas delas vão para a escola pública. As expectativas são muito mais altas para essa faixa etária. Há muito mais ênfase em adequação quando as crianças entram na primeira série. E à medida que Benj cresce, suas diferenças e dificuldades se tornam mais aparentes."

Eu não fazia ideia de que Benj fosse considerado tão difícil ou representasse tanto trabalho para seus professores. Não fazia ideia de que ele estava por um fio. Um ano antes, vinha se saindo maravilhosamente bem na escolinha de Vassar e havia sido aceito nas duas escolas particulares regulares na região de Poughkeepsie. Mas agora estava tendo muitos problemas na mesma escolinha de Vassar, a escola regular mais acolhedora, flexível e incentivadora que se podia imaginar, num lugar onde, eu achava, tinha suas melhores chances de sucesso. "Ainda bem que ele vai para uma escola especial no ano que vem, e não vai sobressair tanto como problemático ou difícil", pensei. "Aqueles professores estarão mais bem aparelhados para lidar com ele." Eu me senti, ao mesmo tempo, incrivelmente triste e incrivelmente aliviada.

Peter prosseguiu. "Benj precisa de desafios. Você precisa expô-lo a experiências, deixar que viva experiências, se bem que sei que é complicado, porque as novidades são difíceis para ele."

"Sim, isso é verdade", falei. "E somos muito gratos por sua paciência e por sua dedicação a ele. Mesmo — ele gosta muito de você, Peter."

"Sabe, Priscilla, eu encerro meus dias com Benj cansado, mas também entusiasmado. Nunca tive um aluno mais surpreendente, mais desafiador, ou que me testasse mais. Mas também nunca tive como aluno uma criança mais inteligente ou mais doce, uma criança que recompensasse mais meus esforços."

O trem parou na Grand Central e nós nos levantamos e nos dirigimos para a porta. Peter colocou o braço em volta de mim. "Você está numa jornada com esse menino, Priscilla. Isso vale para qualquer criança, é claro, mas mais ainda para essa."

There is a comfort in the strength of love;
'Twill make a thing endurable, which else
Would overset the brain, or break the heart. *
"Michael"

---

* "Há um conforto na força do amor;/ Que torna suportável algo que de outra maneira/ Sobrecarregaria o cérebro, ou quebraria o coração." (N. T.)

Cedo na manhã seguinte, comecei a longa viagem (27 horas de porta a porta) para o Japão. Fiquei num hotel próximo e de manhã pegava o metrô até o apartamento de meu pai e de minha madrasta num subúrbio de Kyoto. Durante o trajeto de elevador até o 23º andar, eu me preparava para sorrir e confortar, e não para cair em prantos ou ser soterrada pela visão verdadeiramente terrível de papai deitado em uma cama hospitalar montada na sala de estar. Meu pai fora um homem imensamente charmoso, espirituoso e dinâmico, descrito como "um papo brilhante" por Anatole Broyard em seu livro de memórias *Kafka Was the Rage*, com o rosto mais flexível e expressivo possível. Agora ele estava completamente imóvel, incapaz de comer ou beber, incapaz de falar ou indicar se ouvira outras pessoas falarem. Seu nível de consciência e alerta era incerto; nenhum raio X ou exame mais detalhado havia sido feito em um ano, e minha madrasta não queria que o tirassem do apartamento para os exames — tal transição poderia ocasionar infecções ou doenças. Yasuko estava convencida de que meu pai conseguia ouvir e entender e que reagia a ela, mas não houvera sinais disso a ponto de minha irmã ou meu irmão, que o haviam visitado no ano anterior, poderem dizer que esse era o caso. Sua cabeça estava careca em função da radioterapia feita anos antes, seus olhos eram um azul-esverdeado brilhante, seu rosto, congelado em uma máscara, impassível. Um grande tubo entrava por uma incisão permanente em sua garganta e sugava secreção de seus pulmões — o ruído da sucção era uma trilha sonora perpétua em nossos encontros.

Embora o apartamento tivesse um cheiro ao mesmo tempo de urina e de assepsia e houvesse equipamentos médicos por todos os lados, minha madrasta tinha se esmerado para criar um ambiente tranquilo e relaxante para meu pai. Tubos estavam conectados em todo o seu corpo, mas a maioria ficava, ainda bem, escondida sob os cobertores que o cobria; aqueles cobertores de cores vivas e alegres, vermelhos, brancos e azuis, haviam sido feitos, com pontos de crochê, por sua mãe para mim e Claire quando éramos bem pequenas, e outrora adornaram nossas duas camas no quarto que partilhávamos na casa de Connecticut. Estantes recheadas com seus adorados livros nos cercavam, e muitas plantas e flores pendiam do teto e enchiam a sacada da sala. Pinturas de meu irmão estavam penduradas nas paredes. Um Grover de pelúcia que Claire e eu havíamos lhe mandado quando ele foi diagnosticado com câncer pendia das grades de metal da cama, e em volta desta havia fotos de nós duas quando crianças e de meus filhos. Havia Benj lendo *The Runaway Bunny*, orgulhosamente em pé diante de vários blocos de letras formando a palavra DELECTABLE [deleitável], usando um capacete do New York Giants, desajeitadamente segurando James, ainda bebê, no colo.

Minhas visitas sempre começavam comigo em pé junto à cabeceira de meu pai conversando com ele com uma voz animada e alegre, forjando na voz aquela mesma alegria que eu invocava durante aqueles jantares e almoços pós-separação tantos anos antes. Eu listava todas as coisas boas que estavam acontecendo (James estava adorando *Vila Sésamo*, iria frequentar a nossa maravilhosa escolinha e estava falando pelos cotovelos; Benj era fã dos Mets e dos Giants e estava concluindo o jardim de infância). Eu me sentia como quando eu era menina e pensava em tudo o que podia falar para meu pai para fazê-lo se sentir melhor, como a minha nota 100 num teste de matemática ou sobre o ótimo papel que eu conseguira na peça da escola. Dessa vez, entretanto, eu não tinha como saber se alguma coisa do que estava dizendo era de fato registrada. Em outras vezes, minha madrasta e eu nos sentávamos à mesa da sala de jantar, a um ou dois metros de meu pai, e conversávamos no que me parecia uma tonalidade falsamente animada.

Certa manhã, Yasuko me contou que meu pai gostava que ela lesse para ele, e perguntou se eu faria isso. Peguei uma antologia de poesia da estante e a folheei. Por mais estranho que pareça, meu pai nunca gostara de Wordsworth — nem mesmo o lera muito —, mas, enquanto escolhia poemas para ler, me dei conta de que aqueles de que ele mais gostava, que me ensinara a gostar, eram todos poemas sobre o paraíso perdido ou sobre a busca do paraíso, todos profundamente inspirados em Wordsworth. Comecei com "Spring and Fall: To a Young Child" [Primavera e outono: Para uma criança pequena], de Gerard Manly Hopkins, no qual o eu poético se dirige à tristeza de uma menina "pelas folhas caídas de Goldengrove". Então escolhi "Fern Hill", um maravilhoso e altamente lírico poema de Dylan Thomas, um poema-celebração sobre a alegria da infância em uma fazenda no País de Gales, um poema que meu pai e eu exaltáramos juntos e que amávamos com paixão. Eu o memorizara para um concurso de recitação de poesias certa vez, e quando o declamava para ele, meu pai sempre chorava um pouco. Dessa vez mal consegui pronunciar as palavras, e, quando cheguei aos três últimos versos, minha voz sucumbiu:

> Oh as I was young and easy in the mercy of his means,
> Time held me green and dying
> Though I sang in my chains like the sea.*

Seus olhos pareciam um pouco mais brilhantes. E então, quando li "The Lake Isle of Innsifree", de Yeats, vi lágrimas escorrendo deles. Enxuguei-as com pequenos quadrados de algo-

---

* "Oh, quando eu era jovem e tranquilo à mercê de seus meios/ O tempo me manteve verde e moribundo/ Embora eu cantasse em minhas correntes como o mar." (N. T.)

dão que Yasuko me deu. Beijei-o na testa. E quando me levantei para ir embora na última noite de minha estada, temi que o estivesse deixando para sempre.

Dois dias depois de minha volta do Japão aconteceria a formatura de Benj na pré-escola. Foi uma cerimônia curta, no auditório de Vassar com um pequeno palco. A música-tema de *Peanuts* estava tocando enquanto os pais chegavam; mal preenchemos algumas fileiras do auditório. As cerca de catorze crianças entraram ao som de "Graduation Day", Benj na frente da fila, quase pulando até sua cadeira e sorrindo largamente. A diretora apareceu e deu as boas-vindas aos pais; no meio de seu discurso, Benj gritou "Oi, Julie!" e todo mundo riu. Antes de cada etapa da cerimônia de formatura, Benj a lia em voz alta no programa com uma voz dramática, e antes de cada canção ou música ele começava a cantarolá-la. Alguns dos outros pais que conheciam Benj bem riram com ternura. A professora que colocaram sentada a seu lado vez ou outra o orientava ou o acalmava, mas nunca de um jeito brusco ou punitivo.

Então as crianças tomaram conta do palco para cantar algumas músicas. Benj exclamou "Oh, vovó! Oi, vovó!!!" quando avistou a avó na plateia. Ela acenou, com os olhos marejados. Quando as crianças começaram a cantar, de repente percebi que no palco havia uma linha feita com fita adesiva na frente do lugar onde Benj, orgulhoso, estava. Por alguma razão, foi a visão daquela fita colocada ali para ele que trouxe minha própria onda de lágrimas. Ela parecia simbolizar as orientações amorosas, a estrutura clara e tranquilizadora que aquela escola extraordinária havia lhe proporcionado, a atenção especial que deram para ele da maneira menos invasiva possível. A diretora, as professoras, os demais pais e mães, muitos dos quais haviam sido nossos companheiros nos últimos três anos, tinham feito tudo a seu alcance para ajudar Benj a ter êxito, a se integrar na escola e no grupo de crianças. Pensei na gentil mãe que me enviou uma descrição da festa de aniversário que estava planejando para o filho a fim de que eu pudesse ensaiá-la com Benj, no pai que sempre ouvia as dissertações de Benj sobre nuvens com interesse genuíno e fazia piadas bobas para ele relaxar em momentos tensos, a jovem professora que o ajudara a aprender a caminhar sobre uma barra apesar dos seus "Não consigo!" no primeiro dia. A escola admitira sua terapeuta em aula, recebera bem nosso envolvimento diário, mantinha uma política forte de respeito. Naquela escola, naquela comunidade, ele havia sido compreendido e acalentado. Estivera seguro.

E agora estávamos dando um passo em direção ao desconhecido. Faria a próxima escola os mesmos esforços especiais? Benj se sentiria bem-vindo e em casa lá? Como lidaria com todas as iminentes transições para um novo lar, para uma nova cidade, uma nova escola, pais vivendo separados? Olhei para ele, então com seis anos, e pensei nos temores de Wordsworth pelo filho de seis anos de Coleridge:

> O blessed vision! happy child!
> Thou art so exquisitely wild,
> I think of thee with many fears
> For what may be thy lot in future years.*
> > Wordsworth, "To H. C., Six Years Old"

As crianças terminaram suas canções e voltaram para seus

---

* "Ó, abençoada visão! Criança feliz!/ És tão maravilhosamente selvagem,/ que penso em ti com muitos medos/ pelo o que pode ser teu destino em anos futuros." (N. T.)

assentos; chegara a hora da entrega dos diplomas. Os nomes de todos os alunos foram chamados em ordem alfabética, e cada um caminhava desde seu lugar, subia um lance de degraus no lado direito do palco, caminhava até o meio do palco, onde os professores apertavam sua mão e entregavam o diploma, então terminava de atravessar o palco e descia as escadas à esquerda. Quando vimos que esse seria o procedimento, Richard e eu nos olhamos, um pouco preocupados. Pensei: "Oh-oh, dois lances de escada sem corrimão com todo mundo olhando para ele". O nome de Benj foi chamado, e ele se pôs de pé num pulo, mas, em vez de caminhar na direção do palco, se virou para localizar a mim e a Richard na plateia; Richard lhe fez um sinal afirmativo e eu acenei e sorri. Mais tranquilo, ele se virou e caminhou para o lado direito do palco e então abriu caminho lenta e um pouco atabalhoadamente pela escada. Quando chegou lá em cima, sorriu de novo, dessa vez de alívio, e caminhou até Peter, que o puxou para perto de si e sussurrou algo em seu ouvido. Benj aceitou o diploma das mãos dele com um sorriso iluminado, e então percebi uma das professoras parada ao pé da escada do lado esquerdo do palco. Quando Benj chegou perto dos degraus, ela se aproximou, sorriu e lhe ofereceu a mão, para ajudá-lo a descer. Mas em vez disso Benj deu um *high five* para ela e desceu a escada sozinho. Quando chegou ao chão, ele tomou a mão dela na sua, com um gesto um tanto quanto galante, e juntos caminharam, alegres, de volta ao seu lugar.

Tu, pequena Criança, gloriosa no poder fenomenal
De ter o corpo imerso na liberdade celestial,
Por que provocas com tal dor insuportável
O tempo para trazer o jogo inevitável,
Lutando cegamente com tua beatitude?
Logo tua alma suportará a carga do mundo,
E os costumes lhe trarão um fardo amiúde,
*Pesado como a geada e quase quanto a vida profundo!**

"Ode: Vislumbres"

No final do verão de 2005, mudei com meus filhos de uma grande casa estilo *arts and crafts*, no bosque da quieta Poughkeepsie, para um pequeno apartamento no 18º andar de um reluzente prédio residencial no Upper West Side de Manhattan. Richard encontrou um minúsculo apartamento no norte de Manhattan, mas passava bastante tempo em nosso apartamento e via

---

* Tradução de Alberto Marsicano e John Milton, p. 53. (N. T.)

os meninos todos os dias. Eu estava determinada a evitar acrimô-
nia e a minimizar o estresse dos meninos, então começamos a
trabalhar com uma assistente social e uma psicóloga em prol de
um divórcio amigável.

Decidimos que, pelo menos até James concluir o jardim de
infância, usaríamos um arranjo chamado *nesting*, segundo o qual
os filhos permanecem num lugar e os pais entram e saem para
que eles não precisem ficar indo e vindo entre duas casas. Richard passava duas noites por semana no "meu" apartamento (eu
ficava com minha mãe ou com uma amiga) e duas vezes por
mês levava os meninos para a casa de campo de minha mãe
em Connecticut para passar o fim de semana. Os meninos pareceram aceitar incrivelmente bem esse novo arranjo, e, pela
primeira vez na vida, a tendência de Benj a não fazer perguntas
nem cavoucar questões emocionais facilitou as coisas: ele não
perguntou por que nem pôs a culpa em si mesmo.

Eu estava morando de novo, pela primeira vez desde que
entrei na faculdade, na cidade onde crescera; nosso apartamento
ficava, na verdade, a poucas quadras da casa de minha infância. Eu caminhava pelas mesmas ruas, visitava os mesmos play-
grounds, e James ingressou na escolinha que eu frequentara.
Quando Richard e eu pela primeira vez pensamos em ir para a
cidade grande, achamos que essa decisão prometia uma volta,
de algum modo, ao mundo encantado de meus tempos de criança. Mas apenas uma semana após a mudança, vovó Peg, uma
figura crucial de minha infância idealizada, morreu, de tristeza
desde a morte de meu avô, quatro meses antes. Meu pai, o no-
va-iorquino de nascimento, estava a milhares de quilômetros de
distância, e, ao passar por locais familiares, eu muitas vezes me
via dominada por uma imensa saudade dele. O próprio Upper
West Side estava muito diferente; muito mais reluzente e rico,
com a maior parte dos estabelecimentos comerciais do bairro

tendo sido fechada e substituída por butiques caras ou redes de lojas. Com o mundo de minha infância irrevogavelmente desaparecido, eu me senti como um adulto, no mau sentido, pela primeira vez. Eu me senti como Wordsworth, olhando como um adulto para sua própria infância:

> so wide appears
> The vacancy between me and those days,
> Which yet have such self-presence in my mind,
> That musing on them, often do I seem
> Two consciousnesses, conscious of myself
> And of some other Being.*
>
> The Prelude, II

E eu estava vivendo com uma criança muito diferente da criança que eu fora. Via a cidade como que nova pelos olhos de Benjamin — ele era fascinado pelos elevadores, pelo metrô, pelas ruas e avenidas, pela lógica e pela racionalidade da rede da cidade, as placas e letreiros, coisas inteiramente diferentes daquelas que haviam me cativado.

Eu me preocupara com a adaptação de meus filhos interioranos à deslumbrante, barulhenta e potencialmente atordoante Nova York, mas para meu imenso alívio ambos pareciam acolher bem seu novo ambiente. James vagava pelo Hippo Playground no Riverside Park e ficava ansioso pela chegada do carrinho de sorvetes Mr. Softee que parava na nossa esquina todas as tardes.

---

* "[...] tão grande parece/ O vazio entre mim e aqueles dias,/ Que no entanto estão tão presentes em minha mente,/ Que, ao pensar neles, frequentemente me sinto/ Como duas consciências, cônscio de mim mesmo/ E de algum outro Ser." (N. T.)

Benj adorava subir e descer no elevador do nosso prédio (ele brigava com James quanto a quem cabia apertar os botões) e observar helicópteros, imensos balões de anúncio e barcos pelas janelas de nossa sala. Gostava de pegar o ônibus da Broadway até o apartamento de minha irmã e meu cunhado e fazer um brunch de *bagel* e *cream cheese* com eles. E amava, sobretudo, receber visitas em nosso apartamento. Fazia mapas dos elevadores e perguntava às visitas qual deles haviam tomado, para que pudesse tomar nota. Guiava cada pessoa que nos visitava num tour extensivo, durante o qual salientava as características especiais de cada cômodo ("Meu quarto tem três janelas"; "O disjuntor fica nessa parede no quarto de James") e sobre cada armário ("Nossos casacos de inverno são guardados aqui"; "Neste armário nós guardamos a bagunça que mamãe não quer que ninguém veja!"). Era tão bom morar tão perto de minha família, e ter velhos amigos nos visitando quase que diariamente e se familiarizando com meus filhos.

E foi ótimo escrever para o diretor do departamento de inglês de Vassar e dizer que eu decidira deixar a academia depois que estivessem encerradas as responsabilidades do ano vindouro; pai de uma criança com necessidades especiais, ele aceitou minha decisão com muita delicadeza e compreensão. Sair daquela trajetória acadêmica foi uma enorme libertação, e eu estava ansiosa por começar a trabalhar na agência literária no verão seguinte.

As trevas do cárcere começam a encerrar
*O Menino que cresce;**

"Ode: Vislumbres"

* Tradução de Alberto Marsicano e John Milton, p. 49. (N. T.)

Algumas semanas após nos mudarmos para Nova York, Benjamin ingressou em sua nova escola, como aluno da primeira série. O período de adaptação foi agonizantemente difícil. Durante aquelas primeiras semanas de aula, sua ansiedade foi extrema, manifestada em tiques de vários tipos: pigarrear, tirar o cabelo da frente dos olhos, murmurar, tamborilar em superfícies, caminhar na ponta dos pés e piscar com rapidez. Ele teve dificuldade em seguir orientações, completar tarefas e ficar calmo. Suas preocupações de costume — com novas demandas, treinamentos de incêndio, possibilidades de cometer erros, de perder jogos, de sons estranhos e inesperados — atingiram níveis sem precedentes. Seu perfeccionismo foi muito exacerbado pelo sistema de comportamento implementado na sala de aula — um sistema que atribuía números (na verdade, deméritos) para alunos que "gritassem" ou ficassem inquietos, e que concedia distinções de "superaluno" aos mais calmos e mais cooperativos. De acordo com seus professores, Benj estava "gritando" muito — interrompendo, fazendo perguntas demais, muitas das quais ele sabia ou podia ler as respostas, repetindo instruções desnecessariamente, solicitando incentivo repetidas vezes, rindo de forma descontrolada, tocando ou abraçando os demais sem a permissão deles.

Naqueles primeiros meses, passei horas todos os dias escrevendo e-mails ou ao telefone com as professoras e terapeutas, ou então na escola observando Benj e tendo reuniões "urgentes" com a psicóloga da escola, ou levando-o a sessões de terapia. E justo quando me pareceu que ele estava enfim se adaptando, certo dia, em meados de outubro, quando eu estava na escola para pegá-lo, a psicóloga de lá surgiu aparentemente do nada e me pegou pelo braço. "Preciso falar com você", ela disse de um jeito grave, conduzindo-me pelo corredor para dentro de uma sala de reuniões sem janelas. Ela me fez sentar numa cadeira de couro giratória, suspirou e disse: a paciência com Benj estava "chegando ao limite"; "As coisas estão piorando, em vez de melhorar"; "Ele continua se esforçando"; e "Você precisa da ajuda de um psiquiatra infantil para ontem". Então ela se apressou em falar com suavidade sobre que "criança querida" ele era, mas o recado já fora dado. Era difícil acreditar que até naquela escola especial, presumivelmente criada para tratar de crianças com questões de ansiedade e sensoriais, bem como problemas de linguagem, Benj estivesse se saindo tão mal, mas a psicóloga da escola foi intransigente em sua insistência de que assim era. Agora eu temia que a cada dia Benj estivesse sendo criticado e que seu lugar na escola estivesse em perigo, na melhor das hipóteses. E aonde ele iria, se não pudesse continuar lá? Eu havia esgotado todas as outras opções; havia me inscrito em todas as escolas possíveis e aquela era a nossa única chance. E como poderia manter aquele nível de envolvimento quando tivesse de voltar ao trabalho (eu estava num semestre sabático de Vassar, mas estaria dando aulas em horário integral em janeiro e então começando na agência literária em junho)?

Naquela noite, em casa, depois de colocar os meninos para dormir, sentei à escrivaninha comparando cópias de relatórios de três anos antes, quando Benj havia sido avaliado pela primeira vez. Eu estava me preparando para uma grande reunião do Comitê de Educação Especial para tratar de Benj e para consultas com um psiquiatra infantil nas quais a nova escola vinha insistindo. Ao ler três anos de relatórios de escola, de terapia ocupacional e de fonoaudiologia, fiquei impressionada pela quantidade de referências a quão feliz e entusiasmado ele era, e senti muito fortemente que aqueles primeiros meses naquela nova escola haviam minado seu entusiasmo natural e embotado sua alegria. Aqueles relatórios também transbordavam afeto e carinho por Benj, e me perguntei: será que alguma das professoras ou dos funcionários dessa nova escola sentia algo parecido em relação a ele? O recado que eu estava recebendo da nova escola era: "Estamos fartos". Considerando-se isso, a esperança expressa naqueles relatórios, a convicção de que Benj continuaria a fazer progressos incríveis e a florescer na escola me parecia ingênua agora. Mas, ao mesmo tempo, eu sabia que, se aquela nova escola desse tempo a Benj e fizesse o esforço de entendê-lo, ele ficaria bem. Eu acreditava muito nele, e queria que a escola visse seu potencial, apreciasse sua beleza, tivesse fé nele. E alguns versos de Wordsworth não saíam da minha cabeça:

> *Fair seed-time had my soul, and I grew up*
> *Fostered alike by beauty and by fear.**
>> *The Prelude*, I

As palavras de Wordsworth exemplificavam tudo o que, eu sentia, Benj não estava recebendo naquela escola. Ele precisava de gentileza, precisava de tempo de semente, precisava de flexibilidade, paciência e compreensão, precisava de espaço para se desenvolver no seu próprio ritmo. Precisava de pessoas que se importassem com sua alma.

Alguns dias depois, escrevi um e-mail para os parentes e amigos próximos, resumindo todos os acontecimentos na escola e terminando da seguinte maneira:

A vida neste momento é uma montanha-russa desenfreada, e estou segurando as pontas. Pensar que, depois de todo o trabalho e tempo que dediquei a encontrar essa escola para Benj, pode ser que não dê certo é extremamente perturbador e assustador. Será que existe ALGUMA escola que possa lidar com Benj? Como posso

---

* "Bastante tempo de semente teve a minha alma, e eu cresci/ Nutrido igualmente pela beleza e pelo medo." (N. T.)

fazer o melhor por ele? Por mais que eu o ame, por mais que queira que ele seja feliz, como é agonizante pensar nele sofrendo e incapaz de expressar suas ansiedades verbalmente, por causa dos seus problemas de linguagem. Não há nada que eu não faria por ele, mas não tenho certeza do que fazer, e isso é o mais frustrante de tudo.

No último mês me dei conta, como nunca antes, de que isso é e será a minha vida — esse trabalho diário sobre, para e com Benj. Ele vai melhorar e se desenvolver e vai haver muitos momentos gratificantes. Mas tem uma deficiência vitalícia e sempre precisará de enormes quantidades de esforço dos outros, tanto em qualquer interação com ele quanto com suas professoras e terapeutas. Às vezes é extremamente exaustivo e apavorante... Mas a bênção de ser sua mãe mais do que compensa a preocupação, o estresse e a fadiga. Realmente, ele fez de mim uma pessoa infinitamente mais forte, mais paciente e mais cheia de compaixão. Eu sei que consigo. Mas vou precisar de todo o apoio e amor de vocês, e sei que posso contar com isso!

Foi a primeira vez que admiti a qualquer pessoa que não minha mãe, minha irmã e meu cunhado que ser mãe de Benj era às vezes exaustivo e opressivo. Eu começara, enfim, a partilhar os detalhes sobre minha vida com ele, em e-mails regulares a meus amigos e familiares mais próximos, e a contar com eles para apoio e incentivo.

Enquanto isso, James, então com três anos, também estava passando por um momento difícil, mas por razões inteiramente diversas. Ao contrário de Benj, que sempre sorrira para todo mundo, surpreendera as visitas com um caloroso "Oi, Benj!" e nunca tivera qualquer problema em ficar longe de nós, James nunca tinha gostado de ser segurado por pessoas que não conhecesse bem, enfiava o rosto em meu peito ou se escondia atrás de minhas pernas quando as visitas chegavam e ficava tímido em grandes grupos, em ambientes novos ou em volta de gente desconhecida. E agora, como uma das crianças mais jovens em uma classe grande, ruidosa e com alunos de várias idades, James estava angustiado e padecendo de uma terrível ansiedade de separação, chorando até soluçar e se agarrando às nossas pernas quando tentávamos ir embora. Nos primeiros dois meses a escola exigiu que um dos pais ficasse ou na sala de aula ou no prédio durante todo o período de quatro horas de sua permanência lá. Mas devagar ele se adaptou e ficou mais à vontade.

À medida que o tempo passava, também Benj começou a se aquietar. Aguardava a ida para a escola com expectativa, se adaptou a suas rotinas e se aproximou dos professores. No início de novembro, porém, ele perdeu quase uma semana inteira de aula devido a uma severa otite dupla e, na manhã do dia em que deveria voltar para a escola depois de uma longa ausência, pareceu um pouco nervoso. Reclamou porque o leite de soja Silk no seu Cheerios não parecia doce, ficou enrolando enquanto vestia as meias e calçava os sapatos e expressou a preocupação de que o céu nublado significaria que sua turma não teria a costumeira "hora no parque" das terças-feiras (eu estava escalada para ser uma mãe "voluntária do parque", e talvez isso o tenha deixado especialmente nervoso quanto a um possível cancelamento). Então, por engano o mandei para a escola com a lancheira errada (confundi a dele com a de James). As coisas não estavam parecendo muito promissoras.

Embora o céu tenha permanecido nublado, não choveu, então cheguei à escola um pouco antes de uma da tarde para meus deveres de voluntária no parque. Ao entrar no prédio pela porta principal, dei de cara com uma das duas professoras de educação física. Benj vinha tendo problemas com a ginástica; quase sempre recebia uma advertência na aula, e na última semana eu vinha trocando e-mails com as professoras, com ideias sobre maneiras de tornar a experiência de educação física mais positiva para ele. Benj adorava esportes, tanto assistir quanto praticar, mas como sua área de maior ansiedade era a possibilidade de perder, de cometer um erro, de fazer a coisa errada, eles acabavam lhe trazendo dificuldades. As professoras já haviam me dito que ele tendia a chorar com muita facilidade quando achava que estava perdendo, e às vezes pensava estar perdendo quando na verdade não estava. Nessas horas sua tensão era visível, ele recaía no seu modo de pensar preto no branco e catastrófico ("Se eu for marcado, então vou perder"; "Oh, não! Se eu ficar na casa do esquilo agora" — em um jogo de raposas/esquilos — "vou continuar aqui para sempre!"), e ficava perturbado e choroso. Alguns dias antes, elas haviam me escrito para falar sobre as dificuldades que ele vinha tendo com uma brincadeira de ioga que envolvia fazer uma postura que representasse uma versão sua de uma imagem (um animal, uma planta, uma ponte, um prédio) a partir de um cartão. Ele dizia: "Não consigo fazer isso, não sei como!", e as professoras achavam que, como se tratava de uma atividade bastante livre (sem uma "resposta certa"), ele se sentia inseguro quanto ao que se esperava dele. Às vezes, elas me contaram, ele se encontrava no meio da execução de uma postura interessante e gritava "Não consigo fazer isso!", mesmo enquanto o *estava* fazendo. Elas perceberam que, quando lhe davam um cartão com uma foto de alguém numa posição *real* de ioga, Benj ficava mais tranquilo; os parâmetros claros do que precisava ser executado o faziam se sentir mais seguro.

Eu queria que Benj de fato compreendesse a ideia de que as professoras não tinham uma "resposta certa" em mente, que achavam que o que ele estava fazendo era interessante mesmo quando ele achava que era "errado" e que, mais do que tudo, queriam que ele se divertisse em aula. Mostrei-lhe o e-mail da professora e escrevi uma "história de ioga" para ele. Agora, em pé do lado de fora da escola, a professora de educação física me contou que Benj havia se saído muito bem na ioga no dia anterior. De acordo com ela, enquanto contorcia o corpinho em várias postu-ras, ele exclamara: "Mamãe diz que eu consigo fazer isto mesmo quando acho que não estou fazendo certo!" e "Vocês acham as minhas posições interessantes, então vou continuar tentando, sra. R.!". No final da aula, ele tinha ido até ela, a abraçado e dito: "Eu me senti melhor hoje, sra. R.".

Depois de minha conversa com a sra. R., fui até a sala de aula de Benj para me encontrar com sua turma; como mãe vo-luntária para a hora do parque, eu seguraria a mão dele e a de outra criança durante a caminhada de cinco quadras para ir e para voltar do parque e ajudaria a supervisionar as doze crianças enquanto estivessem correndo pelo playground. Durante nossa hora no parque, joguei futebol americano com ele e mais dois outros garotos, e Benj lançou uns *touchdowns* espetaculares e marcou um ponto extra incrível. Ele interagiu com um meni-ninho de uma maneira que eu nunca o vira fazer antes: tiveram de fato uma conversa extensa sobre seus times esportivos favo-ritos, e Benj pacientemente explicou a Aidan o que *blow-out* e *shut-out* significavam para jogos de futebol americano. Enquan-to caminhávamos de volta para a escola, Benj disse: "Mamãe, já tenho doze estrelas hoje, e só tem mais um período. Então, se eu conseguir uma estrela na Reunião da Tarde, isso significa treze estrelas hoje!". Treze era o número máximo de estrelas que uma criança poderia receber de acordo com o novo sistema de refor-ço positivo que a escola havia implementado algumas semanas antes, depois de falar com a diretora de sua escolinha anterior e comigo sobre a necessidade de Benj por feedback positivo e in-centivo. Eu lhe dei um abraço de adeus e disse que nos veríamos dali a 45 minutos.

Assim que entrei na sala de aula na hora da saída, Benj veio saltitando até mim com seu irrepreensível sorriso Benj. Claro que eu sabia antes mesmo de ele me dizer: "Oh, mamãe, eu consegui treze estrelas!". A professora principal de sua turma e sua terapeuta ocupacional estavam em pé atrás dele, sorrindo, orgulhosas. "Esse rostinho, esse rostinho!", sua professora disse, afetuosamente. Peguei Benj no colo e comentei que estava orgulhosa por ele ter conseguido algo que, segundo me dissera várias vezes, jamais conseguiria porque "é muito difícil receber treze estrelas". "Lembra, Benj, como você tinha dito que jamais conseguiria treze estrelas? Está vendo, Benj? Você CONSEGUE fazer coisas que de início você acha que não consegue! Você é incrível, Benj!"

Saímos da escola e nos dirigimos ao consultório do pediatra para o acompanhamento de sua otite. Ele ficou extasiado quando o médico lhe disse: "Benjamin, seus ouvidos estão ótimos!". "Isso significa que o remédio está funcionando, mamãe!", ele exclamou. O doutor então disse que podíamos parar com os antibióticos no dia seguinte caso o estivessem incomodando ou se ele demonstrasse resistência a eles, mas Benj interrompeu: "Não, não, dr. H., o frasco manda tomar o remédio duas vezes por dia durante dez dias e hoje é só o oitavo dia, então preciso tomar o remédio mais dois dias". O dr. H. respondeu: "Bem, com um paciente tão responsável e meticuloso como você, Benjamin, eu com certeza concordo!".

Então fomos para a consulta de Benj das terças-feiras com a dra. G. A certa altura da sessão, ouvi o clássico "Oh, não!" de Benj e um pouco de choro, mas depois de alguns minutos ouvi risos e sua voz entusiasmada. A porta se abriu às seis horas e a doutora e Benj surgiram, os braços dela em volta dele, contornando seu corpo por trás. Caminharam em minha direção com um grande sorriso no rosto e, quando chegaram até mim, Benj se desvencilhou dela e pegou minhas mãos. "O.k., mamãe, agora podemos ir para casa e jantar." Mas a dra. G. não queria liberá-lo ainda. "Antes de você ir, Benj, preciso falar uma coisa com a mamãe." Ela então me puxou para um abraço longo e caloroso, e disse: "Estou tão orgulhosa deste menino". "Você ouviu isso, Benj?", perguntei. "Você acha que talvez seja porque se recuperou tão maravilhosamente bem de seu momento de inquietação?" "Você me ouviu jogando o jogo da velha, mamãe?", ele perguntou. "Ela ganhou a primeira partida e eu fiquei chateado, mas então lembrei de dizer: 'Oh, puxa, tomara que eu tenha mais sorte na próxima vez!' e melhorei!" Um dia como esse mais do que compensava todo o estresse e toda a preocupação dos últimos meses, talvez os mais difíceis de minha vida e da de Benj também. Eu me sentia tão grata por aquele dia e, mais do que tudo, estava inundada de felicidade pela felicidade de meu querido Benj:

> A *temper known to those, who, after long*
> *And weary expectations, have been blest*
> *With sudden happiness beyond all hope.**
>
> Wordsworth, "Nutting"

Isso, porém, era apenas isso — um dia ótimo —, e em geral o recado que vínhamos recebendo da escola era: "Ele é ansioso demais", "Ele atrapalha a aula", "Ele não está se adaptando rápido o suficiente". E assim, instados pela psicóloga da escola e pela psiquiatra infantil que consultamos em razão da insistência da escola, tomamos a excruciante decisão de tentar a medicação.

---

* "Temperamento conhecido para aqueles que, após longa/ E exaustiva expectativa, foram abençoados/ Com uma repentina felicidade além de qualquer esperança." (N. T.)

Eu não era dogmaticamente contrária a isso, mas me preocupava por Benj ser tão jovem, e temia os inevitáveis efeitos colaterais e o crescendo incontrolável de um remédio, depois outro, depois outro. Também suspeitava que Benj havia herdado meu sistema nervoso sensível — a única vez que tomei um quarto de um comprimido para dormir fui nocauteada por boas 24 horas. Mas sobretudo eu resistia à ideia de que um comprimido poderia ser uma solução rápida para tornar Benj mais controlável e mais dócil; eu sentia que a psicóloga da escola queria que ele se "ajustasse" muito rapidamente e não estava sendo paciente com seu processo de transição. Foi só quando a diretora da pré-escola de Vassar, com quem eu continuava em contato, disse que havia visto bons resultados em crianças da idade de Benj, e que às vezes a medicação podia ajudar crianças ansiosas a viverem a vida com mais felicidade e paz e a serem mais plenamente elas mesmas, que eu afinal cedi. Até Richard, que se opusera violentamente à ideia de medicar Benj, tinha alguma curiosidade esperançosa quanto ao que poderia acontecer. E então, com nervosismo mas também com um pouco de otimismo, introduzimos Benj a uma dosagem muito baixa de um remédio anti-hipertensivo usado para tratar tiques nervosos, hiperatividade e ansiedade em crianças. Naquela primeira noite, escrevi para amigos e familiares:

> Espero que essa medicação possa ajudar a controlar sua ansiedade, que permita que ele se descole de suas obsessões e viva de forma mais relaxada. Ele é fundamentalmente uma pessoinha tão alegre, otimista, efervescente, e simplesmente MORRO por vê-lo angustiado por causa de alguma preocupação (seu gemido desesperador e excruciante quando recebe um três ou quando perde um jogo é de cortar o coração), ou alienado em uma neblina opaca de ações perseverativas, ou acelerado por uma obsessão atormentadora. A coisa mais importante que quero para ele

é a oportunidade de expressar seu belo espírito com facilidade e fluidez, de rir aquela sua maravilhosa risada com abandono, de aproveitar seus incríveis talentos e dons. Todos nós amamos aquele maravilhoso sorriso Benj de puro deleite; tomara que possamos vê-lo muito mais nas próximas semanas!

Infelizmente, porém, não percebemos mudanças positivas; em vez disso, cada vez mais, houve regressão em termos de sua "fala irrelevante" — recitar o horário do metrô, ler frases em voz alta —, um aumento de tiques e uma quantidade considerável de choramingo e choro — todas essas três coisas pareciam estar associadas com uma crescente sonolência/irritabilidade. Por mais estranho que pareça, o remédio parecia intensificar e trazer à tona exatamente os comportamentos que deveria neutralizar ou suprimir: Benj estava menos capaz de controlar o próprio corpo (escorava-se mais nos outros, mais inquieto), menos capaz de controlar a própria voz (mais tiques vocais, repetição infindável de palavras e frases tolas, voz mais alta) e menos capaz de interagir socialmente e participar da vida com leveza e alegria. Depois de uma semana sem qualquer melhora e com uma inegável e crescente deterioração, tomei a decisão de ligar para o psiquiatra na manhã seguinte. Eu estava quase certa de que a medicação não estava fazendo o que deveria e que estava provavelmente agravando os problemas de Benj, em vez de amenizá-los. Em poucos dias partiríamos para os festejos de Natal na casa da minha mãe, e eu queria que ele parasse com a medicação a tempo de aproveitar as festas.

Naquela noite, por volta das três da manhã, fui acordada pelo som de Benj chamando, "Mamãe! Mamãe!". Quando fui até seu quarto, ele me disse que estava vendo bolhas e minhocas coloridas no ar. Não parecia agitado, apenas curioso. Deixei isso na conta de um sonho, coloquei-o de novo na cama e voltei a dormir. Mas na manhã seguinte fui até seu quarto para acordá-lo e o vi sentado na beira da cama, piscando rapidamente, rolando os olhos de um lado para o outro, para o ar e para o teto, e sorrindo para si mesmo. Tentando disfarçar a preocupação, perguntei o que estava acontecendo e ele me disse que estava apontando para todas as bolhas no ar. Também dessa vez não parecia perturbado nem agitado; em vez disso, parecia perdido em um estado de transe. Sorriu, sonolento, e riu baixinho enquanto apontava para várias partes do quarto onde via "minhocas" e "bolhas". "Olhe, mamãe, uma rosa!", ele disse. "Você está brincando de faz de conta, Benj?", perguntei, tentando ao máximo manter um tom casual e não trair o intenso medo que eu estava sentindo. "Não, não estou fazendo de conta", era só o que ele dizia. Levei-o até a mesa para o café da manhã e, enquanto ele comia seu cereal, fugi até meu quarto, onde, em voz baixa, deixei um recado urgente na caixa postal do psiquiatra.

Naquela manhã, Benj continuou dizendo que estava vendo coisas no ar. Eu lhe perguntava: "Você está vendo alguma coisa agora?", e ele dizia: "Só uma bolha azul ali", ou "Só estou vendo as bolhas na parede branca". Quando sua professora de violão chegou para a aula, ela me disse que havia percebido mudanças alarmantes em sua atenção e em sua concentração ao longo da última semana — ele parecia aéreo e apatetado e vinha tendo muita dificuldade em manter o ritmo, tocar as notas certas e acompanhar as partituras. Ela ficou muito desconcertada com o que viu — a perda de sua energia e determinação e sua habilidade de se concentrar e de sentir as coisas profundamente. "É isso o que faz de Benjamin um menino tão divertido", ela disse. "Ele é uma pessoa *muito* real, e sente as coisas de forma muito intensa." Ela pressionava com força o próprio peito para demonstrar como Benj sente e experimenta coisas lá no fundo do seu ser. "Eu detestaria ver esse espírito cerceado." Pensei: ela está certa sobre a intensidade e a vulnerabilidade de Benj com relação a experiências. Ele pode lembrar a todos nós o que dor, prazer, alegria e medo realmente significam, porque ele os vivencia em sua forma mais pura.

Por fim, horas mais tarde, o psiquiatra ligou de volta. Disse que, embora nunca tivesse visto uma criança com o "distúrbio de campo visual" que Benj demonstrara, de fato achava que o remédio estava tendo um "efeito negativo sobre seu sistema nervoso". Ele me recomendou começar a diminuir aos poucos a medicação, já que suspendê-la de forma abrupta poderia causar alterações de pressão sanguínea que poderiam pôr em risco sua vida. Então anunciou, calmo: "O próximo remédio para o qual devemos passar é um tranquilizante suave, e se isso não funcionar tentaremos um mais forte, mas eu preferiria evitá-lo, já que oferece um pequeno risco de causar efeitos colaterais neurológicos permanentes". Horrorizada, eu lhe disse que estava muito perturbada pela reação de Benj à medicação atual e que ainda não me sentia pronta para submetê-lo a outra. Porém, ele insistiu em mandar pelo correio a receita do tranquilizante suave para a casa de campo de minha mãe e me instou a iniciar Benj nele assim que possível.

No dia seguinte falei com a dra. G., que jamais achara que o uso de medicação seria uma boa ideia para Benj. Ela insistiu no fato de que havia detectado uma mudança realmente impressionante e negativa em seu comportamento desde que ele começara a tomar o remédio: relatou que ele lhe parecera muito cansado e mais irritável e impaciente do que o normal, que algo estranho se passava em seus olhos e que por vezes ele se mostrara agressivo, até mesmo bravo, de uma maneira que não lhe era característica. "Na verdade estou assustada", aquela mulher normalmente inalterável me disse, "pelo que vejo como uma mudança significativa e estranha na qualidade de sua atitude, seu estado de consciência." Ela percebeu uma crescente triste-za, um olhar distante em seus olhos, uma recusa de interação social, uma qualidade dissociativa. "Algo neurológico está acon-tecendo", insistiu. Ela ficou aliviada em saber que estávamos diminuindo a dose do remédio e me apoiou irrestritamente em minha decisão de não tentar outro. "Quanto à medicação, eu esperaria até que ele esteja mais velho e que seu sistema nervoso tenha se desenvolvido um pouco mais", recomendou. "Agora ele está progredindo tanto com técnicas de terapia cognitiva, está se adaptando, está se ajustando. Eu sei que ele é capaz."

E assim, ao longo dos dias seguintes cortamos aos poucos o remédio. Embora Benj estivesse claramente melhor no primeiro dia sem ele — olhos mais vivos, mais energia, mais feliz —, foi um processo diário trazê-lo de volta à normalidade. Escrevi para meus amigos e minha família: "Mantenham os dedos cruzados para que ele continue voltando para nós. Richard na verdade ficou choroso na noite passada, de preocupação de que tivésse-mos 'perdido' Benj". No dia seguinte ao Natal, percorri a longa e nevada entrada de garagem de minha mãe, ergui a tranca da caixa de correio e vi o pequeno envelope branco endereçado a mim, com o endereço de remetente do psiquiatra. Eu sabia o que continha e sem hesitação alguma o rasguei em pedacinhos e enfiei os fragmentos no bolso.

Embora tivesse certeza de ter tomado a melhor decisão, eu estava preocupada com a reação da escola às notícias de que eu suspendera o remédio e que não tinha planos de recomeçar o tratamento com outro. Escrevi um e-mail de três páginas para toda a equipe da escola (professores, terapeutas, psicólogos), des-crevendo como Benj respondera à medicação e dando meus ar-gumentos de por que ele não deveria ser medicado, por que isso era ruim para ele, por que eu não gostaria de tentar mais nada naquele momento. Fiz tudo o que podia para convencê-los de que tínhamos tomado a decisão certa, mas eu não estava completamente segura de que iriam aceitar isso.

O primeiro dia de Benj na volta à escola depois das férias de Natal foi de angústia para mim. Como ele se sairia depois de duas semanas longe? Com muita expectativa, fui apanhá-lo na saída. Embora a psicóloga da escola tenha parecido bastante frustrada com o fato de que não planejávamos medicar Benj, pude ver que ele se saíra muito bem naquele dia e, mais importante, correu para me receber com grande entusiasmo em seu passo e grande deleite no rosto. E, antes de partirmos, insistiu em ir atrás de cada um de seus professores no corredor e abraçá-los com enorme afeição e ternura. Então ele foi até a diretora da escola, com quem desenvolvera uma doce ligação devido ao medo de simulações de incêndio (ela sempre o avisava de antemão quando haveria um treinamento, para que ele não precisasse se preocupar), exclamou "Adeus, sra. S.!" e jogou os braços em volta dela. Ela olhou para ele com carinho, e então me disse: "Ele tem o sorriso mais maravilhoso que já vi!".

Depois da escola, eu o levei à sua costumeira consulta com a psicóloga. Fiquei sentada na sala de espera, supostamente lendo um romance, mas na verdade me esforçando para ouvir o que estava se passando atrás da porta. Eu o ouvi dizer à dra. G., que estava chorando e se lamentando por ter perdido a partida de jogo da velha (ela encenava o mau perdedor e o bom perdedor para ele): "Oh, mas, dra. G., não precisa chorar. Às vezes se ganha, às vezes se perde". Em outro momento eu o ouvi dizer: "Dra. G., você pode perder com elegância e apertar a minha mão agora, o.k.?".

Estar de volta à rotina escolar, de lições de casa e de terapia, e de volta ao seu bom e velho corpo com seu velho sistema neurológico, foi claramente um alívio enorme para Benj, mas o mês de janeiro ainda assim foi bastante difícil. A escola fez uma alteração no sistema de comportamento, de modo que, justo quando Benj havia dominado o sistema anterior — o que ele tinha que fazer ou evitar para merecer estrelinhas e distinções de superaluno —, surgiu essa novidade, e sua ansiedade voltou. Ele ainda estava tendo dificuldade na aula de educação física; a professora era uma mulher difícil, e lhe escrevi muitos e-mails, insistindo para que encarasse como ansiedade o que poderia lhe parecer uma atitude desafiadora, explicando o comportamento de Benj, oferecendo sugestões de como evitar suas crises ou seu recolhimento. Fiquei sabendo que a psicóloga da escola estava pressionando outros pais a tratarem os filhos com medicação, mas ela nunca mais me disse uma só palavra a respeito; acho que entendeu que eu estava irredutível quanto a isso. Eu tinha trocas quase diárias de longos e-mails sobre Benj com os professores de sua turma e com sua professora de leitura; nesses e-mails eu tentava encontrar um equilíbrio delicado entre reconhecer os sentimentos deles, expressar solidariedade com suas frustrações e defender Benj tenazmente, mostrando-lhes como compreendê-lo e apoiá-lo da melhor forma possível.

E apesar das contínuas dificuldades na escola, Benj estava fazendo um progresso incrível em situações com as quais jamais teria sido capaz de lidar no passado. Naquele verão, Claire e eu levamos os dois meninos para o Big Apple Circus. Três anos antes, Benj não teria sido capaz de tolerar um só minuto do espetáculo. Um ano antes, teria chorado em alguns pontos. No entanto, naquele dia frio de janeiro ele entrou com um tantinho de apreensão ("Vai estar muito escuro?"), mas então, usando muito eficazmente suas estratégias de falar consigo mesmo e de se autopreparar, disse: "Mamãe, se ficar muito escuro, posso simplesmente segurar a sua mão até que fique claro de novo" e "Se o barulho ficar alto demais eu posso tapar os ouvidos". Foi uma apresentação muito barulhenta, muito agitada, muito carregada em termos sensoriais — montes de crianças pequenas, muitas das quais gritavam, riam alto, choramingavam ou choravam, com ações ininterruptas, muitos momentos de quase total escuridão (com as luzes se apagando quase que totalmente entre um ato e outro), música ao vivo alta, tiros de revólver —, mas houve só um momento durante todo o espetáculo em que Benj tapou os ouvidos (quando alguns sinos agudos ficaram tocando por um minuto), e Claire tapou os ouvidos nesse momento também! E Benj não apenas tolerou a situação: ele bateu palmas com muito entusiasmo depois de cada artista, apontou cada coisa legal que via, cutucou e incentivou James a bater palmas no final quando todo o elenco estava agradecendo à plateia. Que prazer e que vitória para ele, e que alegria testemunhá-lo.

Também naquele mês de janeiro minha mãe levou Benj pela primeira vez a um dos lugares favoritos de minha infância e de Claire, o Museu Americano de História Natural. A partir de meus oito anos, moramos em um prédio do lado oposto da rua do museu, e Claire e eu passamos horas incontáveis zanzando lá dentro. Quando minha mãe sugeriu visitá-lo com Benj, perguntei-me se ele seria capaz de lidar com o espaço enorme e com a multidão, mas o passeio foi um sucesso total. Minha mãe contou que ele se mostrou muito pouco ansioso, mesmo nas salas mais escuras, nos espaços cavernosos e na lanchonete cheia e barulhenta, e que se divertiu horrores. Ele voltou com um mapa do museu na mão e exclamando: "Nós vimos os esqueletos dos dinossauros! Estavam no quarto andar. Pegamos o elevador para ir até lá, e também vimos máquinas de pesquisa! Elas podem ser usadas para descobrir informações sobre um dinossauro. Na próxima vez nós vamos ver a baleia gigante!". Benj e vovó começaram a almoçar regularmente em algum restaurante local nos fins de semana e a visitar o museu com frequência; ele ansiava por esses almoços e passeios durante toda a semana e os descrevia para nós com orgulho ao voltar.

Já que poder lançar mão de documentos escritos ajudava tanto Benj, tentei pôr tudo por escrito para ele. Escrevi muitas "histórias sociais" (pequenas narrativas sobre cometer erros, agir como o professor, interromper, repetições/cópias bobas, falar com voz de computador, lidar com perdas) e, depois de revisá-las de acordo com as recomendações de sua fonoaudióloga, a dra. G., e de sua terapeuta ocupacional, imprimi e as encadernei como o *Livro de Benj de histórias sociais*. Todas as noites, eu escrevia o "Bilhete de Benj para a manhã", frases que eu deixava em seu lugar à mesa para que ele lesse antes de sair para a escola. Elas relatavam o que havia acontecido em jogos esportivos enquanto ele dormia, tranquilizavam-no quanto a algo potencialmente assustador que poderia acontecer naquele dia, diziam-lhe quão orgulhosa eu estava por todas as suas conquistas, ou apenas lhe desejavam um bom dia de escola; ele guardava todo e qualquer bilhete em uma caixa grande em seu quarto. De forma coordenada com a fonoaudióloga e com a participação do próprio Benj (isso foi crucial), inventamos uma lista de "Regras da Escola", uma tabela de "Espaço Pessoal" (mantenha as mãos e os pés próximos de você; quem você pode ou não pode abraçar, beijar e segurar as mãos), uma tabela de "Relaxamento" (uma lista de técnicas de relaxamento: inspire profundamente, abrace a si mesmo), uma tabela "Chamando Alguém" (quando era apropriado e quando não era); ele as carregava consigo em cartões plastificados. Richard inventou "Metas de Benj para os Deveres de Casa" — uma *checklist* que ajudava Benj a permanecer focado e cooperativo. E se ele tivesse tido um dia penoso ou uma dificuldade em alguma aula, eu o incentivava a escrever um e-mail para o professor em questão. Ele o ditava para mim, muitas vezes de maneira hesitante, mas, assim que tivéssemos tomado nota de algo — qualquer coisa —, ele com frequência despejava suas ideias e sentimentos. Descobrindo o que dizer e como dizê-lo o ajudava a entender o que havia saído errado e o que ele poderia fazer diferente da próxima vez:

Querida sra. D.,

Vou me esforçar para não ficar falando em xadrez. Eu sei que quando falo em xadrez eu também não escuto e também não aprendo muito. Eu quero aprender muito na escola então tenho que tentar não conversar sobre xadrez. Mas eu adoro xadrez, então é difícil! Mas posso falar sobre xadrez com o papai ou a mamãe ou conversar sobre xadrez com outras pessoas. Quando outras crianças falam sobre xadrez, eu deveria simplesmente ignorá-las e não imitá-las. Você me ajuda?

Eu te amo.
Com amor,

Benjamin (e mamãe, a digitadora)

Também tratamos de sua ansiedade num nível mais sensorial. Consultei uma nutricionista, que recomendou suplementos de cálcio e óleo de peixe rico em ômega-3 (que eu contrabandeava em seu purê de maçã todas as noites). Aumentei o número de suas sessões de terapia ocupacional e me certifiquei de que ele tivesse um tempinho para brincar ao ar livre todos os dias. Sua maravilhosa terapeuta ocupacional inventava todo tipo de coisa para ele usar em sala de aula — um colar de mastigar (feito de borracha Thera-Tubing) para desenvolvimento oral a fim de aumentar sua concentração e ajudar com a inquietação, um colete com peso para usar em certos momentos do dia (isso lhe dava uma consciência e segurança corporal maior quanto à sua posição espacial e tinha um efeito calmante), uma bola de praia semimurcha na qual ele poderia sentar, uma bola de fisioterapia de apertar para ele espremer quando estivesse se sentindo frustrado, para liberar a ansiedade ou focar sua energia. Ela deu a Benj e a seus professores uma lista de atividades físicas que ele poderia fazer se estivesse se sentindo impaciente ou ansioso: 25 polichinelos no corredor, alongamentos e até mesmo percorrer o corredor de uma ponta à outra. E tudo isso parecia estar ajudando, já que Benj estava mais calmo, mais atento e, o mais importante que tudo, mais feliz.

No início de fevereiro, recebi uma carta oferecendo oficialmente a Benj uma vaga na escola para o ano seguinte. Foi maravilhosamente tranquilizador; até aquele momento eu sempre sentira que ele estava "em perigo" e na iminência de ser "convidado a se retirar", sobretudo depois que optamos por não continuar com a medicação. E embora ainda houvesse contratempos, graças à supervisão e à atenção a todo e qualquer detalhe de sua vida diária, trocas de e-mails e maquinações estratégicas diárias com suas professoras e terapeutas, aos poucos e com crescente familiaridade ele continuou a se acalmar e a se adaptar. Benj recebeu seu primeiro convite de verdade para ir brincar desde que entrara na escola: uma festa Super Bowl para dois na casa de Aidan, colega e fã de futebol americano; eles assistiram a uma gravação do jogo (para que pudessem fazê-lo em uma hora razoável e com menos comerciais) e se banquetearam com comida apropriada para jogo, incluindo batata *chips*, minicachorros-quentes e *cookies* com gotas de chocolate.

Apenas uma semana mais tarde, porém, recebi o resultado de um teste de alergia que eu fizera em Benj; que ele tinha uma alergia séria a glúten, derivados do leite e ovos foi ao mesmo tempo uma notícia perturbadora e estimulante. Sua dieta precisaria mudar radicalmente, e Benj detestava mudanças. Pensei: como era irônico que tivéssemos nos esforçado tanto para conseguir que ele mastigasse *pretzels*, biscoitos, para que pudesse comer os lanches da escola e para que se acostumasse com o frio e a textura melosa de sorvete e *cupcakes* a fim de poder partilhar guloseimas de aniversários, e agora tudo isso precisaria sair de sua dieta. Ele não poderia se deliciar com as refeições e petiscos de que tanto gostava, e tirar uma fonte natural de felicidade para Benj era algo difícil de considerar. Mas, ao mesmo tempo, essa descoberta abriu a possibilidade de operarmos grandes mudanças em seu comportamento, seu humor e sua capacidade de atenção sem a utilização de remédios. Imediatamente comecei a pesquisar substitutos palatáveis e gostosos para suas comidas favoritas (massa, *waffles*, pão), e Benj aceitou de forma incrível as mudanças, lembrando suas professoras que ele precisava de um lanche diferente do das outras crianças ("Sra. D., eu não posso comer aqueles *pretzels*, mas posso comer estes aqui!", ele dizia, segurando a versão sem glúten que eu mandava para a escola na sua mochila), verificando os rótulos de qualquer comida industrializada na casa da avó em busca de "coisas às quais sou alérgico" e comendo alegremente os *cupcakes* de chocolate sem glúten, leite ou açúcar que mandei para a escola em seu aniversário.

Um dia, quando cheguei para apanhá-lo na escola, percebi quão gentil a diretora de admissão estava sendo com ele. Seu escritório ficava bem em frente à classe de Benj, e ele entrou lá para olhar memorabilia do New York Giants sobre a mesa e nas paredes. Ela sorriu e o pegou no colo, ouvindo pacientemente dados e números sobre os Giants. Naquela noite, mandei-lhe um artigo do *New York Times* que meu pai escrevera sobre nós dois e os Giants. Ela escreveu: "Isso é fantástico, mágico, música para os meus ouvidos [...] parece a minha infância com o meu pai!", e eu respondi:

Meu pai está muito doente de câncer de pulmão, e inconsciente

— oh, como eu gostaria de poder dizer a ele que suas palavras tiveram tanto significado para você! E, a propósito, sua gentileza com Benj outro dia realmente tocou meu coração. Agradeço aos céus todos os dias por termos encontrado essa escola para ele!

A resposta dela tinha apenas uma frase: "Deixe-me dizer, EU ADORO BENJ, TODO ele — seu jeito é incrível —, ele me faz (e a muitos outros) sorrir!!!!!".

Isso era tudo o que eu sempre quisera para Benj. Fiquei sentada diante do computador, sorrindo em meio a lágrimas:

And they such joyful tidings were,
The joy was more than he could bear! —
He melted into tears.

Sweet tears of hope and tenderness!
And fast they fell a plenteous shower!…
A gentle, a relaxing, power!*

Wordsworth, "Peter Bell"

Com a ajuda de roteiros e lembretes, Benj continuou aprendendo a lidar com suas ansiedades ao expressá-las verbalmente. Poucas vezes dissera algo como "Estou magoado", "Estou preocupado", "Estou me sentindo mal" antes dos seis anos de idade, e fazer isso de forma espontânea lhe custava um esforço enorme. Uma noite no início de junho, quando seu primeiro ano em Manhattan e em sua nova escola estava chegando ao fim, houve

---

* "E tão alegres notícias eram/ Que a alegria era mais do que ele podia suportar! —/ Ele caiu em prantos.// Lágrimas doces de esperança e ternura!/ E rápido fizeram chover uma torrente generosa…/ Uma força gentil, tranquilizadora!" (N. T.)

trovoadas terríveis e ruidosas em Nova York. O céu ficou preto por volta das sete da noite, e os trovões e raios foram impressionantes. Os dois maiores medos de Benj ao longo de sua vida haviam sido de sons altos e inesperados e de trovoadas.

Naquela noite, enquanto eu o preparava para ir para a cama, ele disse, com voz preocupada: "Mamãe, estou com medo. Não sei se consigo dormir hoje, pois simplesmente detesto esses trovões". Então eu disse: "Sabe de uma coisa, querido? Às vezes ajuda pensar nos sons de uma trovoada como música, como címbalos estrondosos ou tambores ruidosos". No mesmo instante Benj se empertigou, sorriu para mim e pareceu ao mesmo tempo intrigado e aliviado. Então uma fagulha veio a seus olhos. "Sabe do que mais, mamãe?", ele disse. "O quê, Benj?", perguntei. "Os trovões parecem gigantes jogando boliche." Ele foi para a cama sorrindo.

A habilidade de Benj de articular suas emoções de maneira límpida e aberta sem se render a elas, a capacidade de superar dois medos intensos e arraigados, e o uso da linguagem figurada — seus maiores desafios linguísticos sempre haviam sido a flexibilidade e o sentido não literal — de uma maneira tão jocosa e cheia de imaginação me deixaram sem fala.

Essa pequena troca entre nós me lembrou de minha experiência com meu pai e os raios junto à grande janela na Espanha e sublinhava muito fortemente tudo o que Benj conquistara. Mandei um e-mail cheio de júbilo para minha família e amigos descrevendo tudo, e a maioria me respondeu dizendo que estava comovida: "Benj é pura poesia!", escreveu uma amiga especialmente romântica e dramática (e amante de Keats). Outra, porém, observou com gentileza que trovões soando como boliche de gigantes era uma imagem comum e que Benj decerto a havia lido num livro. Eu não queria acreditar nela, mas claro que acreditei, e foi muito decepcionante. Minha crença nas habilidades de Benj de criar metáforas, em sua originalidade, fora dispersada, pensei comigo mesma; era apenas a velha ecolalia de sempre. Mas então percebi que, mesmo que a frase que eu julgava sua fosse tirada de um livro, ele estava usando o que havia aprendido para ajudá-lo a lidar com a ansiedade, estava aplicando o conhecimento de uma maneira útil e estava aprendendo a tranquilizar a si mesmo.

E foi enormemente tranquilizador e gratificante saber, alguns dias depois, que a psicóloga da escola, que fora tão impaciente com o processo de adaptação de Benj e que com tanta tenacidade defendera o uso de medicação, não voltaria para a escola no ano seguinte. Com sua saída, o sistema de comportamento da escola estava sendo definitivamente modificado para premiar o bom comportamento em vez de punir atitudes inapropriadas. E, ainda mais importante, Benj estava muito mais calmo e, de quebra, muito mais apto a aproveitar a escola. Ele adorava a estrutura e todos os pequenos rituais do dia; a reunião da manhã, calendário, verificar a temperatura lá fora e a Pergunta do Dia. Ainda precisava de uma boa dose de apoio por parte da professora, sobretudo para negociar interações com os colegas e para lidar com a hora da Brincadeira Livre. Ele dividia orgulhosamente seu violão na hora do "mostre e compartilhe", explicando sobre trastes, *tone bars* e afinando-o para os colegas admirados. Os gentis e incentivadores "treinadores" de sua aula de ginástica pós-escola o chamavam de Benny Hoops e Kid Benj, e Benj, que sempre resistira com ferocidade a qualquer tipo de apelido, agora não apenas tolerava como adorava aquelas alcunhas, porque o faziam se sentir "um atleta de verdade!". Ele adorou o passeio num ônibus de turismo por Manhattan que fez com sua turma, chegando até a se oferecer para colaborar com os comentários do guia da excursão e respondendo às perguntas de seus colegas sobre prédios (quão altos eram, quando foram construídos e em que estilo), ruas e bairros. Estava cada vez mais apaixonado por sua nova cidade e começou a colecionar livros e mapas de Nova York; ele amava, sobretudo, seu sistema de transporte. Um dia cheguei em casa do trabalho para descobrir que Benj havia transformado nosso apartamento em uma estação de metrô; ele havia confeccionado placas e as tinha fixado à mobília (um sofá era o trem número 1, outro era o trem número 2, o banco na entrada, o micro-ônibus até Times Square), e estava conduzindo James pela estação. Alguns dias após o término das aulas, acompanhado pelos pais, ele e Aidan, ambos menininhos relativamente frágeis com histórico de atrasos e desafios motores, caminharam juntos triunfantemente sobre a ponte do Brooklyn. "Mil oitocentos e vinte cinco metros de comprimento!", ele me disse depois, orgulhoso.

Benj teve um ótimo verão no acampamento da escola, cujo tema, que tinha pouco a ver com ele, era "Contos de Fadas". Ele venceu o concurso de Curiosidades Sobre Contos de Fadas e se vestiu de príncipe com uma coroa feita em casa e capa no Dia de Se Vestir Como Seu Personagem Favorito de Contos de Fadas. Com a professora da turma bem próxima dele na piscina, Benj pôs o rosto na água pela primeira vez em uma heroica aula de natação.

E o outono do segundo ano de Benj foi como água e vinho comparado ao que tínhamos vivenciado no ano anterior. Ele tinha as mesmas professoras, que haviam passado a conhecê-lo bem e a amá-lo, e estava na mesma classe com praticamente o mesmo grupo de crianças. Ele agora se sentia à vontade e era capaz de relaxar e aproveitar os muitos prazeres da escola. Uma escola que havia começado como uma escolha duvidosa, e se tornado um lugar aterrorizante de reprovação e ansiedade, por fim ajustou seu sistema, em parte por nossa causa, e acabou se tornando a escola certa para ele.

Terra e Mar, fraqueza e declínio são grandes limitadores, mas a
morte é o grande e eterno divorciador.

John Keats para Charles Brown, 30 de setembro de 1820

Uma tarde, durante aquele outono, recebi um e-mail de minha madrasta dizendo que meu pai havia tido uma repentina piora e que provavelmente lhe restavam apenas mais alguns meses de vida. Embora tivéssemos recebido esse tipo gentil de advertência muitas vezes antes, comecei a fazer planos de viajar ao Japão para vê-lo. Os meninos partiram com o pai para um fim de semana na casa de vovó, e na noite seguinte fui ao casamento de uma amiga de infância muito próxima. Dancei horrores com minhas amigas de colégio; estávamos todas muito felizes que aquela mulher maravilhosa tivesse enfim encontrado o cara certo e o amor que tanto merecia. Voltei do casamento um pouco embriagada; vasculhei meus e-mails e abri um enviado por minha madrasta, sem assunto. Começava assim:

Queridos Nick, Priscilla e Claire,
O pai de vocês faleceu ontem à noite (00h12, 29 de outubro). Sem luta, sem dor. De repente parou de respirar, sem nenhum sinal aparente. Em paz. Ele chegou ao limite e decidiu partir.

Liguei para Claire em um hotel em Washington onde ela estava naquele fim de semana e a acordei. Passei a noite toda deitada na cama em estado de choque. Fiquei surpresa com a extensão de minha tristeza. Senti como se não pudesse respirar. Eu estava separada de papai por terra e mar já havia muitos anos. Sua fraqueza e seu declínio o haviam tornado incapaz de falar, totalmente incapaz de se comunicar conosco. Mas aquela era a grande divisora, para sempre. A inelutabilidade da coisa estava me devastando.

Passei o domingo inteiro conversando com Claire, meu irmão, minha madrasta, enviando e-mails e ligando para os amigos de meu pai para lhes dar a notícia, falando com um repórter do *New York Times*. Em vários momentos durante o dia, sempre que não estava conversando com alguém, eu gemia involuntariamente, deitava a cabeça na escrivaninha e soluçava de um jeito incontrolável. E então, às seis da tarde, a campainha tocou. Embora Richard tivesse uma chave do apartamento, os meninos sempre insistiam em tocar a campainha para que eu fosse atender correndo e escancarar a porta com um sorriso no rosto e um olá caloroso na voz. Eu sabia que minha mãe havia lhes contado o que acontecera, e não tinha ideia de que reação esperar deles. Abri a porta para encontrá-los em pé na frente de Richard com olhares hesitantes no rosto. "Oi, meninos", eu disse, apertando com força os punhos para não chorar, e o pequeno James, com quatro anos de idade, apenas enterrou o rosto em minha barriga e me abraçou com força. Benj disse, um pouco desajeitado: "Mamãe, a vovó nos contou que o seu papai morreu. Você está bem, mamãe?". Respondi: "Estou muito triste, mas estou bem, querido". "Você pode dormir na minha cama para ficar menos triste, mamãe", James tratou de contribuir. "Isso pode ser um pouco desconfortável", Benj disse. "A sua cama é meio pequena, James." "Obrigada, meus amores", falei. "Estou muito feliz que vocês voltaram."

Nos dias seguintes, tentei protegê-los de minha tristeza — chorando (como chorara logo após a descoberta da hiperlexia de Benj) no banheiro com a torneira aberta, caindo de joelhos assim que conseguia trancar a porta. Eu estivera preparada para a morte de meu pai quando ele foi diagnosticado nove anos antes e recebeu o prognóstico de dez meses de vida, mas, à medida que o tempo passou, tinha pensado cada vez menos em sua doença em termos do que significava, afinal de contas, e mais em termos de detalhes diários de cuidados e no bem-estar de minha madrasta. Agora que ele realmente se fora, de forma irrevogável, pude enfim sentir a falta de como ele tinha sido ao longo da maior parte de sua vida e não como tinha sido durante o declínio de sua saúde. Eu sentira uma falta absurda dele durante muitos anos e apenas agora estava me dando conta da profundidade e da amplitude desse sentimento.

Na noite seguinte, uma pessoa do *New York Times* veio até nosso apartamento para reproduzir uma foto de meu pai que seria usada em seu obituário. Coloquei a grande foto preto e branco sobre o tampo de nossa mesa de jantar. Havia sido tirada na metade da década de 1970 na sala de estar do apartamento de minha infância, e nela meu pai estava belo e robusto numa calça jeans e camisa de brim, cabelo longo e ondulado, óculos de aro preto em uma mão enquanto ele olhava por cima do próprio ombro estampando no rosto um olhar expectante e intenso. Busquei livros que estivessem por ali para pôr como peso sobre as pontas enroladas da fotografia e peguei dois dos favoritos de Benj, os livros infantis *Game Day* e *Teamates*, de Tiki Barber, *running back* do New York Giants. A seção de esportes do *New York Times*, aberta em um artigo sobre os Giants, calhou de estar logo acima da fotografia. Enquanto o fotógrafo dava um zoom para fazer a reprodução, eu também a fotografei, com seu contexto — meu pai cercado de todos os lados por escritos sobre o New York Giants, um time agora amado por seu neto com o mesmo fervor com que eu e ele o amáramos.

A noite seguinte era Halloween. Benj se vestiu de carteiro (inspirado no sr. McFeeley de Mr. Rogers) e James, de leão, numa fantasia grande e peluda com um capuz selvagem e um rabo longo e peludo; o gentil e educado Benj e o feroz e impetuoso James faziam uma dupla bem engraçada e querida. Depois que tiraram as fantasias, levei-os até o quarto para acalmá-los. Fizemos um jogo de opostos e a seguir um de sinônimos, exatamente como meu pai jogara comigo. "Quente", eu dizia; "Frio!", James gritava, deliciado. "Assssando...", eu oferecia; "Congelando!", Benj respondia. Enquanto eu cantava para eles, como meu pai fizera comigo, minha voz tremia, e James, sempre tão atento ao meu estado de espírito, passou as mãozinhas por minhas bochechas molhadas. "Mamãe", ele disse, "você está chorando!" "Eu só estou muito triste, querido." "Você precisa de um carinho, mamãe?", ele perguntou. E então: "Oh, mamãe, posso abraçar você?", Benj exclamou. "Preciso fazer você se sentir melhor." Eu me abaixei para receber seu abraço, que ainda era um pouco desajeitado, mas tão, tão bem-vindo. "Mamãe, por que o seu papai morreu?", James perguntou, de repente. "Oh, ele estava velhinho e estava muito doente, meninos", falei, "e, sabem, durante muitos anos ele fumou cigarros e simplesmente não conseguiu parar a tempo." "Mas ele está no céu agora, mamãe", James se entusiasmou. "Então ele está feliz." Eu nunca havia falado sobre céu ou nem mesmo sobre Deus com os meninos. "Você acha que o seu papai tem um computador no céu?", Benj perguntou. "Tenho certeza de que ele tem tudo o que quer, incluindo um computador, Benj", respondi. O pequeno James pareceu pensativo por um momento, e então disse: "Ele está se divertindo lá, Benj! Ele está flutuando numa nuvem!". E Benj perguntou, um tanto preocupado: "E se ele cair da nuvem?". "Ele vai estar bem, amorzinho", respondi, "não se cai no céu." "Porque agora ele pode voar", disse James.

> [...] *com o olho imóvel pela força*
> *Da harmonia e do profundo poder da alegria,*
> *Entrevemos a vida das coisas.* *
>
> "Abadia Tintern"

* Tradução de Alberto Marsicano e John Milton, p. 93. (N. T.)

Naquele mês de dezembro, Benj, com sete anos de idade, foi escalado para tocar um solo de violão no show de música de fim de ano da escola, uma perspectiva ao mesmo tempo excitante e enervante. Quando sua professora de violão nos falou pela primeira vez do plano de Benj tocar "Jingle Bells" no violão com ela no acompanhamento, Richard e eu ficamos ao mesmo tempo entusiasmados e apreensivos. Embora ele estivesse tendo aulas de violão clássico havia mais ou menos um ano, ele só vinha praticando nos últimos meses, e nunca se apresentara em público. Benj havia demonstrado um talento musical extraordinário (ouvido perfeito, uma maravilhosa noção de ritmo, habilidade de improvisar melodias em um *glockenspiel*, xilofone ou piano desde uma idade muito tenra), mas eu relutara em colocá-lo para aprender um instrumento até que suas habilidades motoras estivessem fortes o suficiente para que pudesse tocar com um mínimo de frustração. Eu também não queria forçá-lo ou pressioná-lo demais. Uma vez que ele começou a ter aulas, sua proficiência no violão surpreendeu a todos nós — seu histórico de atrasos severos de motricidade fina fazia de cada dedilhar um pequeno triunfo —, mas, como acontece com todos os iniciantes, ele cometia muitos erros e tinha resistência a se exercitar. Embora agora estivesse treinando com regularidade, eu me preocupava com a possibilidade de que ele rompesse em lágrimas de frustração caso cometesse um erro na apresentação ou então que ficasse sobrecarregado no ambiente lotado e cheio de expectativa onde se daria o evento.

Benj, porém, parecia apenas entusiasmado, e esperava pela apresentação com muita excitação. Ele contava os dias (riscando cada um em seu calendário de mesa, dizendo para mim todas as noites: "Apenas mais seis/cinco/quatro dias até a apresentação de fim de ano!"), cantava e cantarolava canções pela casa e se jogou no ensaio de figurino com muito gosto. Na noite anterior à apresentação, ele estava surpreendentemente calmo. Todas as noites, ao colocar Benj para dormir, eu cantava algumas músicas para ele (desde que nos mudáramos para Nova York, sua canção favorita era "Take Me Back to Manhattan", de Cole Porter, embora ele insistisse em substituí-la por "Country Road", de James Taylor, quando íamos para a casa de vovó em Connecticut) e depois repassávamos algumas perguntas que o afligiam e respostas que eu bolara para ajudá-lo a lidar com a ansiedade. As perguntas eram: "Como faço para parar um pesadelo?"; "Como faço para parar um pensamento ruim?" e "O que você faz quando as luzes se apagam?". Dei longas e elaboradas respostas para essas questões.

Naquela noite de dezembro, porém, Benj me fez parar antes da terceira pergunta. "Mamãe, quero acrescentar uma nova pergunta à sequência. Posso?" "Bem, querido, preciso ouvi-la antes de prometer qualquer coisa. O que é?" "O.k.", ele disse, e seu rosto se acendeu com expectativa e deleite, "como você faz para um sonho *bom* não ir embora?" Abri um enorme sorriso, e ele disse, às gargalhadas: "Mamãe, você aceita ou recusa?". "Eu aceito, Benj!" "Bem, e como é que se faz?", ele insistiu. "Impedir que um sonho bom vá embora, quero dizer." Fiquei tão surpresa e estupefata com essa pergunta inesperada de Benj, que era tão pouco afeito a mudar suas rotinas, que de início não soube o que dizer ou como responder. Então, de repente, improvisei: "Oh, Benj, você pensa muito seriamente sobre o que estava sonhando, imagina, lembra como era maravilhoso e tenta segurar o sonho na sua cabeça". Ele sorriu e fez que entendia e, alegre, se aconchegou sob as cobertas para dormir. Saindo de seu quarto, balancei a cabeça, admirada. De manter a ansiedade à distância, havíamos chegado a incitar e forjar e dar continuidade à felicidade; de como gerenciar preocupações, chegáramos a como nos segurar na alegria. E ao ajudar Benj a aprender a se segurar na "luz celestial [...] a glória e a frescura de um sonho", de Wordsworth, recobrei meu sonho de uma criança capaz de sonhar, de sentir profundamente, de apreciar de forma intensa a beleza e de se maravilhar. Benj estava começando a acessar um pouco do maravilhamento de minha infância idílica, e, sendo sua mãe, eu estava descobrindo um tipo completamente novo de maravilhamento, um sentido completamente novo do que o maravilhamento pode ser.

Na manhã seguinte, quando o vi no saguão da escola, Benj estava muito alegre, absolutamente radiante, do minuto em que sua turma passou pelos pais, à espera dos seus filhos — "Mamãe!!!", ele gritou, "só faltam dois minutos para o show de fim de ano!!" —, até adentrarem o pequeno ginásio onde aconteceriam as apresentações. Passando os olhos pelo programa, vi que o concerto consistiria em apresentações em grupo que envolviam todas as crianças, uma por cada turma e quatro "solos": três violinistas clássicos, todos alguns anos mais velhos que Benj, e ele no violão. Richard e eu ficamos lado a lado no fundo do ginásio lotado; olhamos nervosamente um para o outro quando o número de um grupo terminou e chegou a vez de Benj. O ginásio estava em completo silêncio, a atmosfera era de expectativa muda. Ele se levantou tranquilamente, caminhou até as duas cadeiras colocadas diante da plateia e com calma pegou seu violão das mãos da professora. Eles se sentaram, ela olhou para ele e contou em voz baixa: um, dois, três, quatro. E então a alegre e pequena melodia começou: uma canção de Natal pela qual eu jamais tivera qualquer apreço especial, não realmente pungente ou comovente, mas, tocada por Benj naquele dia, me tocou mais fundo do que qualquer outra coisa jamais fizera. Senti que estava testemunhando a expressão pura, fácil e espontânea de sua pequena alma, não frustrada apesar de todas as convoluções e complicações que sua mente e seu corpo tão frequentemente lançavam em seu caminho. No minuto e meio que ele levou para tocar aquela música, sua alma esteve transparente, palpável.

Benj tocou lindamente e, quando cometeu um pequeníssimo "erro" próximo ao fim, sorriu, dedilhou de novo e continuou até o fim com brio. Não ficou alterado com todos os flashes das câmeras, com a plateia ruidosa e agitada, nem com a proximidade das pessoas. Quando executou as notas finais, a multidão enlouqueceu — ele foi aplaudido de pé! Ouvindo a explosão de palmas, vivas e assovios, olhou para a plateia com uma expressão deliciosa de surpresa, se levantou e se curvou, desajeitado mas com entusiasmo, e voltou para seu lugar com um sorriso enorme no rosto.

Ao vê-lo lá em cima tocando violão, tão garboso, confiante e feliz, não consegui conter as lágrimas, e quando olhei para suas professoras e terapeutas junto às paredes do ginásio, vi que elas estavam quase todas aos prantos também. Sua professora de matemática mais tarde me contou que o zelador da escola, um sujeito grande, parrudo e musculoso de trinta e poucos anos, lhe dissera um dia antes: "Espere só até ver Benj tocando violão na apresentação. Vai fazer você chorar!". A equipe de terapeutas e professoras de Benj e os familiares haviam todos parado de respirar quando ele começou a tocar, suspiraram aliviados quando ele prosseguiu sem qualquer dificuldade e por fim aplaudiram não apenas seu talento mas, mais importante, sua coragem, seu triunfo sobre a ansiedade e os problemas de motricidade fina, e o desabrochar de sua capacidade de expressão. Naquele dia, ele foi a personificação da alegria. Quando me lembrei de que um ano antes ele estava padecendo de uma reação alucinógena à medicação psiquiátrica, eu me senti ainda mais abençoada.

E ao passo que, um ano antes, sua vaga na pré-escola parecera tão incerta, recentemente ficáramos sabendo que seu fundador e diretor abriria uma escola de ensino fundamental e médio bem a tempo para Benj. Como me senti aliviada de ouvir que haveria um porto seguro para ele durante toda a sua infância e adolescência, um lugar onde ele seria aceito do seu próprio jeito, incentivado em seus desafios, receberia os tratamentos terapêuticos de que necessitava, seria encorajado a crescer, a correr riscos e a desenvolver seus talentos únicos. Financeiramente, também, eu estava me sentindo bem menos ansiosa, já que até então e durante dois anos tínhamos vencido a luta para conquistar um reembolso parcial de mensalidade e cobertura para seus muitos tratamentos do Conselho Educacional da Cidade de Nova York, que não conseguia suprir uma escola pública apropriada para Benj. Em pé ali naquele ginásio, tive uma sensação avassaladora de alívio e gratidão. Benj encontrara um lugar seguro no mundo naquela maravilhosa escolinha e um veículo apropriado e inspirador — a música — com que expressar seus sentimentos e se conectar com os outros.

Ó alegria! Que em nossa cinza
É algo que irradia
Que ainda se lembra da Natureza
Que era tão fugidia!
Pensando no passado sinto em mim se espargir
A *perpétua bênção:*
[...]
 esses primeiros sentimentos
 Lembranças fugazes daqueles momentos
Que sejam o que forem, todavia,
São a fonte de luz de nosso dia,
A *luz-guia de todo o nosso ver,*
 Sustentam-nos, cuidam-nos
[...]

verdades prestes a despertar
Para jamais perecer;
E que nem a indiferença ou o louco empreender,
Nem Homem, nem Criança,
Nem tudo que contra a alegria se lança,
*Pode destruir de forma intensa!**

"Ode: Vislumbres"

Alguns meses mais tarde, a cerimônia em memória de meu pai finalmente aconteceu. A Escola de Arte Dramática de Yale organizou o evento em colaboração comigo e com Claire, e ele foi realizado no Symphony Space no Upper West Side, no auditório ao lado do cinema aonde meu pai tão frequentemente nos levara quando meninas. Sentada, ouvi os elogios fúnebres e meu pai ser descrito como um "romântico delirante" com uma "inocência divina" e "uma vulnerabilidade e [...] uma característica de outro mundo que podiam ser quase pueril", tendo, ao final, o rosto de um "menino-adivinho, uma combinação de inocência e de serena dignidade". Assisti ao slideshow sobre sua vida que Claire e eu havíamos montado: começava com uma foto sua como um menino zombeteiro e de rosto doce de cerca de seis ou sete anos, e então havia imagens dele como um rapaz sentado diante de uma máquina de escrever, sentado no balanço de uma varanda mergulhado num livro, sorrindo em êxtase para mim e Claire e Nick quando bebês, lendo para nós quando crianças, jogando uma bola de futebol americano em minha direção, em seu casamento com Yasuko, na formatura de Claire da faculdade e então, por fim, em uma cadeira de rodas, careca e descarnado, olhando para fora de uma janela de hospital, para

* Tradução de Alberto Marsicano e John Milton, pp. 53-5. (N. T.)

274

uma cerejeira em flor. Comecei meu elogio fúnebre com os versos de abertura de "Ode: Vislumbres" e terminei com as linhas de encerramento do artigo que meu pai escrevera para o *New York Times* sobre mim e o New York Giants, que falava da vez em que escrevi a carta de consolo a Harry Carson, abatido após um fracasso terrível, e que foi publicada no dia da primeira vitória dos Giants no Super Bowl, em 1987:

Hoje à tarde muitos de nós vão se juntar no meu apartamento [para assistir aos Giants] [...] Priscilla estará lá, claro [...]. Ela vai estar nervosa, irrequieta, assustada às vezes, mas, finalmente, já vejo, em êxtase. Amanhã pode ser que ela queira até mesmo escrever outra carta para Harry Carson, dizendo algo como: "Eu não lhe disse? Ainda adoro você. Mais do que nunca".
Então papai, digo a você hoje: "Eu não lhe disse? Ainda adoro você. Mais do que nunca".

Depois da cerimônia, voltei para casa, para o meu fã dos Giants, meu menininho que estava aprendendo a amar com todo o seu ser, a confortar e a proteger. Quando cheguei, Benj correu até a porta e esticou os braços em minha direção. "Mamãe", ele choramingou, "como você está? Eu te amo!" Mostrei-lhe o folheto com o programa do evento e ele insistiu que eu lhe desse dois do gordo pacote que levara para casa. Um foi para a caixa de "Coisas Especiais do Benj", e o outro foi colocado em seu painel de recados. "Ele é meu avô, preciso ter isso", ele disse.

Na época da cerimônia fúnebre de meu pai, algumas semanas após seu oitavo aniversário, Benj compôs uma música inteira no violão com versos, refrão e ponte. Mas não havia palavras na canção até uma noite em que sugeri que ele começasse com "Meu nome é Benjamin...", e ele partiu daí, escrevendo toda a letra sozinho em cinco minutos. Como sempre fora com tudo, da ludoterapia às lições de casa, eu lhe dei um ponto de partida, um lugar de onde começar, uma pequena estrutura para lhe servir de âncora, e então me retirei e observei enquanto ele decolava por conta própria. Em sua composição e em sua letra, aquela música exemplificava tanto sua crescente sensação confiante de identidade quanto sua abertura cada vez maior — e o convite — para os outros:

My name is Benjamin...
I'm eight years old and I play guitar
I live on the 18th floor, in New York City
And I play guitar
So many presents from friends all over town
I love to ride in elevators going up and down
I love the music player that Daddy gave me
Although it's small, it plays so much; why don't you come and see-e-e-e-e?

My name is Benjamin...
I'm eight years old and I play guitar
I live on the 18th floor, in New York City
*And I play guitar**

---

* "Meu nome é Benjamin/ Tenho oito anos e toco violão/ Moro no 18º andar, na cidade de Nova York/ E toco violão/ Tantos presentes de amigos de toda a cidade/ Adoro andar de elevadores, subindo e descendo/ Adoro o CD player que o papai me deu/ Embora pequeno, toca muito; por que você não vem veeeeer?// Meu nome é Benjamin/ Tenho oito anos e toco violão/ Moro no 18º andar, na cidade de Nova York/ E toco violão." (N. T.)

[...] aqui permaneço, não só com a percepção
Deste presente prazer, mas com sutis pensamentos
De que neste instante há vida e nutrientes
Para os anos vindouros. E assim ouso esperar,
Embora esteja diferente do que era
Quando vagava por estes montes [...]*

"Abadia Tintern"

Quando Benj completou oito anos, Richard e eu havíamos resolvido as coisas entre nós de forma a manter uma relação amigável de guarda compartilhada e uma boa amizade que significava para ambos bastante apoio mútuo. Tínhamos passado seis meses em negociação e, em consulta com a psicóloga de Benj, esboçamos um plano parental de quinze páginas que cobria tudo, desde responsabilidades financeiras até nossa filosofia de criar filhos, e bolamos um esquema de guarda compartilhada flexível. Fizemos

* Tradução de Alberto Marsicano e John Milton, p. 93. (N. T.)

um esforço enorme para superar as recriminações e picuinhas e para respeitar mutuamente nossa importância insubstituível aos olhos dos meninos. Permanecemos próximos das famílias um do outro e muitas vezes participávamos de ocasiões sociais juntos. Íamos a todas as consultas e reuniões juntos, ficávamos em pé ou sentados lado a lado em todos os eventos da escola e curtíamos os filhos juntos, e passávamos os feriados como uma família. Éramos unidos, sempre, em nosso amor e dedicação a nossos filhos. No ato de cuidar deles, quando difícil e quando dava trabalho, em momentos de felicidade e em momentos de desespero, ainda assim estávamos juntos, nas palavras do poema de Frost que imprimimos no programa do nosso casamento: "Asa com asa, e remo com remo".

À medida que se aproximava o quadragésimo aniversário de Richard, sugeri que Benj compusesse uma música de presente para o papai. "Acho que não, mamãe", ele disse, "uma canção não é um presente." "Oh, mas pode ser, sim", expliquei, "pode ser um presente maravilhoso." Ele ainda estava relutante, mas quando falei que não haveria nenhum outro presente de que o papai fosse gostar mais, ele disse, animado: "Então preciso fazê-lo". Um instante depois, acrescentou: "Mas só se você me ajudar, mamãe".

Benj e eu trabalhamos na canção durante uma semana; a melodia veio rápido e fácil, mas ele precisou de ajuda com a letra. Depois de escrever duas músicas em seguida cerca de oito meses antes — "Benjamin Song" foi seguida mais ou menos um mês depois por "Connecticut Song", para um trabalho da escola sobre os estados americanos —, ele passou algum tempo sem compor mais nada. "Benjamin Song" tinha sido sobre ele mesmo; "Connecticut Song" era uma série de fatos encadeados e apresentados de forma inteligente com rimas inusitadas e volteios ("*Connecticut is our fifth state/ Connecticut joined this country in 1788"; "Its hero is Nathan Hale* [...]/ *Its great university is Yale").** Mas essa "Daddy Song", como viemos a chamá-la, envolvia outra pessoa, alguém que ele conhecia muito intimamente e que amava intensamente, e envolvia a expressão de sentimentos e de gratidão. "Não sei como, não sei o que dizer", ele sempre exclamava ao se deparar com uma tarefa de escrita criativa na escola, e aquela era uma tarefa criativa realmente difícil. Então, para ajudá-lo, fiz perguntas-chave: "Como é a aparência dele?". "Não sei, ele precisa estar aqui, preciso olhar para ele." "Bem, ele é alto ou baixo?" "Alto, claro; você tá doida?", ele disse, descrente. "Precisamos de vários tipos de coisas que ele faz com você, Benji." "Em horários diferentes do dia, certo?", ele perguntou. "Sim", respondi. "Pense na canção como uma maneira de agradecer ao papai e dizer a ele quanto você o ama." "Bem, é claro que eu amo ele", ele disse. "Por que não dizer isso, simplesmente?" E nosso trabalho continuou.

Certa noite, enquanto fazíamos um brainstorming em busca da letra, James de repente quis participar. "Mamãe, escreva isso aqui!", ele insistiu, e foi isto que registrei, ditado por ele em menos de um minuto:

IDEIAS DO JAMES PARA A "DADDY'S SONG"

Ele é alto e bonito
Ele tem olhos incríveis
Ele é muito forte
Ele lê para mim
Ele sabe jogar jogos

---

* "Connecticut é o nosso quinto estado/ Connecticut se juntou a este país em 1788 [...]/ Seu herói é Nathan Hale [...] Sua grandiosa universidade é Yale". (N. T.)

Ele sabe amar as pessoas
Ele tem um coração enorme

James era diferente de Benjamin, como bem se poderia imaginar; uma amiga minha certa vez observou que "Benj e James são duas metades de uma mesma pessoa". Os dois tinham um entusiasmo enorme pela vida, uma capacidade maravilhosa de ficar extasiados, e brilhavam de empolgação quando estavam fazendo algo de que realmente gostavam. Mas aí terminavam as semelhanças. Fisicamente ágil e agressivo, com uma voz peculiarmente alta, James já era então uma criança de cinco anos incontrolável, curiosa, muito expressiva em relação a suas emoções e amorosa. Ele ainda não estava lendo e não parecia ter uma mente muito intelectual. Sempre tivera muitos amigos e coleguinhas com quem brincava. Uma de suas atividades favoritas era ouvir histórias; diferentemente de Benj, ele sempre perguntava, muito curioso, por que os personagens se comportavam de algumas maneiras e comentava os acontecimentos. Também diferentemente de Benj, e para grande deleite de seu pai, a preferência de James em matéria de livros recaía sobre mitos, lendas, histórias antigas e de aventuras: *Peter Pan*, as lendas do rei Artur, a série *Swallows and Amazons*, *O livro da selva*. Zeus e Odin, Hermes e Freia eram figuras centrais nas aventuras que ele estava sempre criando com suas pessoinhas de Playmobil. Uma de suas professoras se referiu com precisão a James como "sr. Faz de Conta". Ele era produtor teatral na escolinha, tendo ideias, escolhendo atores, dirigindo e atuando em várias peças. Sua imaginação era ilimitada; ele estava sempre inventando acontecimentos fantasiosos, usando palavras de formas novas, vendo muitos lados de uma situação. Era extremamente sensível aos humores e sentimentos dos outros, e gostava muito de dar abraços.

Eu jamais quis que James se sentisse pressionado a compensar os lapsos ou as deficiências do irmão, ou que sentisse que era seu papel ser emotivo e carinhoso. Não queria que as dificuldades de Benj ou mesmo suas potencialidades fossem um fardo para James. E naquela época eu não queria que James se sentisse intimidado ou desafiado pela precocidade de Benj e por Benj ser "especial".

Eu nunca quis pensar em James como "o normal" e em Benj como "o especial". Sempre foi uma tentação enorme fazê-lo, em parte porque queríamos muito desesperadamente um filho com que não tivéssemos que nos preocupar tão intensamente. Quando comecei a sentir que o desenvolvimento da motricidade fina de James, então com três anos, estava um pouco atrasado, Richard resistiu à ideia de fazer uma avaliação com uma terapeuta ocupacional — "Ele é bem diferente de Benj!", ele disse —, mas finquei pé, insisti, e o resultado foi que James tinha atrasos de motricidade fina ainda mais severos do que os de Benj, e também precisou de terapia ocupacional. Eles eram ambos especiais, e cada um tinha uma série única de necessidades, mas era difícil gerenciar os dois, já que seus interesses, temperamentos e necessidades eram diametralmente opostos.

Lidar com um irmão tão instável e tão absolutamente outro havia sido difícil para James. Ele simplesmente adorava Benj, mas não conseguia entender por que este lhe impunha regras em jogos supostamente livres, por que chorava de frustração quando errava um lance de basquete ou por que insistia em fazer coisas numa certa ordem que não fazia nenhum sentido para ele, tão espontâneo e impetuoso. Quanta confusão e desapontamento a impenetrabilidade de Benj e sua não responsividade causaram a meu caloroso e afetuoso caçula? "Benj, por que você não me *ouve*?", James gritava, profundamente frustrado. E o desejo insaciável de James de brincar de faz de conta esbarrava em uma barreira muito concreta na pessoa de Benj, que teimosamente insistia em trazer as coisas de volta para o chão. "Mamãe, você é a princesa e eu sou o príncipe que vem salvar você!", James exclamava, "e, Benj, você é o dragão." Enquanto isso Benj ou absolutamente não lhe dava atenção, ou, quando James vinha estocá-lo com uma "espada", recuava, horrorizado, gritando: "Eu não quero ser um dragão!". Com jogos de tabuleiro era ainda mais difícil. Benj criticava as decisões de James — "Por que você fez isso?", ele perguntava, reprovador —, e James seguia adiante, alegre, totalmente alheio à reprovação do irmão, apenas feliz por partilhar uma atividade com ele. E para o pobre Benj, a exuberância física de James, sua destreza, sua impetuosidade e seus ruídos podiam ser algo muito difícil de lidar.

A despeito dessa diferença, eles eram bastante ligados um ao outro. E à medida que cresciam, essa ligação ficava mais e mais forte. Sempre faço um monte de fotos dos meninos no Halloween; uma em especial, tirada apenas alguns meses antes do quadragésimo aniversário de Richard, captou com perfeição a dicotomia romântico-antirromântico que eles exemplificavam e a pungência de sua relação. Benj está vestido como seu herói, o *quarterback* Eli Manning, do New York Giants, James como cavaleiro medieval completo, com espada, armadura, escudo e capacete. Benj é o sr. Realista; James, o sr. Romântico. Eles estão em pé diante de uma prateleira de livros em nossa sala de estar, e volumes de Shakespeare, poesia e a série completa de *O mágico de Oz* podem ser vistos logo atrás. James carinhosamente segura uma das mãos de Benj nas suas e olha para ela com adoração, como se estivesse prestes a lhe propor casamento. Benj está alto e empertigado, com a calça dos Giants mal cobrindo seus joelhos protuberantes, as pernas magrelas se esticando muito até os pés descalços. Ele está, por ora, tolerando com paciência o toque carinhoso de James e sorrindo gentilmente para mim, mas parecendo querer fugir e lançar longe a bola de futebol americano que segura na outra mão. Quando enviei a foto a amigos, chamei-a de "Guerreiros de Duas Eras Unidos na Amizade".

No dia do aniversário de Richard, os dois guerreiros amigos estavam brincando com ele no quarto de James enquanto eu punha a toalha na mesa e a arrumava com pratos, copos e guardanapos com o tema de *Guerra nas estrelas*. Enrolamos os presentes com papel de bolas esportivas (escolhido por Benj) e também havia cartões feitos à mão por ambos. O de James era uma folha de papel branca coberta com adesivos do Homem-Aranha espalhados a esmo e com garatujas entusiásticas e de cores vibrantes. O de Benj consistia no desenho de um homem com cabelo preto, olhos azuis e um enorme e reluzente coração amarelo. Embaixo do desenho ele escrevera: "Papai, você tem um coração de ouro. Feliz quadragésimo aniversário! Com amor, Benj". Sua caligrafia caprichada, seu desenho totalmente plausível, sua hábil utilização de uma de suas linguagens favoritas eram muito gratificantes e deliciosos de ver.

Então chamei: "É hora da festa!", mas Benj veio correndo, parecendo um pouco perturbado. "Oh, não, ainda não, mamãe, primeiro tenho de pôr a minha roupa de festa", ele disse. "Você não precisa trocar de roupa, querido", repliquei, "você está bem." Benj não quis saber. "Sim, preciso, mamãe, olha só, tem um rasgão na minha calça" — ele apontou para um minúsculo rasgo em um dos joelhos — "e preciso de uma camisa mais bonita." Ele foi para o quarto — enquanto não voltava para a sala, James saltitava impaciente, gritando, de tempos em tempos, "Vem, Benj!" — e alguns minutos depois surgiu usando camisa listrada e calça cáqui. Eu o ajudei com os botões — ainda difíceis para ele, com quase nove anos de idade.

"Papai, cada um dos meninos tem uma música para você." Tratei de empostar minha voz de apresentadora de eventos: "Apresentando, James!". Enquanto eu lia suas palavras sobre o papai,

James dançava freneticamente, cantava versos improvisados ("Meu papai é carinhoso, ele nunca fica furioso") e golpeava enlouquecido um de seus bongôs de brinquedo. Sempre fora muito difícil para Benj suportar canções desafinadas, tambores fora de ritmo e movimentos descontrolados, mas ele ficou sentadinho durante a apresentação de James com um grande sorriso no rosto, e no final aplaudiu: "É isso aí, James!". "Obrigado, Jamesie", Richard disse, e James pulou em seu colo.

Benj tirou o violão do estojo, eu tomei assento a seu lado, e Richard e James sentaram-se de frente para nós. Richard segurava James numa tentativa de tranquilizá-lo e acalmá-lo, e Benj dedilhou e afinou o instrumento, concentrando-se antes de começar. James gritou: "Dá-lhe, Benj!". "Preciso me acostumar", Benj disse, mas James estava impaciente e não entendeu sua hesitação. "Vamos lá, Benji!", ele gritou de novo. "Ele está se preparando, Jamesie", expliquei. "Eu sei que é muito difícil esperar." Benj continuou a dedilhar delicadamente o violão. "Estou um pouco nervoso", ele me disse. "Canta comigo, mamãe."

Assim que Benj e eu começamos a cantar, James, que até então estava saracoteando de excitação e impaciência, se sentou completamente ereto, e Richard ficou imóvel, quase solene, ouvindo com atenção:

Daddy is nice
Daddy is tall
Daddy is smart
He plays ball

I love Daddy
He is the best
Daddy tucks me in
Before I take a rest

Happy birthday
I sing and play
I love Daddy
Hip hip hooray!

Daddy has black hair
He has blue eyes
Daddy reads books
He is wise

He helps with homework
I play with him
We play games of chess
He takes me to Coach Mike's gym

Happy birthday
I sing and play
I love Daddy
Hip hip hooray!

Happy birthday
I sing and play
I love Daddy
Hip hip hooray! *

---

* "Papai é legal/ Papai é alto/ Papai é esperto/ Ele joga bola// Eu amo o papai/ Ele é o melhor/ Papai me põe para dormir/ Antes de eu descansar// Feliz aniversário/ Eu canto e toco/ Eu amo o papai/ Hip hip hurra!// Papai tem cabelo preto/ Ele tem olhos azuis/ Papai lê livros/ Ele é sábio// Me ajuda com o dever de casa/ Eu brinco com ele/ Nós jogamos xadrez/ Ele me leva para a aula do treinador Mike// Feliz aniversário/ Eu canto e toco/ Eu amo o papai/ Hip hip hurra!// Feliz aniversário/ Eu canto e toco/ Eu amo o papai/ Hip hip hurra!" (N. T.)

Enquanto cantávamos, James de tempos em tempos acenava a cabeça com entusiasmo, exclamava "Sim!" ou simplesmente dava um sorriso ainda mais largo. Richard, por outro lado, tinha lágrimas nos olhos. No último refrão, Benj improvisou uma harmonia comigo, e depois que terminamos o último "hip hip hurra!" deixei escapar um sonoro grito, e então abracei Benj bem apertado. "Por que você gritou, mamãe?", Benj perguntou, sorrindo. "Gritei de alegria", falei. "Eu sabia", ele replicou.

> [...] [n]aquela melhor parte da vida de um bom homem
> E seus atos mais ínfimos e desapercebidos
> De gentileza e amor. [...]*
>
> "Abadia Tintern"

Algumas semanas após o aniversário de Richard, tivemos uma reunião de pais e professores na escola de Benj. Do temor que tínhamos por essas ocasiões no início, havíamos passado na verdade a ansiar por elas. Estávamos em contato tão frequente com as professoras por e-mail, conversas breves na chegada ou na saída da escola, e em interações durante a hora do parque e em excursões que sabíamos que não haveria surpresas desagradáveis, nenhum tapete sendo puxado de debaixo de nós. E Benj, agora um aluno da terceira série, estava indo muito bem. Sabíamos disso.

Foi uma reunião alegre e excitante. As professoras nos disseram que todos viam uma grande melhora na habilidade de Benj de superar rapidamente um momento de frustração ou ansiedade e em sua relação com os demais alunos. "Ele se tornou um amigo muito querido, que apoia os colegas", sua fonoaudióloga me disse, "corre para junto deles quando se machucam ou quan-

---

* Tradução de Alberto Marsicano e John Milton, p. 91. (N. T.)

do se aborrecem com alguma coisa, lhes dá um *high five* ou exclama 'É isso aí' quando eles fazem algo bacana." Seus maiores desafios continuavam sendo as "dificuldades com a flexibilidade cognitiva" — aceitar alterações na rotina, realizar tarefas novas, lidar com situações de desenlace imprevisto nas quais não havia uma resposta certa ou errada definida — e com qualquer coisa que exigisse imaginação ou criatividade: escrever uma história, fazer um desenho que não fosse copiado. Mas ele estava aprendendo a gerenciar a própria ansiedade de um modo muito mais eficiente. As professoras enfatizavam "flexibilidade" como uma meta pessoal para Benj e percebiam que, quando começava a ficar ansioso, ele dizia para si mesmo ou para elas: "O.k., vou tentar ser flexível agora". Eu lhes contei que vira uma amostra disso no fim de semana anterior, quando seu computador tinha pifado — uma coisa muito traumática para Benj — e ele estava ficando todo chateado e começando a chorar. Então respirou fundo e disse: "O.k., mamãe, o.k., vou tentar ser flexível; há muitas coisas que podem ser feitas para solucionar este problema: podemos tirar o cabo da tomada e pôr de novo; podemos mandar para o conserto; e se não der certo, podemos comprar um computador novo, isso pode custar muito caro, mas eu tenho dinheiro no meu caixa eletrônico então posso lhe dar algum. Então isso não vai arruinar a minha vida e, além do mais, posso só ler de manhã em vez de ficar no computador".

As professoras estavam se dedicando a ajudar Benj a se tornar mais flexível. Quando ele dizia coisas como "Às terças-feiras não comemos pasta de amendoim" ou "Por que estamos na aula de informática hoje? Aula de informática é só nas segundas-feiras" (nós e as professoras as chamávamos de "regras bobinhas do Benj"), elas o lembravam, em tom de brincadeira e com carinho: "Você está inventando suas próprias regras, Benj, e não se preocupe, nós somos as professoras e sabemos o que se pode ou não fazer". Mas elas também comemoravam os adoráveis rituais que ele criava: um exemplo eram os Abraços de Sexta-Feira — ele dava nas duas abraços bem apertados todas as sextas antes de ir embora. Elas nos contaram, aos risos, que no dia anterior, quando todos da turma tinham feito e comido seus próprios sundaes pelo aniversário de uma das professoras, Benjamin se pôs alegremente a fazer um para a professora, já que "não posso tomar sorvete porque sou alérgico". Ele ficou lá sentado, todo feliz e orgulhoso por não poder comer o que todos os demais estavam saboreando. Seu pensamento baseado em regras tornava algumas coisas, como abrir mão de guloseimas, mais fácil do que teria sido para outras crianças.

As professoras nos disseram que Benj havia desenvolvido um afeto especial por uma menininha de sua turma, chamada Anitra; ele vibrava ferozmente sempre que ela acertava uma resposta ou quando subia a escada na aula de educação física, e eles com frequência sentavam juntos durante o almoço. Então me empenhei em incentivar o desenvolvimento de uma amizade de verdade fora da escola entre Benj e Anitra. No início eles se encontravam para ouvir música na casa dela; a professora de música deles lhes ensinou duetos (ela no piano, ele no violão) e canções com acompanhamento. Então evoluímos para uma apresentação sobre o espaço no planetário do Museu de História Natural, e nos meses seguintes Benj levou Anitra como sua "parceira" a alguns shows e ela o levou como seu convidado a um jogo dos Rangers e outro dos Yankees. Os dois tinham desentendimentos ocasionais durante esses programas, quando as coisas iam numa direção inesperada ou quando alguém perdia algum jogo, mas seus interesses comuns os aproximavam, e um afeto profundo e genuíno estava florescendo entre os dois.

Benj também estava começando a demonstrar muito mais afeição e carinho por James, sempre dividindo generosamente seus presentes ou guloseimas com ele, abrindo mão de ver seu programa de TV favorito, *Cyberchase*, a menos que James assistisse junto, e até, em umas poucas ocasiões, expressando um amor fervoroso pelo irmão. "*Morro* de ver ele triste!", Benj disse uma vez quando James estava aos prantos depois de ter batido a perna na estante, seus próprios olhos enchendo-se de lágrimas enquanto via o irmão chorar. Uma tarde, quando informei James que ele havia perdido seus privilégios de televisão porque havia jogado um brinquedo para longe, Benj implorou: "Não castiga ele, mamãe, foi só um engano!". Alguns minutos depois, entretanto, Benj, um adepto de regras e padrões, reconheceu: "Bem, é que eu detesto ver ele triste, mamãe, mas acho que ele precisa mesmo aprender a lidar com as consequências". Outra noite, quando James estava ardendo de febre, Benj gritou: "Ele vai ficar bem, mamãe? Porque eu não poderia viver sem o James!". Então levou para ele uma pilha de livros e se postou ao lado de sua cama, fazendo carinho em sua testa febril. "Não sou nada sem o James", exclamou, "Eu amo tanto ele!" De brincadeira, eu disse a minha mãe que ele decerto vira aquelas frases em um livro ou em algum programa de TV — ele estava "recebendo" Heathcliff e Cathy, do *Morro dos ventos uivantes*!

E sua relação com a avó continuou a se aprofundar. A falta de paciência dela com o idealismo sonhador, sua necessidade por coisas estruturadas, sua natureza pragmática se casavam muito bem com a personalidade e o temperamento de Benj. Depois de duas filhas extrovertidas, verbais, emocionalmente expressivas, que podiam jogar conversa fora até de manhã cedo com ela, caso nos deixasse, minha mãe estava aliviada com Benj, que dizia "Oh, oh, são 7h57, faltam três minutos para a hora de dormir", e abruptamente parava qualquer atividade que estivesse fazendo. Ela via sua tendência prática, racional e literal como um sopro de ar fresco em uma família de sonhadores e idealistas.

Incentivava seu interesse em mercado de ações e contabilidade; "Talvez alguém nesta família entre para os negócios!", dizia, sorrindo. Ela contava com Benj para auxílio tecnológico e técnico; ele arrumava seu BlackBerry e seu computador, e sempre sabia como fazer a televisão voltar a funcionar e qual tipo de pilha cada controle remoto precisava. Ela adorava o fato de ele tender mais para o lado pragmático da vida em vez de para as coisas da imaginação; "Precisamos disso na nossa família!", volta e meia dizia.

O apego de Benj à rotina e ao ritual, e o prazer que tirava disso, gratificavam e deliciavam minha mãe. Ao chegar a sua casa de campo para o fim de semana, ele sempre chamava a atenção para cada detalhe da noite que estava por vir: "Jantar com o molho de salada especial da vovó!"; "Vovó, é hora de você me dar meu chocolate especial!" e "É hora de ler!", ele exclamava, feliz. No Natal, ele era sempre o cantor mais entusiasmado nos cânticos natalinos, o confeiteiro mais entusiasmado a enfeitar biscoitos, e o mais entusiasmado a pendurar meias. Ele adorava entregar os presentes para todos os convivas — lendo nomes nas etiquetas e trotando para, alegremente, entregar o pacote ao destinatário. "Ele tem o espírito natalino da vovó", minha mãe suspirava.

Minha mãe não é uma pessoa doce, nem um pouco, e não é de fazer carinhos, mas, paradoxalmente, a falta de propensão para carinhos físicos de Benj possibilitou que ela fosse mais terna com ele do que jamais foi comigo. Ao passo que nunca levou a mim e minha irmã ao cinema quando éramos crianças, ela ia com frequência ao cinema com Benj e assistia sem reclamar a *blockbusters* como *Hotel bom pra cachorro*, *A era do gelo 2* e *O corajoso ratinho Despereaux*, porque ele queria. Era meu pai quem nos levara para ver as casas de bonecas e exposições históricas no Museu da Cidade de Nova York e as múmias no Met, mas era minha mãe quem agora introduzia Benj a todas essas pérolas de Nova York. Ela também adorava levá-lo a concertos (The Little Orchestra Society, a Série de Música para a Família na 92nd Street Y, Jazz for Young People no Lincoln Center) e para almoçar fora. "Benj tem modos impecáveis à mesa!", exclamava; sua cuidadosa observância de regras e convenções fazia dele a companhia perfeita para ir a restaurantes chiques, pois ele sabia exatamente qual garfo usar, sempre colocava o guardanapo sobre o colo e fazia o pedido do jeito mais educado possível. Além disso, sempre experimentava novas comidas quando era ela que as oferecia e o incentivava; "Meu Benj é um comilão!", dizia minha mãe, feliz. Embora nunca assistisse a esportes quando eu era pequena, recentemente ela se interessara por acompanhar o tênis; os dois partilhavam uma adoração por Roger Federer e Benj a mantinha informada sobre o progresso de Federer nos torneios. Ele veio a amar a série de livros de mistério *Nancy Drew*, que minha mãe adorava quando mocinha, e eles os discutiam animadamente. Benj conseguia fazer minha mãe ficar de olhos úmidos de um jeito que nós nunca conseguimos. Ela frequentemente dizia que Benj seria seu acompanhante em sua festa de cem anos. "Ele é o amor da minha vida, sabe?", ela me dizia.

> *Toda boa poesia é o transbordamento espontâneo de sentimentos poderosos: tem sua origem na emoção rememorada na tranquilidade.*
>
> Wordsworth, prefácio às *Baladas líricas*

No final do outono da quarta série de Benj, recebi um e-mail de sua professora anunciando uma "Festa da Poesia" na escola. Ela nos disse que a turma havia passado os últimos meses lendo poemas, aprendendo sobre diferentes formas poéticas e compondo poesias, e a festa se destinava a celebrar o término da unidade. Depois de sua imersão em poesia quando criança pequena, eu nunca mais vira Benj ler ou recitar poesia, e não tinha certeza de algum dia ter discutido poesia com ele. Eu ouvira falar muito pouco sobre essa unidade; a maior parte do trabalho fora feita em aula. Eu estava muito curiosa com o que iria acontecer.

A pequena sala de aula estava lotada naquela manhã, os pais amontoados próximo às escrivaninhas dispostas em semicírculo, as crianças em um agrupamento um tanto irrequieto no chão. Benj tinha sido escalado para ser o primeiro; Richard e eu o observamos caminhar até a frente da turma, pigarrear um pouco nervoso e começar a ler:

Can be updated
Often come preloaded with DirectX
Memory is space available for programs and processes
Play sounds when events occur
Use user accounts to separate people's files
The brain is the CPU
Easy to use to manage files
Restart in "Safe Mode"
*Store personal information**

À medida que Benj lia rapidamente com uma voz bastante monocórdica, olhando para cima e para fora a cada poucos versos, minha reação inicial foi: "Isso não parece poesia! Como

---

* "Podem ser atualizados/ Muitas vezes já vêm com o DirectX/ Memória é espaço disponível para programas e processos/ Emitem sons quando coisas acontecem/ Usam contas de usuários para separar os arquivos das pessoas/ O cérebro é a cpu/ Fácil de usar para gerenciar arquivos/ Reiniciam em 'Modo de segurança'/ Armazenam informações pessoais." (N. T.)

isso poderia ser considerado um poema?". Pressentindo minha confusão, Richard se aproximou e sussurrou para mim: "É um acróstico!" (poema no qual as primeiras letras de cada verso juntas formam uma palavra). Fiz sinal de ter entendido e sorri. Apesar de o acróstico do computador não ser muito "poético", era bem a cara de Benj, e um ótimo exemplo dele experimentando algo pouco familiar ou mesmo desconfortável (ser criativo, ler em voz alta para um grupo, partilhar seu trabalho) ao mesmo tempo que se baseava em algo muito familiar e confortável.

Depois do acróstico do computador, Benj leu um *cinquain* (poema de cinco versos) sobre andar de trenó e um *clarihew* (poema maroto de quatro versos que faz troça de pessoas conhecidas) sobre a série de livros infantis Boxcar Children. Eu, uma ex-professora de literatura, nem sequer sabia o que eram um *cinquain* e um *clarihew*, e precisei que Richard os explicasse para mim! Pensei comigo mesma: de certa forma, Benj era talhado para aquelas tarefas; a lógica e o rigor das estruturas formais provavelmente lhe eram atraentes e consistiam em válvulas de escape relativamente previsíveis para suas emoções, ideias e senso de humor. Por ironia, o pequeno e antirromântico Benj era agora um poeta!

A seguir, cada uma das outras onze crianças da turma de Benj leu seus poemas. Algumas gaguejavam, outras faziam observações estranhas, demonstravam tiques nervosos ou tropeçavam nas palavras escritas no papel, mas todas encorajavam umas às outras com frases de incentivo — "Você consegue!", "Manda ver, Joe!" — e *high fives* de parabéns. As professoras graciosamente acomodavam a série de necessidades de cada aluno: a um menino especialmente nervoso foi permitido ler do seu lugar no chão, e outro se pôs de pé com o braço tranquilizador da professora sobre seu ombro para ajudá-lo na tarefa. Quando outro colega com o qual Benj nunca havia na verdade se ligado leu um poema muito inteligente e engraçado e o declamou com floreios e gestos dramáticos, Benj riu e aplaudiu com entusiasmo; o menino sorria, orgulhoso, e seu pai olhou para Benj com gratidão. Eu sorri, pensando quão maravilhoso era que um poema estivesse aproximando nossos filhos, tão diferentes. Por mais díspares que fôssemos sob aspectos superficiais, nós, pais, partilhávamos uma duradoura gratidão por aquela escola, compreensão e respeito mútuos e uma grande afeição pelos filhos uns dos outros, a quem passamos a conhecer bem ao longo de alguns anos. Todas as crianças ali eram "estranhas", todas tinham "desafios", mas todas se apoiavam umas às outras a fim de lidar com suas dificuldades. Tratava-se de uma comunidade onde não era necessário ser convencional ou "típico" para ser apreciado, e de um bando de pais que haviam todos se tornado mais humildes e compassivos em razão das experiências com um filho "incomum" ou "difícil". E observar nossos filhos, em sua maioria antirromânticos, declamar poesias que eles mesmos haviam composto fez surgirem lágrimas em muitos olhos.

Depois que cada criança leu três poemas, elas trouxeram seus livros de poesias para seus convidados. Benj me entregou com orgulho o seu "livro" — uma pilha de folhas tamanho carta grampeadas e intitulada *O livro de poemas de Benjamin*. Eu o abri e li: "Este livro é dedicado aos meus pais e a Anitra". E então:

ACROSTIC

Born on March 16ᵗʰ
Everyday I take the subway or car home
New things I like
Janowsky teaches me OT

Art is hard for me
Miniclip.com is my favorite game website
Is 9 years old
*Never teases classmates**

Uma das coisas mais enternecedoras de ser mãe de Benjamin sempre foi observar a cuidadosa, dolorosa e estável consolidação de sua própria identidade, e esse poema "Benjamin", que "armazenava seus dados pessoais", parecia destilar o progresso dele, seu crescimento, quão longe ele fora nos últimos seis anos. Nesse poema ele respondia a perguntas — quando é o seu aniversário, quantos anos você tem? — que lhe ensinamos naqueles primeiros dias de sessões com a fonoaudióloga. Sua necessidade de rotina ainda era muito forte — "todos os dias" —, mas também era forte sua abertura para abordagens e opções diferentes: "Vou de metrô ou de carro". "Gosto de coisas novas": que maravilha era isso! Benj ainda tinha problemas com novidades, mas a ajuda que recebera o tornara cada vez mais apto a seguir sua curiosidade natural e perseguir seu amor por aprender e experimentar coisas novas. Apenas ser capaz de dizer "é difícil para mim" era algo tão incrível para ele como o simples anúncio de "meu site de jogos favorito": dois anos antes Benj não saberia proferir qualquer uma de suas preferências.

A justaposição dos acrósticos "computers" e "Benjamin" me chamou atenção em especial porque o que mais nos preocupara de início era que ele fosse um tanto robótico, mecânico, incapaz de ter sentimentos profundos ou de interagir com os outros.

---

* "Nascido em 16 de março/ Todos os dias vou de metrô ou de carro para casa/ Gosto de coisas novas/ Janowsky é a minha terapeuta ocupacional/ Arte é difícil para mim/ Miniclip.com é meu site de jogos favorito/ Tem nove anos de idade/ Nunca faz troça de colegas." (N. T.)

Richard em especial ficara incomodado com sua "conversa de computador". A certa altura, bem no comecinho do trabalho de Benj com a dra. G., enquanto ela pacientemente o persuadia a expressar uma emoção complexa, ele suspirava, frustrado, e dizia: "Seria muito mais fácil ser um computador". E agora, embora ainda fosse apaixonado por computadores, ele também tinha relacionamentos próximos e amorosos com membros de sua família e professoras (a sra. J., sua terapeuta ocupacional, fora sua apoiadora incondicional desde a primeira série) e estava consciente da ética dos relacionamentos sociais. Que zombassem dele sempre fora um dos meus mais terríveis medos, e o verso "Nunca faz troça de colegas" de seu poema resumia a orientação ética da escola, que protegia Benj e todas as outras crianças.

Abracei-o bem forte e lhe disse como estava orgulhosa dele. Então virei a página do *Livro de poemas do Benjamin* e li:

DOIS HAICAIS

No inverno neva
A água esfria até virar gelo
As árvores perdem as folhas

Bétulas no inverno
Casca branca contra a neve branca
*Sozinho comigo**

Fiquei estupefata. Como é que Benj podia ter inventado

---

* "In winter it snows/ Water freezes to cold ice/ Trees are bare from leaves; Birch trees in winter/ White bark against the white snow/ Alone with myself." (N. T.)

imagens tão evocativas, tão poéticas? Então me dei conta de que esses poemas me faziam lembrar da coletânea de Frost para crianças A *Swinger of Birches* [Balançando-se em bétulas], que Benj tanto adorava quando tinha entre dois e três anos. A *Swinger of Birches* era repleto de poemas sobre e de desenhos de árvores, neve e inverno, gelo e frio, e Benj gostava especialmente de "Fire and Ice", "Stopping by Woods on a Snowy Evening" [Parando junto à floresta numa noite de neve], "Looking for a Sunset Bird in Winter" [Procurando um pássaro do pôr do sol no inverno] e "Birches" [Bétulas]. Os últimos dois poemas eu descobrira em meu primeiro semestre como professora, como poemas principais de uma parte da conferência sobre Poesia Moderna de Yale, algumas semanas após retornarmos às aulas depois da morte da mãe de Richard. O maravilhoso professor e esses poemas de Frost me sustentaram em minha tristeza e me ajudaram a me reconectar com Yale e com o doutorado em inglês, e mais tarde o deleite de Benj com esses poemas uniu minha vida pessoal e minha vida profissional de uma maneira muito enriquecedora.

Naqueles primeiros anos depois que descobrimos sua hiperlexia, eu ouvia Benj balbuciando *"swing-ah ah birches!"* quando pegava A *Swinger of Birches* da prateleira e me perguntava se ele algum dia poderia balançar-se em bétulas, tanto no sentido literal quanto no sentido figurado. Poderia Benj algum dia ser a criança brincalhona e aventureira que Wordsworth e Frost descrevem? O temeroso e cauteloso Benj algum dia se penduraria e treparia em árvores? Ousaria, arriscaria, aspiraria? Buscaria transcendência ou experimentaria uma alegria arrebatadora? Eu pensava nos seguintes versos de "Birches":

So was I once myself a swinger of birches.
And so I dream of going back to be.

It's when I'm weary of considerations,
*And life is too much like a pathless wood...**

Frequentemente, naqueles primeiros dias, eu me sentia tão "exausta de considerações" — sem querer ter de pensar e planejar e sem ponderar tanto —, querendo apenas SER. Às vezes me sentia perdida em uma "floresta sem trilhas" — sem saber para que lado ir, tentando me orientar entre conselhos com frequência conflitantes, me perguntando a todo momento do caminho qual seria a abordagem certa, a escola certa, a terapeuta certa, a escolha certa a fazer.

E agora Benj podia trepar em árvores e se balançar, sentia-se mais confortável para correr riscos, relacionava-se forte e profundamente com as pessoas que faziam parte de sua vida, estava em uma escola maravilhosa e que era claramente a opção *certa* para ele — ele era feliz. Quando soube que Benj era hiperléxico, temi que a beleza e o significado do poema que ele parecia adorar pudessem ter se perdido completamente para ele. Mas agora, para minha admiração, ele estava escrevendo haicais sobre bétulas no inverno, usando imagens, estados de espírito e atitudes semelhantes em seus próprios textos; haviam ficado armazenados nele, o influenciaram e moldaram. A poesia era algo importante para ele; parecia ajudá-lo a extrair um sentido de sua experiência.

Um verso de Benj — "Sozinho comigo" — me fez lembrar de um poema que eu mesma escrevera aos nove anos, a mesma idade que Benj tinha quando escreveu esse haicai. Embora, quando menininha, eu houvesse escrito inúmeras histórias e músicas, e até um romance (um novo tratamento de *Tudo*

---

* "Então eu era de novo um menino a me balançar em bétulas./ E assim sonho em voltar a ser./ É quando estou exausto de considerações, E a vida se parece muito com uma floresta sem trilhas..." (N. T.)

298

depende de como você vê as coisas), nunca escrevi muita poesia, mas havia um poema que me viera sem esforço e que meu pai amara em especial. Eu o tinha recuperado um ano antes, quando minha madrasta me mandou o conteúdo de uma caixa com a etiqueta MENINAS que meu pai levara consigo para o Japão desde seu apartamento de Nova York. Na caixa havia envelopes marcados com CABELOS DAS MENINAS, contendo longas tranças loiras visíveis através do papel fino; também havia boletins escolares, cartas e cartões-postais que mandamos para ele de colônias de férias, desenhos, bilhetes de "melhoras" (um deles, que eu escrevera apenas alguns meses após a separação de meus pais, dizia: "Não se preocupe, papai, vou ver você logo! Tente se ocupar e lembre que estou pensando em você o tempo todo e que eu amo você muito, muito!"), e então encontrei este poema, cuidadosamente escrito com minha caligrafia caprichada em uma folha de um papel que meu pai usava para datilografar:

Solidão

Solidão é quando ninguém ouve,
Quando ninguém parece saber quem você é.
Solidão é um céu cinza para o qual ninguém olha,
Um balão quando ninguém está segurando o barbante.
Solidão é estranha para mim,
  Um pensamento distante.
Priscilla Gilman, nove anos

Apenas um ano depois de eu ter escrito isso, meu pai mergulhou em uma solidão absurda com a perda da nossa família, e eu passei o resto de sua vida tentando amenizar essa solidão.

Quando eu era pequena, com um relacionamento próximo e amoroso com minha família e meus amigos, a solidão fora algo estranho para mim, um pensamento distante. Mas naqueles primeiros meses após a separação de meus pais e com a perda de meu pai como uma presença regular em minha vida diária, nos primeiros anos como mãe de Benj, na etapa final de meu casamento, vim a conhecer a solidão muitíssimo bem. Eu me sentira muito sozinha, de uma maneira desconcertante e assustadora, naquelas primeiras semanas após o nascimento de Benj, naqueles primeiros dias depois que soubemos que ele era hiperléxico, durante a segunda metade de meu casamento. Profunda e completamente sozinha. Tanto ele quanto Richard pareciam muito distantes de mim, e eu não sabia como contatá-los. O pequeno Benj era o balão cujo barbante eu não conseguia agarrar direito; flutuava para longe de mim e não queria que eu o segurasse ou orientasse ou guiasse. E então, à medida que meu vínculo com ele se aprofundava, eu me preocupava com sua habilidade de se relacionar com os outros, com seu isolamento social, sua peculiaridade. Teria ele algum dia um amigo do peito de verdade? Uma relação profunda com o irmão? Uma companheira?

Solidão era o que eu vinha tentando evitar que Benj experimentasse. Eu ficava aterrorizada com a ideia de ele ficar sozinho e desolado como resultado de suas diferenças. Tão temerosa, na verdade, que de início não entendi que ele não era eu nem meu pai nem ninguém, a não ser ele mesmo. Quando li pela primeira vez seu haicai sobre a bétula, achei-o pungente e soturno. Mas então compreendi que não era de modo algum um poema triste, porque para Benj ficar sozinho não equivale a solidão; na verdade, é um prazer e uma fonte de força.

Tanto Wordsworth quanto Benj sentiram "talvez demais/ A força autossuficiente da solidão" (*O prelúdio*, II); ambos também afinaram aquele "olho interno/ Que é a alegria da solidão" ("I Wandered Lonely as a Cloud" [Vaguei solitário qual uma nuvem]). Como o jovem Wordsworth, Benj tem seu universo próprio e particular para onde gosta de ir:

> So it was with me in my solitude [...]
> Unknown, unthought of, yet I was most rich,
> I had a world about me — 'twas my own [...]*
>
> The Prelude, III

Esse era um mundo no qual nós dois tínhamos de forçar a entrada e de lá tirá-lo. Mas também era um mundo que precisamos aprender a entender e a respeitar. E com seus poemas, Benj ao mesmo tempo me lembrou da importância e da beleza da solidão e me mostrou quão distante da solidão ele se encontrava. Com o livro de poemas de Benj em mãos e toda a minha experiência com ele latejando em minha mente, pensei nos versos famosos de Wordsworth sobre como a poesia "tem origem" em uma emoção poderosa e em experiências dolorosas relembradas em grata tranquilidade:

> The mind of man is framed even like the breath
> And harmony of music. There is a dark
> Invisible workmanship that reconciles
> Discordant elements, and makes them move
> In one society. Ah, me, that all
> The terrors, all the early miseries,
> Regrets, vexations, lassitudes, that all
> The thoughts and feelings which have been infused
> Into my mind, should ever have made up

---

* "Assim era comigo em minha solidão [...]/ Desconhecido, não pensado, e ainda assim eu era muito rico,/ Eu tinha um mundo ao meu redor — o meu próprio [...]." (N. T.)

The calm existence that is mine when I
*Am worthy of myself.**

The Prelude, I

---

* "A mente de um homem é circunscrita até mesmo como o fôlego/ E harmonia da música. Há uma negra/ Invisível oficiosidade que reconcilia/ Elementos discordantes, e os faz se mover/ Juntos. Ai, que todos/ Os terrores, todas as primeiras misérias,/ Arrependimentos, humilhações, exaustões, que todos/ Os pensamentos e sentimentos infundidos/ Na minha mente/ Tenham algum dia forjado/ A existência tranquila que é a minha quando/ Sou merecedor de mim mesmo." (N. T.)

Um poema começa [...] *como um nó na garganta, uma sensação de algo errado, uma saudade, uma dor de amor* [...]. *Encontra os pensamentos e o pensamento encontra as palavras.*

Robert Frost

Agora, quase um ano depois da festa da poesia, ainda há momentos pouco frequentes em que me sinto sozinha enquanto mãe de Benj. Momentos em que ainda fico com aquela sensação de "nó na garganta", a sensação de que há algo errado, de saudade e de dor de amor. Coisas aparentemente simples, como vê-lo se esforçar para se integrar e lidar com uma enxurrada de emoções confusas, seu "transbordamento espontâneo de sentimentos poderosos". Suas relações sempre delicadas com os colegas e sua falta de flexibilidade. Sua ansiedade. Sua ocasional falta de reação a uma pergunta, a uma palavra gentil ou a um elogio feito por outra pessoa. Sua "inadequação" em certas situações.

303

Mas normalmente o sentimento de "nó na garganta" vem de um lugar muito diferente: um sentimento de admiração, uma carga palpável de conexão com essa criança inquietante e de amor que sinto por ela. Observá-la fazendo progressos. Receber um cartão de Dia das Mães feito à mão alguns meses depois da festa da poesia, outro acróstico, com os dizeres:

Mom I love you!
Our time together is fun
Takes me to concerts
Hugs me
Every night and sings to me.
*Really my friend!**

Embaixo do texto ele desenhara duas pessoas que claramente eram ele e eu, nossos corpos separados por alguns centímetros, mas conectados por um arco de corações vermelhos, como um arco-íris, entre as nossas cabeças. Quando vi como era o cartão, comecei a chorar; ele me abraçou com ternura e me deu tapinhas tranquilizadores nas costas. Seu desenho parecia a representação literal de uma ideia de Rilke, poeta alemão que eu sempre amara e que só cheguei a entender de verdade sendo mãe de Benj:

> Uma vez aceito o fato de que mesmo entre os seres humanos mais próximos continuam a existir infinitas distâncias, um maravilhoso viver lado a lado pode crescer, se conseguirem amar a distância entre eles, que faz com que seja possível a cada um ver o outro inteiramente contra o céu.
>
> Rainer Maria Rilke, *Letters*

---

* "Mãe, eu te amo!/ O tempo que passamos juntos é divertido/ Me leva a shows/ Me abraça/ Todas as noites e canta para mim/ Minha amiga de verdade!" (N. T.)

O que inicialmente senti como uma distância perturbadora agora sinto como um espaço benigno. Claro que todo o trabalho dos anos passados foi pensado para me aproximar de Benj e para aproximar Benj do mundo normal, mas também envolvia aprender a amar a distância entre mim e Benj. A distância, o espaço, a lacuna entre mim e meu filho não é mais um vazio aterrorizante, um golfo intransponível, um nada ameaçador, mas, em vez disso, uma abertura espaçosa e abençoada, uma abertura de respeito e maravilhamento. Estar a um braço de distância de Benj é o que me permite vê-lo como ele é, aceitá-lo e apreciar sua irredutível alteridade. Benj me ensinou muito sobre como ficar sozinha e como reconhecer que o espaço entre nós é algo a ser acalentado.

Medir o espaço ou a distância entre as visões radiantes de Wordsworth e a realidade de minha experiência com Benjamin inicialmente sublinhava minha "sensação de algo errado" e meus sentimentos de ter sido traída e de desilusão. Eu tinha em minha mente uma imagem, uma ideia de como meu filho e minha experiência como mãe seriam, que muito me atraíram para Wordsworth e foram por ele intensificados. Como admiradora de Wordsworth, eu estava mais suscetível a experimentar a situação como algo pungente, desestruturante, até mesmo trágico, porque estava investida de certa mitologia da infância.

Porém, enquanto, por um lado, senti a perda daquilo com que sonhava e por que ansiava de forma mais intensa por causa de Wordsworth, por outro lado encontrei no poeta uma linguagem com a qual expressar tanto a profundidade e a amplidão de minha perda quanto a possibilidade de uma recompensa. Wordsworth me deu o pensamento e as palavras para exprimir o nó em minha garganta. Ele me deu um vocabulário elegíaco. Suas palavras abrigaram meus pensamentos e deram forma e contorno a meus sentimentos. Ele mitigou minha doença, minha sensação de algo errado. Ofereceu-me um porto seguro e consolo. Então, enquanto minha frustração pode ter sido maior em função de minha ligação ao "esplendor na relva", o sonho romântico, meu consolo também foi mais forte porque eu tinha Wordsworth para me ajudar a reconhecer e celebrar "o que ficara para trás".

Ao mesmo tempo que Wordsworth representa tão poderosamente a "criança romântica" — sua poesia contém algumas das imagens mais icônicas de bebês abençoados e crianças serelepes, despreocupadas, imbuídas de brincadeiras imaginativas —, seu trabalho também é cheio de um respeito e de uma afeição por crianças não românticas, antirromânticas, diferentes. Então muitas vezes eu lia Wordsworth e pensava: "Isso me faz lembrar de Benj!". Poema após poema, ele apresenta crianças *como* Benj: crianças estranhas, com obsessões estranhas, que frustram as expectativas dos adultos, que veem o mundo de um modo único e misterioso, que existem em desacordo, sob muitos aspectos, com sua cultura, que são incomuns, vulneráveis e solitárias, e que anseiam por escapar dos limites da sociedade convencional. Eu lia seus poemas sobre "Lucy", escrevia ou dava aulas a respeito deles, e sentia de forma mais pungente do que nunca que eles afirmam o valor de toda e qualquer vida, não importa quão aparentemente insignificante pela perspectiva de padrões convencionais ou de sucesso mundano. Em momentos de preocupação ou tristeza por Benj, eu pensava em como *O prelúdio* celebra a integridade e o valor do eu, independentemente de como a pessoa parece aos outros, do seu desempenho em exames ou na escolha profissional. A poesia de Wordsworth argumenta apaixonadamente em prol do mérito e da valia daqueles esquecidos, excluídos ou menos poderosos da sociedade, excêntricos e proscritos, mendigos, radicais, idosos, frágeis e crianças. Sempre amei Wordsworth porque ele é um dos maiores e mais eloquentes campeões da individualidade e do respeito por todos os seres, não importa quão estranhos, humildes ou diferentes, e então tive um filho que precisava em especial desse tipo de defesa, desse tipo de compreensão e apoio, e o poeta me consolou e fortaleceu, me inspirou e animou vezes sem conta.

Wordsworth me guiou na compreensão das limitações de minhas próprias ideias preconcebidas de realização. Como aluna de colégio, faculdade e doutorado, eu sempre fora a super-realizadora que pensava em notas, diplomas, distinções e empregos, mas a ironia é que, quando tive Benj, eu chegara a um ponto onde genuinamente não me importava quão talentosos ou "dotados" meus filhos fossem: eu só queria que fossem felizes e que desfrutassem de relações afetivas amorosas. E essa foi precisamente a área problemática para Benj: ele era intelectualmente precoce sob aspectos que deixavam outros pais com inveja ("Como foi que você o ensinou a ler? Você usou cartões?"), mas lhe faltava a habilidade de estabelecer amizades significativas. Ser compelida a pensar em meu filho em termos do quanto ele poderia fazer, quantos itens de uma lista ele havia cumprido ou dominado, em termos de suas "habilidades", "aptidões", seus déficits, quanto ele se desviava da média — era absolutamente antitético à ideia que eu tinha do que era ser mãe. Eu não queria pensar em Benj em termos de síndromes, categorias, rótulos e diagnósticos, em termos de seu desempenho em testes e avaliações, em termos de suas diferenças de uma norma aceita ou de um ideal imaginado. Uma das perguntas que minha experiência com Benj me trazia insistentemente era: como valorizar seu filho em uma cultura cujas referências de realização e cujos padrões de avaliação e comparação de crianças são tão desalinhados com nossos próprios valores e com a pessoa que nosso filho é?

À medida que vários déficits e problemas eram identificados, eu muitas vezes me perguntava: representaria o déficit realmente algo importante? Em diferentes momentos, Benj foi solicitado a enfiar contas em um cordão, desrosquear uma porca e um parafuso, identificar imagens de uma bolsa de mulher estilo anos 1950 e de uma televisão com antena (ele não obteve pontos no teste porque chamou a bolsa de mochila e a televisão, primeiro de coelho, e então de *alien*). Por vezes me pareceu ridículo que fosse esperado dele saber o que eram essas coisas, ser capaz de realizar certas ações ou ter algumas habilidades que seguidamente se mostram de todo irrelevantes para sua vida diária. Em minha experiência como aluna-modelo, depois como professora de alunos-modelo, e mais tarde como mãe tateando pelo circo de admissão de escolas privadas intensamente competitivo de Nova York, inúmeras vezes tive de confrontar tais marcos artificiais de desenvolvimento e realizações. E enquanto, por um lado, com frequência fiquei triste ao saber que Benj não estava se enquadrando na norma, por outro, muitas vezes senti uma forte resistência à ideia de que ele deveria se conformar a essa norma.

Assim como me empenhei para manter Benj "nutrido a uma alegre distância dos cuidados/ De um mundo ansioso demais" (Wordsworth, "Ode", 1817), também ele me ajudou a me distanciar desse mundo ansioso demais cujos valores eu outrora partilhara. A observação do romântico alemão Heine — "O que o mundo busca e espera se tornou agora profundamente estranho a meu coração" — descreve perfeitamente onde estou no que diz respeito a meu filho. O que muitas pessoas desejam para seus filhos — e o que eu mesma um dia já desejei — se tornou profundamente estranho a meu coração. Uma lista parcial dos marcos de desenvolvimento e momentos de triunfo que mais foram importantes para mim: Benj acaricia seu irmão bebê — que está chorando — na cabeça e diz "Está tudo bem, James"; bebe de um copo normal sem derramar tudo ou gritar de frustração enquanto o suco escorre pelo queixo; diz "Sim" pela primeira vez aos três anos e meio; se refere a si mesmo como "eu" pela primeira vez um pouco depois de completar quatro anos; diz "Eu te amo" pela primeira vez com quatro e meio; fica sentado em um teatro escuro sem entrar em pânico para assistir a um show de fim de ano; dança como um rato na produção de seu jardim de infância de *O quebra-nozes*; diz: "Não se preocupe, mamãe, estou bem" depois de ter caído e batido com o queixo; nada de uma ponta a outra de uma piscina sem precisar de ajuda, sua cabecinha surgindo, com determinação, acima da água; torce por James num jogo; diz "Oh, obrigado, mamãe — estou tão feliz e orgulhoso por você por ter me comprado esse livro sobre boliche!". Não consigo imaginar como é ficar obcecada por escolas particulares de primeira, segunda ou terceira linha, pela festa de aniversário perfeita, por habilidades esportivas. Quão prestigiosas são as instituições de ensino que ele frequentará, quão altas serão suas notas, quantos diplomas obterá, quantos netos me dará — não consigo dedicar um só momento de pensamento a essas coisas. Como diz Wordsworth em "Ode: Vislumbres": "Outra tem sido a raça, e outros louros são conquistados".

Wordsworth fortaleceu meu compromisso de ao mesmo tempo ajudar Benj a se integrar na sociedade e honrar suas diferenças. Nosso empenho terapêutico foi, é claro, projetado para ajudá-lo a ser mais "romântico": mais espontâneo, imaginativo, intrépido, brincalhão, conectado com os demais. Mas mesmo quando nos esforçávamos tanto para ajudá-lo a se tornar mais romântico, eu sempre quis ter em mente que seus traços não românticos são válidos e maravilhosos, e uma parte essencial de quem ele é. São potencialidades e dons. Não quero que sejam jamais denegridos ou menosprezados como "subprodutos". Tanto minha leitura de Wordsworth quanto minhas experiências com Benj me ensinaram o perigo da mera ideia de "normalidade". Sempre resistirei com obstinação a qualquer orientação ou abordagem que veja Benj como um problema ou de algum modo "comprometido", e não simples e profundamente como ele mesmo.

Inúmeras vezes descobri que mesmo defensores, apoiadores e simpatizantes ostensivos de crianças com necessidades especiais sutilmente privilegiam alguns tipos de mente, alguns tipos de aprendizado, algumas deficiências em detrimento de outras. Em particular, ao depreciar o aprendizado por repetição, obsessões esquisitas e a memorização, favorecem a mente disléxica em detrimento da mente hiperléxica. No inverno em que Benj estava se candidatando ao jardim de infância, li dois artigos sobre dislexia e hiperlexia, que, juntos, provocaram em mim uma espécie de epifania. O primeiro, um artigo do *Washington Post* sobre uma pesquisa de Georgetown, mostrava — usando tomografias cerebrais — que a hiperlexia era o "verdadeiro oposto" da dislexia. Sim, é isso mesmo, pensei: a memória de Benj, seus dons matemáticos, a habilidade com rimas, com mímica são todas habilidades ausentes na dislexia. O segundo, um artigo no *Yale Alumni Magazine* sobre a renomada especialista em dislexia Sally Shaywitz, resumia a maneira como a dislexia é celebrada de um modo essencialmente romântico. Shaywitz a descreveu como "uma ilha de fraquezas em um mar de forças". A dislexia é um distúrbio de aprendizagem importante, mas não afeta fundamentalmente as interações sociais da pessoa, sua habilidade de formar relacionamentos ou de experimentar alegria. Na verdade, enfatiza-se sempre que ela é acompanhada de incríveis potencialidades, dons e habilidades, sobretudo no que diz respeito ao pensamento crítico e criativo. Ao ler a alegação de Shaywitz de que "em muitos casos a dislexia parece estar associada com uma habilidade de resolver problemas de maneiras originais, de pensar não de forma comum, mas intuitiva e holisticamente", pensei comigo mesma: o disléxico, aqui, parece o eu quintessencialmente criativo, o poeta romântico.

Em contrapartida, a implicação em quase tudo o que li, de sites de internet a artigos acadêmicos, era de que a hiperlexia é uma ilha de força em um mar de fraquezas. Todas as coisas que são excelentes na dislexia — fluência e espontaneidade verbal, flexibilidade cognitiva, habilidades pessoais — são deficientes na hiperlexia. Esta é em geral descrita como uma habilidade *splinter* ou *savant*, e a leitura que a define, como automática, repetitiva, significativa apenas porque habilidades básicas podem ser ensinadas mais facilmente a uma criança do espectro autista com hiperlexia, já que elas podem ser acessadas por meio da palavra escrita. Um especialista descreveu a leitura realizada pelas crianças hiperléxicas como "latir um texto", no sentido de que é algo animalesco, não pensado, compulsivo e sem uma real apreciação.

É verdade que a avidez de Benj por leitura, sua habilidade para memorizar e imitar acabaram se mostrando uma matéria-prima crucial para o incrível progresso que ele obteve. Mas também é verdade que ele sempre encontrou um prazer genuíno, extravagante, apaixonado nos sons, nas entonações e nos ritmos da língua. Desde os dois anos ele adorava poemas, quadras infantis e livros de histórias com rimas por suas qualidades rítmicas, suas cadências, sua essência formal e por sua inventividade linguística, bem como palavras que soam elegantes, repetições, onomatopeias, aliterações, consonâncias — todas essas coisas que seus pais, professores de inglês, adoram. Além do mais, sua experiência de números e letras era algo muito próximo de brincar de faz de conta. É verdade que a fantasia se lançava sobre objetos pouco ortodoxos, mas a imaginação estava ainda assim desempenhando um papel. Então, enquanto naqueles primeiros dias em que nos demos conta de que Benj tinha sérios problemas de desenvolvimento pode ter parecido que lhe faltava um "espírito poético", agora sei que isso nunca foi verdade. Minha experiência com Benj, na verdade, fez voar pelos ares todos os tipos de estereótipos e conceitos errados que eu tinha sobre o que significa ser poético, sobre a imaginação, sobre o romantismo. Vê-lo compondo suas próprias músicas e poemas mudou minha maneira de pensar sobre inspiração e sobre o processo criativo. Benj recentemente teve como dever de casa a tarefa de escrever um poema de pelo menos oito versos rimados usando tantos sufixos e palavras quanto possível. Sentei-me com ele enquanto ele compunha o poema — tamborilando ritmos, procurando sinônimos e palavras em seu dicionário de rimas —, e não houve um só momento de pânico. Para ele, era como juntar as pecinhas de um quebra-cabeça — uma tarefa criativa que ele via como desafiadora e divertida. E foi isto que ele inventou:

The Reading Boy

There once was a boy who was good,
And on a big ladder he stood.
He pulled a small book off the shelf,
And started to read it himself.
The boy enjoyed reading the stories
That were full of excitement and glories.
And after the reading he spent
All his money to buy a play tent
Where he could enjoy a good book
Alone in his own private nook. *

---

* "O menino leitor: Era uma vez um menino bom,/ E numa grande escada ele estava./ Ele pegou um pequeno livro da estante,/ E começou a lê-lo sozinho./ O menino gostava de ler as histórias/ Que eram cheias de aventura e glórias./ E depois de ler ele gastou/ Todo o seu dinheiro para comprar uma barraca para brincar/ Onde ele poderia desfrutar de um bom livro./ Sozinho em seu próprio recanto." (N. T.)

Com dois anos, Benj tirava seus livros da estante e fazia com eles pequenos refúgios ou recantos, alegremente entregue a um mundo que só vivia para ele. Logo que descobrimos que Benj era hiperléxico, fui levada a sentir que sua leitura não era um ato feliz nem de solidão ou de entrega emocional, e que o recanto privado da nossa família estava sendo invadido por julgamentos externos. Mas agora eu havia recuperado minha noção da integridade e da sacralidade de nossa família, reconhecia-a pelo que era, e Benj mais uma vez tinha aquele espaço feliz de contemplação e imersão em livros; ler fora reclamado por ele como um ato de prazer, de aprendizado, de alegria. Além dos livros de não ficção de que sempre gostara, ele estava gostando bastante das "aventuras e glórias" de romances como *From the Mixed-Up Files of Mrs. Basil E. Frankweiler, Tudo depende de como você vê as coisas, A fantástica fábrica de chocolate, Mr. Frisby and the Rats of NIMH*, a série *Lightning Thief*. Benj tinha aquele "lindo recanto jamais visitado" que Wordsworth celebra em "Nutting", e eu aprendera tanto a "deixá-lo sozinho em seu próprio recanto" quanto a encorajá-lo a experimentar as coisas e correr riscos no mundo fora do seu refúgio.

Wordsworth também me ajudou a me libertar de meu impulso de superproteger Benj e minha tendência, de resto, de proteger meus entes queridos da tristeza ou da decepção. Um dos maiores desafios de ser mãe de Benj é deixá-lo cair e deixá-lo falhar; é até mesmo mais difícil do que para a maioria dos pais, porque cometer erros e perder são coisas muito excruciantes para ele e porque ele precisou genuinamente de muita ajuda. Em nossa primeira consulta com a dra. G., quando Benj ainda não tinha três anos, ela dissera a Richard, num tom um tanto reprovador: "Vocês o estão carregando como um bebê". Mas, naquela mesma consulta, ela nos disse que sua fala era do nível de uma criança de um ano e dois meses. Ele *era* de fato vulnerável e de fato precisava de atenção especial de nossa parte, mas também precisávamos sempre fazer um esforço extra para desenvolver sua independência e para lhe permitir e mesmo incentivá-lo a experimentar medo, dor, desilusão — toda a gama de emoções humanas.

No verão de seus cinco anos, Benj estava tendo um daqueles "dias terrivelmente horríveis, muito ruins, sem nada de bom". Ele acordara naquela manhã com a cama molhada, perdera sua bola de gude preferida embaixo da geladeira e no almoço derramara iogurte nos pés, no colo e na cadeira. Quando o iogurte gelado melou tudo, ele uivou de frustração e fechou a cara como se estivesse prestes a ter um ataque. "Mamãe, você pode consertar a vida?", ele implorou. "Não posso, querido, eu bem que gostaria, mas não posso. A vida nem sempre pode ser do jeito que a gente gostaria que ela fosse", expliquei. Eu sempre quisera consertar a vida para aqueles que eu amava, mas, graças à minha experiência com Benj, aprendi tanto a impossibilidade quanto a inadequação de insular nossos entes amados do medo e da dor. Quero que Benj seja:

Criatura nem brilhante ou boa demais
Para os afazeres cotidianos e normais,
Ou o sofrer passageiro e simples desejos,
*Louvor, culpa, amor, lágrimas, sorrisos e beijos.**

Wordsworth, "Ela era um espírito da alegria"

Com uma criança tão inteligente quanto Benj, sempre existirá a tentação de pressioná-lo ou acelerar seu desenvolvimento. Houve professores de música que queriam inscrevê-lo no ótimo

---

* Tradução de Alberto Marsicano e John Milton, p. 29. (N. T.)

programa de treinamento Suzuki com cinco anos, professores e administradores que o puseram em grupos de leitura e de matemática quatro anos além do seu nível — acabaram tirando-o graças à minha insistência, porque emocionalmente ele não estava pronto. Eu nunca quis que Benj fosse "brilhante nem bom demais", trancado e sozinho em sua condição especial e superdotada. Nunca quis que seus talentos intelectuais ou artísticos fossem privilegiados em detrimento de seu bem-estar. E assim trabalhamos para desenvolver sua extensão emocional e sua sensibilidade, para cultivar sua capacidade de sentir empatia, melhorar sua habilidade de expressar seus sentimentos e captar os sentimentos dos outros. Durante todo o tempo, nossa meta implícita foi ajudar Benj a se juntar à "raça de crianças de verdade" de Wordsworth:

> A race of real children; not too wise,
> Too learned, or too good; but wanton, fresh,
> And bandied up and down by love and hate;
> Not unresentful where self-justified;
> Fierce, moody, patient, venturous, modest, shy;
> Mad at their sports like withered leaves in winds;
> Though doing wrong and suffering, and full oft
> Bending beneath our life's mysterious weight
> Of pain, and doubt, and fear, yet yielding not
> In happiness to the happiest upon earth.*

The Prelude, v

---

* "Uma raça de crianças de verdade; não sábias demais,/ Nem cultas demais, nem boas demais, mas libertinas, frescas/ E unidas pelo amor e pelo ódio;/ Não desprovidas de sentimentos quando autojustificados;/ Ferozes, mal-humoradas, pacientes, venturosas, modestas, tímidas;/ Enlouquecidas por seus esportes como folhas secas ao vento;/ Embora cometendo erros e sofrendo, e frequentemente/ Se vergando sob o peso de nossa misteriosa vida/ De dor e dúvida, e medo, ainda assim sem capitular/ Na felicidade para os mais felizes sobre a terra." (N. T.)

Dada a intensa ansiedade de Benj quanto a consertar coisas, uma das minhas tarefas mais importantes como mãe tem sido ajudá-lo a aceitar "o suficientemente bom", encarar com tranquilidade o fato de que cometer erros é parte do processo de aprendizado, e não ser tão duro consigo mesmo. Mas mesmo quando estou me esforçando para aliviar a pressão que ele coloca sobre si, estou constantemente revisando meu entendimento quanto ao que mais o motiva, conforta e dispara sua produtividade e, melhor ainda, seu trabalho mais satisfatório. Foi necessário que o próprio Benj me ajudasse a compreender que suas necessidades não são sempre aquelas que eu acho que são.

Na primavera do ano em que cursou a quarta série, Benj não queria participar de um recital de música porque estava com medo de se apresentar sozinho, e a única maneira de sua professora de música e eu o convencermos a considerar a possibilidade foi propor que eu cantasse e ele tocasse. Escolhemos "Leaving on a Jet Plane", de John Denver; era uma das canções de seu livro de violão *Folk Pop* e eu a cantara muitas vezes para Benj quando bebê, além do que seu pai costumava tocá-la no carro durante viagens ao interior. Durante nossos ensaios, ele começava a harmonizar comigo no refrão (cantando harmonias diferentes e lindamente arrepiantes a cada vez) e acabou perguntando se podíamos dividir os versos — eu cantaria a primeira e ele a segunda parte de cada verso, e no refrão cantaríamos juntos. A apresentação foi um triunfo; ele cantou com muita liberdade e alegria, e ficou em êxtase ao tocar, logo depois perguntando "Podemos fazer de novo?", um minuto após encerrarmos para receber ruidosos aplausos.

No último ano e meio, em quase todas as noites que passamos juntos, Benj e eu cantamos duetos — de músicas dos Beatles, Cat Stevens, do Grateful Dead, Simon and Garfunkel, Neil Young e James Taylor — enquanto ele toca violão. Todas as nuanças de nossa complexa dança de relacionamento são visíveis quando cantamos os dois. Precisamos tomar decisões juntos — quanto a que música cantar primeiro, em que tom cantar, com que andamento, quem vai cantar qual parte. Precisamos lidar com diferenças de opinião, desacordos e com as falhas um do outro. Temos momentos de tensão ("Você perdeu sua entrada, mamãe!"), de deleite um com o outro ("Mamãe, isso que você fez foi tão legal!", "Benj, adorei como você cantou isso!"), humor, enlevo. Quando cantamos juntos, trata-se de compromisso e colaboração, atenção e abandono, de juntar-nos e respeitar o espaço entre nós. Nossos duetos sublinham o tanto que conquistamos — agora não sou apenas eu cantando para ele, não é apenas ele tocando sozinho, somos nós fazendo música juntos e nos comunicando de maneiras que não conseguimos apenas com palavras.

Uma noite no último mês de dezembro estávamos sentados no quarto de Benj, gravando a nós mesmos tocando e cantando músicas para um CD que pretendíamos dar à sua avó como presente de Natal. Ele estava errando e ficando frustrado. "Oh, Benji, não se preocupe, não faz mal", eu lhe disse. "Já temos músicas suficientes — podemos apenas usar essas." Isso o acalmou por um momento, mas quando continuou cometendo pequenos erros ele parou, suspirou e olhou para mim de uma forma um tanto acusadora. "Acho que é porque você me disse que não fazia mal, mamãe", disse, "você fez a coisa toda não parecer importante." "Mas, querido", gaguejei, "só não quero que você se preocupe demais com quão bem nós cantamos ou nos apresentamos. A vovó vai adorar seja o que for que a gente fizer." "Acho que a vovó iria preferir se a gente conseguisse fazer a melodia melhor do que agora, mamãe", ele disse. "Precisamos pensar que é importante e precisamos dar o nosso melhor. Na apresentação" (uma apresentação de fim de ano na escola alguns dias antes) "toquei bem porque eu sabia que era importante." O que eu podia fazer, senão rir? Lá estava eu, tentando protegê-lo da ansiedade, tentando fazê-lo relaxar e aliviar a pressão sobre ele, mas ele estava me dizendo, com todas as letras, que prefere pressão, que se sai melhor sob pressão, e que não se sai tão bem quando não sente que é imperativo fazer alguma coisa da forma correta. Ele estava virando o jogo e pedindo que eu o incentivasse.

Pensando nisso depois, tive de admitir que Benj estava em grande parte certo. Como músico, ele precisa daquele ouvido perfeccionista, precisa estar disposto a praticar muito e com afinco, ser capaz de perceber e corrigir os próprios erros, e pode até ser que ele precise de mais pressão, tanto dele mesmo quanto externa, para se tornar um músico realmente grandioso. Eu nunca o havia pressionado com uma professora agressiva ou exigido que ele treinasse durante longas horas; eu sempre havia minimizado qualquer significado de sua precocidade como músico. Mas, se a música é uma ponte com o mundo, por que não fazê-la o mais forte possível? Eu pensara que qualquer pressão quanto às apresentações inibiria seu voo, mas em algumas situações e em alguns momentos ela é, na verdade, o que o capacita.

Apesar de sempre ter tentado manter Benj distante de uma cultura competitiva voltada para o exibicionismo, tive de respeitar e honrar sua necessidade de marcos tangíveis de realizações (certificados, troféus, adesivos de "Muito bem!"). Ele adora planilhas, preenche seu livro de exercícios na cama porque isso o ajuda a pegar no sono à noite e acha, de fato, exercícios de ortografia e de matemática relaxantes. Alguns de seus livros favoritos são *Livro Guiness dos Recordes* e o *Scholastic Book of World Records*, e ele adora times esportivos com recordes perfeitos, chegando até a torcer pelos Patriots em detrimento dos seus adorados Giants no Super Bowl alguns anos atrás porque acreditava que o melhor time deveria vencer e ele queria que os até então invictos Patriots estabelecessem um recorde de vitórias consecutivas e continuassem invictos. Embora eu mesma tenha me afastado de uma cultura focada no renome e no reconhecimento de grandes conquistas, tenho um filho que anseia por demarcadores claros de realizações e preciso prestar atenção nele a todo momento. Preciso sempre me certificar de que estou lhe dando o que ele, Benjamin, precisa, e não aquilo que eu teria precisado ou desejado ou o que acho que seja o que uma criança "típica" precisaria ou desejaria.

Sempre que fiquei tentada a superprotegê-lo ou a acelerar seu desenvolvimento, sempre que me peguei projetando nele meus próprios sonhos ou medos, desejos ou problemas, veio-me à mente a crítica mordaz de Wordsworth sobre educadores e pais hiperzelosos que tentam controlar e microgerenciar a vida dos filhos:

Those mighty workmen of our later age,
Who, with a broad highway, have overbridged
The froward chaos of futurity,
Tamed to their bidding; they who have the skill
To manage books, and things, and make them act
On infant minds as surely as the sun
Deals with a flower; the keepers of our time,
The guides and wardens of our faculties,
Sages who in their prescience would control
All accidents, and to the very road
Which they have fashioned would confine us down,
Like engines; when will their presumption learn,
That in the unreasoning progress of the world
A wiser spirit is at work for us,
A better eye than theirs, most prodigal

Of blessings, and most studious of our good,
Even in what seem our most unfruitful hours? *

The Prelude, v

Uma pergunta com a qual me debati desde os primeiros dias
em que compreendemos que Benj tinha necessidades especiais
foi: como eu poderia ser a "guardiã e feitora de [suas] faculdades" e ao mesmo tempo continuar sendo "pródiga em bênçãos"
que se apresentavam nas formas mais inesperadas? Como, em
outras palavras, eu poderia adotar a mentalidade de intervenção
e ainda assim salvaguardar uma ideia encantada, romântica e
mágica da infância, do mistério e do maravilhamento do desenvolvimento, da singularidade e da bela estranheza de meu filho?
Wordsworth expressa uma dificuldade semelhante em uma famosa pergunta do Livro iii de *O prelúdio*: "Trabalhar ou sentir?".
Ser mãe de Benj, para tomar emprestado outro verso clássico de
Wordsworth, é um "trabalho apaixonado", realmente. Um dos
grandes desafios de minha relação com Benj tem sido integrar
trabalho e sentimento em um só ato de dedicada devoção: encontrar maneiras de pairar acima das incessantes demandas diárias,
da necessidade de cronogramas previsíveis, tarefas estruturadas e
planejamento meticuloso e me ater a uma noção de ilimitadas

---

* "Esses poderosos trabalhadores de nossa idade avançada,/ Que, com uma
larga estrada, lançaram uma ponte/ Sobre o voluntarioso caos do futuro,/ Do-
mado a seu comando; eles, que têm a habilidade/ De lidar com livros, e coisas,
e fazê-los agir/ Sobre mentes jovens tão certeiramente quanto o sol/ Lida com
uma flor; os guardiões do nosso tempo,/ Os guias e feitores de nossas faculdades,/ Sábios que em sua presciência controlariam/ Todos os acidentes, e à
mesma estrada/ Por eles inventada nos confinariam,/ Como motores; quando
sua presunção aprenderá/ Que, no não razoável progresso do mundo,/ Um espírito mais sábio trabalha por nós,/ Um olho melhor que o deles, mais pródigo/
De bênçãos, e mais atento ao nosso bem,/ Mesmo durante o que parecem ser
nossas horas mais infrutíferas?" (N. T.)

possibilidades e exuberante imprevisibilidade. Como eu poderia, como mãe, ser ao mesmo tempo pragmática e romântica, realista e visionária, manter uma atenção precisa e focada às suas necessidades e ainda assim ser capaz de ser "surpreendida pela alegria" (Wordsworth)? A epígrafe a "Ode: Vislumbres" começa da seguinte maneira: "Meu coração pula quando vislumbro/ Um arco-íris no céu", e é exatamente essa capacidade de pular de alegria, de se surpreender, de ser arrebatada por um sentimento forte que lutei tanto por preservar.

A despeito de muitas avaliações ao longo dos últimos sete anos por pediatras especializados em desenvolvimento, psicólogos, fonoaudiólogos e terapeutas de linguagem, terapeutas ocupacionais e psiquiatras, Benj nunca recebeu um rótulo ou diagnóstico oficial. Ele claramente apresenta nuanças de transtorno obsessivo-compulsivo e poderia ser categorizado como tendo transtorno de integração sensorial e transtorno de linguagem social-pragmática; agora, à medida que está ficando maior, muitas vezes o descrevo como "portador limítrofe de Asperger", em geral como uma espécie de abreviatura para quando preciso explicar resumidamente por que ele está em uma escola especial. Sempre fui ambivalente quanto à ideia de rótulos. São inegavelmente úteis para garantir os tão necessários tratamentos e serviços especiais, mas muitas vezes me perguntei de que forma um rótulo poderia ser útil no sentido de compreender Benj. Será que um rótulo faria com que as pessoas fossem mais simpáticas com ele? Ou será que atrapalharia na apreciação da pessoa complexa e intricada que Benj é? Quantos detalhes, nuanças e sutilezas perdemos quando tacamos rótulos nas pessoas, sobretudo em crianças ainda em desenvolvimento? Reduzir Benj a um rótulo significaria a perda do mistério, do romance, do respeito pela ideia de identidade como algo que nunca pode ser definido com precisão ou inteiramente compreendido e dominado.

Ao mesmo tempo que sempre tive uma fé inabalável em meu conhecimento de quem Benj é em essência, sou continuamente relembrada dos limites da minha habilidade ou de meu desejo de entendê-lo de forma plena. Nisso, sou uma verdadeira assecla de Wordsworth; o poeta repetidamente resiste ao impulso de resolver um mistério e reafirma o valor do próprio mistério:

Points have we all of us within our souls
Where all stand single; this I feel, and make
*Breathings for incommunicable powers.**

The Prelude, III

Reconhecer a singeleza de Benj e dar espaço para seus poderes sempre foram minhas principais aspirações enquanto mãe.

As pessoas muitas vezes me perguntam: Quais são seus objetivos, esperanças e sonhos com relação a Benj? E a resposta é muito simples: Que ele possa ser visto inteiro contra o céu. Que não sofra além da sua e da minha capacidade de suportá-lo. Que lhe seja permitido gozar dos prazeres de seu "próprio refúgio particular" e sair desse refúgio para se relacionar alegremente com outras pessoas. Que ele sempre mantenha seu olhar visionário, seu brilho iluminado. Penso nas seguintes maravilhosas linhas de e. e. cummings:

Ser ninguém mais senão você mesmo em um mundo que está dando o melhor de si, noite e dia, para fazer de você qualquer outra pessoa significa lutar a mais dura batalha que qualquer ser humano pode lutar e nunca parar de lutá-la.

---

* "Locais temos todos nós em nossas almas/ Onde tudo é único; isso eu sinto, e faz/ Espaço para poderes incomunicáveis." (N. T.)

Meu objetivo como mãe é nunca cessar de travar essa batalha pelo "eu" essencial de Benj e ensiná-lo a travá-la para seu próprio bem. Sobretudo, este livro é uma história de identidade — sua fragilidade, sua pungência, sua difícil escrita, seu florescer, sua derradeira inefabilidade. A poesia de Wordsworth lamenta repetidamente a redução científica e intelectual de questões de identidade, e celebra o que permanece ignoto, inexplicável, incomensurável:

Doce é a doutrina da Natureza;
Mas nosso intelecto sem cessar
Desfigura a forma e a beleza —
*Matamos para dissecar.**

"Virando a mesa"

O intelecto intruso que Wordsworth deplora serviria para descrever tanto os acadêmicos que se identificam de acordo com campos e teorias e que dissecam em vez de genuinamente apreciar a literatura quanto os profissionais de saúde e abordagens que veem as crianças em termos de déficits, rótulos e categorias em vez de em termos de seus seres inimitáveis e suas almas únicas. Em ambos os casos, uma noção de mistério e de beleza é sacrificada. Penso em Keats falando sobre capacidade negativa:

Capacidade negativa é quando um homem é capaz de ser em incertezas, Mistérios, dúvidas, sem qualquer busca irritante por fatos e razão [...].

Benj, é claro, tem tido muita dificuldade com incertezas e

---

* Tradução de Alberto Marsicano e John Milton, p. 115. (N. T.)

com frequência tem buscado de maneira irritante fatos e razão, mas, como sua mãe, consegui uma capacidade negativa que nunca tive como estudante ou como acadêmica ou professora de poesia romântica. Eu me tornei capaz de *ser* em meio a incertezas.

Alguns meses atrás, como parte de um dever de casa, Benj escreveu a seguinte carta à sua professora:

Querida sra. M,

Escrevo para dizer que a parte que mais gosto da escola é a matemática. A razão principal para isso é que eu gosto de trabalhar com números. Também gosto do incrível processo de resolver problemas. E gosto especialmente de chegar à conclusão definitiva, certeira, dos problemas. Por essas razões, eu realmente gosto de matemática.

Com amor,

Benjamin

Benj tem especial dificuldade em tolerar dúvidas e o desconhecimento (se eu digo "Não sei" em resposta a uma pergunta sua, ele exclama, indignado: "Mas você TEM QUE saber!") e sempre quer resolver problemas. É um paradoxo engraçado: Benj quer e precisa de conclusões definitivas e certeiras mais do que a maioria das pessoas, mas foi por intermédio dele que aprendi a não buscá-las, que elas são impossíveis e indesejáveis. Não tem havido soluções fáceis para os problemas que Benj e eu enfrentamos, e não há qualquer "conclusão definitiva e certeira" para nós. Benj ainda tem muitos desafios pela frente. Ele nunca passou um tempo com um coleguinha sem supervisão, nem teve um encontro para brincar que não fosse planejado, nunca falou por telefone com um amigo, nem foi dormir na casa de um amiguinho. Ele pode ter um colapso se perde um jogo, tem ansiedades estranhas e obsessivas, e tiques como recitar, pigarrear e tamborilar em superfícies em momentos de estresse. Continua a se debater com situações sem desenlace previsível, linguagem abstrata e acontecimentos inesperados. Ele faz parte de uma minoria, ainda tem muitos terapeutas e precisa de muito apoio e de muitos arranjos especiais. Tenho certeza de que há obstáculos, barreiras, coisas que ainda nem sequer consigo vislumbrar. O que tenho, de fato, é uma fé inabalável de que conseguimos sobreviver a qualquer problema que se nos apresente. Com frequência penso em uma frase de *A canção de Solomon*, de Toni Morrison: "Se você se rendesse ao ar, você poderia cavalgá-lo". Em uma das mais maravilhosas ironias de minha experiência, o pequeno, rígido e controlador Benj me ajudou a me libertar de meu desejo de seguir um caminho predeterminado e me ensinou a me entregar.

Por meio de minha experiência com Benj, enfim fiz as pazes com minha nostalgia por uma infância "romântica" e consegui compreender verdadeiramente a noção wordsworthiana de recompensa abundante:

That time is past,
And all its aching joys are now no more,
And all its dizzy raptures. Not for this
Faint I, nor mourn nor murmur; other gifts
Have followed; for such loss, I would believe,
*Abundant recompense.**

"Tintern Abbey"

---

* "Esse tempo passou,/ E todas as suas difíceis alegrias não mais existem,/ E todos os seus estonteantes arrebatamentos. Nem por isso/ Me abato, enluto ou resmungo; outras dádivas/ Seguiram-se; recompensa abundante, acredito, por tal perda." (N. T.)

Uma das questões de ensaio de nossa prova final da disciplina Grandes Poetas de Língua Inglesa dizia, simplesmente: "Aborde a ideia de Wordsworth de recompensa abundante tal como aparece em três dos quatro poetas que estudamos", e muitos anos mais tarde, agora no papel de professora, propus uma versão dessa questão para meus alunos em uma prova. Mas, embora houvesse lido e escrito sobre recompensa abundante, embora tivesse pensado a respeito, eu não sabia o que isso na verdade significava, num sentido profundo, até que me tornei mãe de Benj. Ele me ensinou muito mais do que qualquer professor, ou aula, jamais o fez. Como alguém que viveu para lecionar, recebi, em Benj, minha maior e mais importante formação. De muitas maneiras inesperadas, ele mostrou ser aquilo que os *bodies* proclamavam que seria: um "Bendito vidente, [...] Poderoso profeta/ Sobre o qual toda a verdade se projeta/ Verdade que pela vida tentamos ter achado".

Em minha experiência com Benj, fiz as pazes com a perda de minha visão romântica, de minha ideia de como meu filho, e minha vida, seriam. Mas da morte daquele sonho adveio um florescer de uma vida surpreendente. Ser mãe de Benj me mudou profundamente, me tornou mais idealista, em vez de menos; mais apaixonada, em vez de menos; mais criativa, em vez de menos:

> *Pois aprendi*
> *A contemplar a natureza, não como o fazia*
> *Impensadamente em minha juventude; mas ouvindo*
> *A música dolente e imóvel da humanidade, [...]*
> *E senti*
> *Uma presença que me inquieta com a alegria*
> *Dos pensamentos elevados: um sublime sentimento*
> *De algo profundamente permeado, [...]**
>
> "Abadia Tintern"

* Tradução de Alberto Marsicano e John Milton, p. 95. (N. T.)

Como mãe de Benj entrei em contato com um tipo profundo de romantismo; me foi dado acesso a uma noção transcendente de mistério, admiração e maravilhamento.

Uma noite, há bem pouco tempo, enquanto eu espalhava pasta de amendoim no seu *waffle* e ele estava próximo à janela da cozinha olhando para fora, para o *skyline* de Nova Jersey, de repente ouvi Benj exclamar:

"As luzes não parecem lindas lá fora?"

"Sim, querido", eu disse, um tanto surpresa.

Benj, de chofre: "E isso tem a ver com o amor entre nós dois?".

Quase não pude acreditar no que ouvira. Gaguejei: "Que coisa mais linda de se dizer, meu doce!".

Benj correu até mim e jogou os braços à minha volta, exclamando: "Eu amo você mais do que tudo no mundo!".

Enquanto de início Benj se apresentou como a contradição das ideias românticas sobre a infância — ele desafiava e rejeitava qualquer expectativa minha —, por fim ele reafirmou, de uma maneira mais profunda e mais verdadeira, meus ideais românticos e me deu "mais do que todos os outros presentes":

[He] *gave me eyes,* [he] *gave me ears;*
And humble cares, and delicate fears;
A heart, the fountain of sweet tears;
*And love, and thought, and joy.**

Wordsworth, "The Sparrow's Nest"

---

* "[Ele] me deu olhos, [ele] me deu ouvidos;/ E cuidados humildes, e temores delicados;/ Um coração, uma fonte de doces lágrimas;/ E amor, e reflexão, e alegria." (N. T.)

Texto completo dos poemas de Wordsworth

Versos escritos a poucas milhas da Abadia Tintern, revisitando as margens do rio Wye, 13 de julho de 1798

Cinco anos se passaram, cinco verões e cinco
Longos invernos! Novamente escuto
Estas águas, vertendo dos mananciais
Com suave murmúrio campestre — Novamente
Contemplo estes íngremes e altivos penhascos
Que, num cenário selvagem e solitário, marcam
Pensamentos mais profundos que unem
A paisagem com a quietude do céu.
É chegado o dia em que novamente repouso
Aqui, sob este sicômoro, admirando
Os canteiros das cabanas e os tufos das hortas,
Que nesta estação com suas frutas imaturas,
Vestem-se do mesmo matiz de verde e se espalham
Pelos bosques e arvoredos. Novamente vejo
Estas sebes, sequer sebes, mas tênues linhas

Crescendo sem parar, e chácaras bucólicas
Verdes até as portas; redemoinhos de fumaça
Erguem-se silentes, por entre os arvoredos!
Tudo vagamente nos lembra, talvez,
Os habitantes que vagam pelas florestas sem casas
Ou a caverna onde algum Ermitão, junto ao fogo
Repousa solitário.
                            Estas belas imagens
Pela longa ausência, não foram para mim
Tal a paisagem vista por um cego.
Mas, às vezes, na solidão do quarto, entre o rumor
Das cidades, devia a elas,
Nas horas de enfado, doces lembranças,
Sentidas nas veias e no coração,
E no cerne mais puro de minha mente,
Com um tranquilo vigor — e sentimentos
De prazer esquecidos: tais como
Os que não têm influência leve ou banal
Naquela melhor parte da vida de um bom homem
E seus atos mais ínfimos e desapercebidos
De gentileza e amor. Também creio,
Que a elas posso dever outra dádiva,
De aspecto mais sublime, aquele estado abençoado,
No qual o fardo do mistério,
No qual o peso do fastio do mundo
De todo este mundo incompreensível,
Torna-se leve — este estado sereno e abençoado
No qual as afeições suavemente nos conduzem,
Até que, com o alento de nossa estrutura corpórea
E com a circulação de nosso sangue
Quase suspensa, adormecemos
Corporeamente, e nos tornamos uma alma viva:

Enquanto com o olho imóvel pela força
Da harmonia e do profundo poder da alegria,
Entrevemos a vida das coisas.
                                    Se isso
Fosse apenas crença vã, mas, quantas vezes —
Na escuridão em meio às várias configurações
Da triste luz do dia, quando o agitar frenético
Das pessoas e a febre do mundo
Ecoam no pulsar de meu coração —
Quantas vezes, em espírito, a vós retornava,
Ó argênteo Wye! Errante pelos bosques,
Quantas vezes meu espírito a vós retornou!
E agora, com vislumbres de um pensar esmaecido,
Com muitas tênues e vagas lembranças
E certa melancólica perplexidade,
A tela mental novamente ressurge:
Enquanto aqui permaneço, não só com a percepção
Deste presente prazer, mas com sutis pensamentos
De que neste instante há vida e nutrientes
Para os anos vindouros. E assim ouso esperar,
Embora esteja diferente do que era
Quando vagava por estes montes e, como um cervo,
Saltitava pelas montanhas, pelas margens
Dos profundos rios, dos solitários córregos,
Aonde a Natureza me levasse: mais como um homem
Que foge de algo assustador, do que alguém
Em busca do que amava. A natureza, então,
(Os prazeres mais rudes da juventude
E seus alegres e selvagens movimentos se foram)
Para mim era tudo — não posso descrever
Como eu era então. A soante cascata
Assombrava-me como uma paixão: O alto rochedo,

A montanha e o escuro bosque,
Suas cores e formas eram para mim
Apetite: um sentimento e amor
Que não requeriam encanto algum
Incutido pela mente, nenhum interesse
A não ser o visual. — Este tempo passou,
E todos seus árduos prazeres esvaíram-se,
Como também suas estonteantes alegrias. Nem por isso
Me abato, enluto ou reclamo; outros dons
Apareceram, compensando, acredito,
O que foi perdido. Pois aprendi
A contemplar a natureza, não como o fazia
Impensadamente em minha juventude; mas ouvindo
A música dolente e imóvel da humanidade,
Nem áspera nem dissonante, mas de poder suficiente
Para corrigir e acalmar. E senti
Uma presença que me inquieta com a alegria
Dos pensamentos elevados: um sublime sentimento
De algo profundamente permeado,
Cuja morada é a luz dos sóis poentes,
Os curvos oceanos o ar vivente,
O céu azul e na mente humana;
Uma moção e um espírito que impele
Toda coisa pensante, todo objeto de todo pensamento
E por tudo circula. Por isso permaneço
Um amante dos pastos e dos bosques
E dos montes e tudo que vislumbramos
Nesta terra verde, de nosso possante universo
Do olho e ouvido — Tanto o que imaginam,
Quanto o que percebem. Grato em reconhecer
Na natureza e na linguagem dos sentidos,
A âncora de meu mais puro pensar; a alma,

O guia, o guardião do meu coração e da alma
De todo o meu ser moral.

              Nem, por acaso,
Se não fosse assim ensinado, não deixaria
Meu espírito benevolente decair:
Pois tu estás comigo na beira
Deste belo rio: tu, minha mais querida Amiga,
Minha querida, querida Amiga, e na tua voz escuto
A linguagem de meu primeiro coração e leio
Meus primeiros prazeres nas luzes arrojadas
De teus olhos selvagens, Oh! Ainda por um instante
Posso vislumbrar em ti o que fui,
Minha querida Irmã; e faço esta prece,
Sabendo que a Natureza nunca traiu
O coração que a amou: é seu privilégio
Conduzir-nos por todos os anos da vida,
De alegria a alegria: Pois é capaz de moldar
A alma dentro de nós, incutindo-lhe
Quietude e beleza, nutrindo-a
Com altivos pensamentos, e nem as línguas vis,
Os juízos impensados, a troça dos egoístas,
As frias saudações, ou
A tediosa rotina da vida cotidiana
Jamais nos dominarão, nem abolirão
Nossa jubilosa fé de que tudo que contemplamos
Está pleno de bênçãos. Deixa a lua
Brilhar sobre ti na tua trilha solitária;
E liberta os ventos enevoados da montanha
Para que sobre ti se esparjam: E nos anos futuros,
Quando amadurecerem os êxtases selvagens
Num sóbrio prazer e tua alma
Tornar-se morada das belas formas,

E tua memória amparar
Todas as doces harmonias e sonoridades;
Oh! Aí, se a solidão, o temor, a dor e o pesar
Te afligirem, lembrar-te-ás de mim
Com pensamentos benéficos de terna alegria
E de minhas encorajadoras palavras! Nem mesmo
Se ficar longe de tua voz,
Ou entrever nos teus olhos selvagens os brilhos
De tua antiga existência — esquecerás
Que nas margens deste formoso riacho
Estivemos juntos e eu, que por tanto tempo
Tenho sido um devoto da Natureza, aqui me encontro
Incansável neste labor e, mais que isso, chego
Com um amor intenso — e com um zelo mais profundo
Do mais sagrado amor. Nem esquecerás
Que mesmo após muito vagar e tantos anos
De ausência, esses íngremes bosques e altivos penhascos
E esta verde paisagem pastoril foram para mim
Mais caros tanto por si sós quanto por ti.*

NUTTING

— It seems a day
(I speak of one from many singled out)
One of those heavenly days that cannot die;
When, in the eagerness of boyish hope,
I left our cottage-threshold, sallying forth
With a huge wallet o'er my shoulder slung,
A nutting-crook in hand; and turned my steps

* Tradução de Alberto Marsicano e John Milton, pp. 89-101. (N. T.)

Tow'rd some far-distant wood, a Figure quaint,
Tricket out in proud disguise of cast-off weeds
Which for that service had been husbanded,
By exhortation of my frugal Dame —
Motley accoutrement, of power to smile
At thorns, and brakes, and brambles, — and, in truth,
More ragged than need was! O'er pathless rocks,
Through beds of matted fern, and tangled thickets,
Forcing my way, I came to one dear nook
Unvisited, where not a broken bough
Drooped with its withered leaves, ungracious sign
Of devastation; but the hazels rose
Tall and erect, with tempting clusters hung,
A virgin scene! — A little while I stood,
Breathing with such suppression of the heart
As joy delights in; and, with wise restraint
Voluptuous, fearless of a rival, eyed
The banquet; — or beneath the trees I sate
Among the flowers, and with the flowers I played;
A temper known to those, who, after long
And weary expectation, have been blest
With sudden happiness beyond all hope.
Perhaps it was a bower beneath whose leaves
The violets of five seasons re-appear
And fade, unseen by any human eye;
Where fairy water-breaks do murmur on
For ever; and I saw the sparkling foam,
And — with my cheek on one of those green stones
That, fleeced with moss, under the shady trees,
Lay round me, scattered like a flock of sheep —
I heard the murmur and the murmuring sound,
In that sweet mood when pleasure loves to pay

Tribute to ease; and, of its joy secure,
The heart luxuriates with indifferent things,
Wasting its kindliness on stocks and stones,
And on the vacant air. Then up I rose,
And dragged to earth both branch and bough, with crash
And merciless ravage: and the shady nook
Of hazels, and the green and mossy bower,
Deformed and sullied, patiently gave up
Their quiet being: and, unless I now
Confound my present feelings with the past;
Ere from the mutilated bower I turned
Exulting, rich beyond the wealth of kings,
I felt a sense of pain when I beheld
The silent trees, and saw the intruding sky. —
Then, dearest Maiden, move along these shades
In gentleness of heart; with gentle hand
Touch — for there is a spirit in the woods.*

---

* "Parece um dia/ (Falo de um específico de muitos)/ Um desses dias celestes que não podem morrer;/ Quando, na ânsia da esperança de menino,/ Deixei a soleira de nosso chalé, determinado/ Com uma grande bolsa atirada sobre meu ombro,/ Um quebra-nozes na mão; e voltei meus passos/ Na direção de um bosque longínquo, figura exótica,/ Fantasiada em orgulhoso disfarce de desprezadas ervas daninhas/ Que para todo aquele serviço haviam sido poupadas,/ Por exortação de minha Dama frugal —/ Variegada armadura, de poder de sorrir/ Para espinhos, e mata, e espinheiro, — e, na verdade,/ Mais esfarrapada que a necessidade! Por sobre rochedos sem trilhas,/ Por camas de samambaias trançadas, e caules enredados,/ Forçando meu caminho, cheguei a um lindo recanto/ Jamais visitado, onde nem um galho quebrado/ Pendia com suas folhas ressequidas, sinal desgracioso/ De devastação; mas as aveleiras se erguiam/ Altas e eretas, com tentadoras aglomerações pendentes,/ Uma cena virgem! — Durante um instante lá fiquei,/ Respirando com a opressão no coração/ De quando a alegria nos deleita; e, com sábia contrição/ Voluptuosamente, sem temer um rival, observei/ O banquete; — ora, sob as árvores sentei-me/ Por entre as flores, e com as flores brinquei;/ Temperamento conhecido àqueles

VIRANDO A MESA

Ergue-te amigo, alegre te quero ver,
Estás em tantos problemas absorto?
Ergue-te e deixa de ler,
Pois assim ficarás torto.

O sol sobre a colina,
Um brilho suave e belo
Espargiu pela campina,
Seu primeiro doce amarelo.

Livros! Tédio e labor sem fim;
Escuta o pintarroxo na pradaria,
Quão suave é seu canto, e assim,
Vejo nele maior sabedoria.

---

que, após longa e exausta expectativa, foram abençoados/ Com a repentina felicidade para além de qualquer esperança./ Talvez fosse um abrigo abaixo de cujas folhas/ As violetas de cinco estações reaparecem/ E murcham, sem serem vistas por qualquer olho humano;/ Onde riachos encantados murmuram incessantemente/ Para sempre; e vi a espuma efervescente,/ E — com minha face sobre uma daquelas pedras verdes/ Que, sedosa de musgo, abaixo das árvores sombreantes,/ Lá estavam a meu redor, espalhadas como um rebanho de ovelhas — Ouvi o murmúrio e o som murmurante,/ Naquele clima doce quando o prazer adora fazer/ Tributo à calma; e, seguro de sua alegria,/ O coração regozija-se com coisas indiferentes,/ Desperdiçando sua gentileza em toras e pedras,/ E no ar vazio. Então me ergui/ E arrastei à terra ramo e galho, com violência/ E destruição impiedosa: e o sombreado recanto/ De aveleiras, e o abrigo verde e cheio de musgo,/ Deformado e maculado, pacientemente cederam/ Sua existência serena: e, a menos que eu agora/ Esteja confundindo meus sentimentos presentes com os passados;/ Antes de ao abrigo mutilado dar as costas/ Exultante, rico para além da riqueza dos reis,/ Senti um sentimento de dor quando olhei/ Para as árvores silentes, e vi o céu intruso. —/ Então, querida Donzela, movimente-se por entre essas sombras/ Com delicadeza de coração: com mão gentil/ Toque — pois há um espírito no bosque." (N. T.)

336

Ouve quão feliz é o tordo cantor!
Vem para a luz campestre;
Ele é um bom pregador,
Deixa a Natureza ser teu mestre.

Ela é um mundo de riqueza imanente,
Espontânea e saudável sabedoria —
Para abençoar-te o coração e a mente,
Verdade que emana a alegria.

Um impulso do bosque vernal
Ensina-te mais sobre o infinito,
E a noção de bem e mal
Que qualquer sábio ou erudito.

Doce é a doutrina da Natureza;
Mas nosso intelecto sem cessar
Desfigura a forma e a beleza —
Matamos para dissecar.

À Ciência e à Arte digas não;
Cerra as folhas um instante,
Vem e traz contigo um coração
Que fita e recebe, constante.*

ODE: VISLUMBRES DA IMORTALIDADE VINDOS DA PRIMEIRA
INFÂNCIA

I
Houve tempo em que o bosque, o rio e o matagal,

* Tradução de Alberto Marsicano e John Milton, pp. 113-5. (N. T.)

A terra e qualquer cena irrisória,
　　Pareciam-me na memória
　　Envoltos em luz celestial,
Qual sonho, frescor e glória.
　Nada é como outrora —
　　Tudo que minha visão percebia,
　　Seja de noite, seja de dia,
As coisas que via, já não as vejo agora.

II
　　O Arco-íris vai e vem,
　　Formosa é a Rosa também,
　　A Lua toda encantada
　Contempla ao céu descoberto;
　　As águas em noite estrelada
　　São lindas e belas decerto;
　É glorioso o romper da aurora;
　Mas, onde quer que eu vá,
O encanto da terra foi embora.

III
Agora, enquanto os pássaros cantam em esplendor,
　　E salta o pequeno carneiro
　　Como ao som do tambor ligeiro,
Veio-me um sentimento de melancolia:
Um clamor devolveu-me a alegria
　　E restaurou-me o vigor:
Cataratas entoam as trombetas do abismo sem fim;
Jamais esta perda irritar-me-á o bastante;
Escuto o ego pelos montes incessante,
Os ventos dos campos do sonho vêm a mim,
　　A terra está contente;

Terra e mar
Rendem-se à felicidade ímpar,
Junto ao coração de maio exultante
Toda fera repousa por um instante —
Tu, criança do resplendor
Grita a meu redor, deixe-me ouvir teu gritar
Tu, alegre menino pastor!

IV
Benditas criaturas, eu ouvi a chamada
Que fazeis uns aos outros, vejo eu
O céu sorrindo convosco em seu jubileu;
Meu coração está nessa festa abençoada,
Minha cabeça é coroada,
Em sua alegria sinto a totalidade revelada.
Oh, dia terrível! Estar de mau humor
Enquanto a terra adorna
A manhã de maio terna,
E a criança colhe a flor;
Por todo lugar,
Em mil vales posso encontrar, —
Flores frescas; enquanto o sol brilha a pino,
E pula nos braços da Mãe o menino —
Escuto, escuto, com alegria escuto!
Mas há uma Árvore, entre tantas um achado,
Um único Campo por mim contemplado,
Ambos me trazem algo do passado:
A meus pés um amor-perfeito
Repete a história do mesmo jeito:
Para onde foi o brilho visionário?
Onde estão a glória e o sonho lendário?

V

Nosso nascimento não é senão sonho e esquecimento:
A alma que conosco se ergue, Estrela de nossa vida,
Teve poente noutro recanto
E vem de longe imbuída:
Não de vez esquecida,
Nem totalmente despida,
Arrastando nuvens de glória, viemos a nos originar
De Deus, que é o nosso lar:
O céu nos envolve na infância!
As trevas do cárcere começam a encerrar
O Menino que cresce;
Mas Ele contempla a luz de onde ela vem brilhar,
A vê em sua alegria que resplandece;
O Jovem, ao se afastar deste nascente com certeza,
Trafega, ainda sendo o Sacerdote da Natureza,
É acompanhado em sua jornada
Pela visão encantada;
Por fim, o Homem percebe que sua vida perece,
E na luz de um dia comum desvanece.

VI

A Terra preenche seu regaço com prazeres;
E tem seu próprio desejo natural,
E, até algo da mente maternal,
Sem interesse ou desdém,
A Enfermeira não hesita
Para que seu filho de criação, o Homem que nela habita,
Esqueça as glórias conhecidas, os afazeres
E o palácio imperial de onde provém.

VII

Observa a Criança em seus alegres ensejos,

O Querido de seis anos pequeno nesta feita!
Vê, onde em seu afã ele deita,
Cansado de ser coberto pela mãe de beijos,
À luz do olhar do pai que espreita!
Vê, a seus pés há um pequeno plano de vida,
Um fragmento de sonho, do humano labor,
Criado por ele com arte recém-aprendida;
    Um casamento ou festival,
    Um lamento ou funeral;
    Isto atém seu coração agora,
    E modula sua canção;
    Sua língua e fala se ajustarão
Aos diálogos dos negócios, disputa ou amor;
    Mas ele não se detém, então,
    Para deixar tudo de lado,
    Com alegria e orgulho recobrado
O pequeno Ator outro papel decora;
Dispondo, em seu "palco burlesco", com sapiência
Todas as Pessoas, até o fim de sua Existência,
Que a Vida traz em sua equipagem e ciência;
    Como se sua vocação
    Fosse a infinita imitação.

VIII
Tu, cujo semblante desmente
    E oculta de tua Alma a imensidade;
Tu, Filósofo supremo que ainda tens pertinente
A tua herança, Olho entre os cegos encontrado,
Surdo e silente, lês o abismo contundente,
Para sempre pela mente eterna assombrado —
    Bendito Vidente! Poderoso Profeta!
    Sobre o qual toda verdade se projeta

Verdade que pela vida tentamos ter achado,
Perdidos na escuridão, na cripta escura e fria;
Tu, sobre quem a Imortalidade
Um Amo sobre o Escravo, paira como o dia
Uma Presença que não se deixa de lado facilmente,
Tu, pequena Criança, gloriosa no poder fenomenal
De ter o corpo imerso na liberdade celestial,
Por que provocas com tal dor insuportável
O tempo de trazer o jogo inevitável,
Lutando cegamente com tua beatitude?
Logo tua alma suportará a carga do mundo,
E os costumes lhe trarão um fardo amiúde,
Pesado como a geada e quase quanto a vida profundo!

IX

    Ó alegria! Que em nossa cinza
    É algo que irradia
    Que ainda se lembra da Natureza
    Que era tão fugidia!
Pensando no passado sinto em mim se espargir
A perpétua bênção: não posso admitir
Como dignas de bênção —
A alegria e a liberdade, a simples crença
Da Infância, imóvel ou na moção,
Palpitando no peito uma nova esperança —
    Não é para elas que canto
    A melodia de louvor e agradecimento;
    Canto para estas questões obstinadas
    Do sentido e das coisas exteriores encontradas,
    Ausentes de nós, sendo esvaídas;
    Arrependimentos de uma Criatura
    Vagueando num irreal quadrante,

Altos instintos ante os quais nossa mortal Estrutura
Tremeu como um Culpado pego em flagrante;
    Mas esses primeiros sentimentos
    Lembranças fugazes daqueles momentos
Que sejam o que forem, todavia,
São a fonte de luz de nosso dia,
A luz-guia de todo o nosso ver,
    Sustentam-nos, cuidam-nos e podem levar
Nossos anos turbulentos a parecer instantes no ser
Do eterno Silêncio: verdades prestes a despertar
    Para jamais perecer;
E que nem a indiferença ou o louco empreender,
    Nem Homem, nem Criança,
Nem tudo que contra a alegria se lança,
Pode destruir de forma intensa!
    Assim, em tempo de bonança
    Mesmo que longe do litoral,
Nossas Almas vislumbram o mar imortal
    Que nos trouxe a este lugar,
    E num segundo lá podem chegar,
E ver as Crianças na praia brincando,
E ouvir as poderosas águas eternamente ondeando.

X

Cantai, Pássaros, cantai a feliz melodia!
    E que salte o carneiro
    Como ao som do tambor ligeiro!
No pensamento seguiremos em vossa companhia,
    Vós que tocais a flauta e brincais com alegria
    Vós que nos corações sentis, neste dia,
    O júbilo que maio irradia!
Embora o fulgor outrora brilhante
Desvaneceu frente a meu semblante,

E não haja nada que me devolva
A glória da flor e o esplendor da relva;
Não vamos nos magoar
Mas no que restou encontrar;
Força na empatia primordial
Que uma vez tendo sido é eternal;
Nos suaves pensamentos
De nossos sofrimentos;
Na fé que enxerga além da morte
Nos anos que nos trazem o filosófico pensar.

XI
Ó campos, montes, bosques e mananciais,
Não deixeis romper nosso amor jamais!
Mas no fundo do peito sinto vosso poder;
Só uma alegria renunciei a ter:
Viver sob vossa influência diária.
Amo o Riacho encrespado em sua correnteza,
Ainda mais do que, feito ele, ágil corria;
O brilho inocente de um novo Dia
Ainda é belo com certeza;
As Nuvens que envolvem o poente
Tomam o matiz sombrio do olhar
Que vê a mortalidade do homem presente:
Finda a carreira, outros louros irão chegar.
Graças ao coração, razão de nosso viver
À sua ternura, temores e encanto,
As mais singelas flores vêm me oferecer
Pensares profundos demais para o pranto.*

---

* Tradução de Alberto Marsicano e John Milton, pp. 43-59. (N. T.)

Agradecimentos

William Blake escreveu: "A gratidão é o próprio céu". Minha sincera gratidão vai para:

A verdadeiramente incrível Tina Bennett, minha querida amiga desde os primeiros dias do doutorado em Yale e agora minha indomável agente, por conversas iluminadoras e hilárias, por seu trabalho incansável em prol deste livro, seus insights penetrantes, sua franqueza sóbria, sua mente brilhante e seu coração enorme.

Meus extraordinários editores: Claire Wachtel, por sua paixão e inquebrantável comprometimento com este projeto, sua maravilhosa combinação de calor e força, intuição e sagacidade, por me pressionar e por se importar tanto; e Jonathan Burnham, pelo livro de poemas no último minuto, por acreditar na universalidade desta história, por seu faro e por sua sensibilidade literária.

Tina Andreadis e Suzanne Williams, por serem defensoras tão ferrenhas, cheias de compaixão e agradáveis.

A todas as maravilhosas pessoas na HarperCollins: Kathy

Schneider, Archie Ferguson, Elizabeth Parrella, Shannon Ceci, William Ruoto, Samantha Choy, Jamie Brickhouse, Caitlin Mc-Caskey, Angie Lee, Leah Wasielewski e Mark Ferguson, por sua criatividade e dedicação, por seu zelo e delicadeza.

Ivonne Rojas, Dot Vincent e Stefanie Lieberman, por seu entusiasmo.

Svetlana Katz, pelo olhar atento, humor ferino e por bons chocolates amargos.

Chris Rovee, Alan Richardson, David Rosen, Libby Fay, Natalie Friedman, Elisabeth Schmitz, Chris Miller, Karen Lower, Zoltan Markus, Kristi Carter, Sunny Schwartz e Nancy Kim, pelo interesse em meu livro e por seus úteis comentários.

Eyal Press, por sua leitura brilhante, apaixonada e extremamente útil de todo o manuscrito.

Erik Lawrence, por sua inspiração criativa e por seu amor envolvente por meus meninos.

Jamie Leonhart, que me ajudou a encontrar minha voz e aprimorou o livro imensamente com seu discernimento engajado, suas provocações gentis e por sua afetuosa fé em mim.

Jordin Ruderman, que traz uma combinação mágica de solidez e efervescência, bondade pragmática e realista e uma imaginação incontrolável e selvagem e energia criativa para nossa amizade e sua relação de madrinha de Benj.

Audette Louis, por adorar Benj desde o momento em que o segurou pela primeira vez em seu *body* de conto de fadas da Gap.

Julie Riess, por ser a defensora mais leal de Benj e um espírito-irmão para a mãe dele.

Os muitos professores e colegas em Brearley, Yale e Vassar, que me iluminaram, apoiaram e inspiraram.

Meus alunos, de Yale a Vassar, da Prisão do Distrito de San Bruno à associação de pais PS 101Q, por me ensinarem tanto.

Os numerosos terapeutas, professores, psicólogos, treinadores e amigos da família cujo amor e carinho, sabedoria e perspicácia, generosidade e engenhosidade têm tornado possível a vida feliz de Benj — agradeço a todos e a cada um de vocês todo santo dia.

Tia P., Nicky, Yasuko e a família de Richard, que propiciam a meus meninos um círculo de parentes afetuoso, instigante e cheio de apoio.

Chris Jennings, por trazer à tona o melhor de mim, me renovar, me fazer sentir livre.

Clairey, Sapo da minha Rã, Martha do meu George, Tacy da minha Betsy, Cinderela do meu príncipe, por sua resoluta camaradagem nos dias bonitos e nos mais feios, por ser minha mais querida confidente e amiga, por "filões de amor".

Sasha, por sua visão, bom senso e proteção, por ser o melhor cunhado que uma mulher e o melhor tio que dois meninos poderiam querer.

Três crianças que adoro: Sanja e Sebastian, por sua ebulição, ternura e doçura; e Rafaella, por seu brio, seu espírito e sua "inocência radical".

Vovô Merle e vovó Peg, os espíritos tutelares da minha infância romântica.

Minha mãe, por sua feroz devoção ao bem-estar de suas filhas e seus netos, pela tenacidade e pelo amor resistente e fundador. Ninguém mais teria conseguido fazer Benj comer brócolis nem rebater a bola acima da rede.

Meu pai, que me ensinou a ver, ler e amar.

Richard, por ser um pai incrível para nossos meninos. Eles são mais do que abençoados por terem você.

Meu querido e pequeno James, por sua natureza cálida e afetuosa, sua gentileza e pureza de coração. Como o Michael de Wordsworth diz ao filho: "Toda a sua vida tem sido minha alegria diária".

E, claro, meu adorado Benj, a quem este livro é dedicado.